高职高专旅游类专业系列教材

导游实务

主　编　王中雨
副主编　李翔凌　苑伟娟

南开大学出版社
天　津

图书在版编目(CIP)数据
导游实务 / 王中雨主编. —天津:南开大学出版社,
2013.8
高职高专旅游类专业系列教材
ISBN 978-7-310-04257-9

Ⅰ.①导… Ⅱ.①王… Ⅲ.①导游—高等职业教育
—教材 Ⅳ.①F590.63

中国版本图书馆 CIP 数据核字(2013)第 172042 号

南开大学出版社出版发行
出版人:孙克强
地址:天津市南开区卫津路 94 号 邮政编码:300071
营销部电话:(022)23508339 23500755
营销部传真:(022)23508542 邮购部电话:(022)23502200
*
天津泰宇印务有限公司印刷
全国各地新华书店经销
*
2013 年 8 月第 1 版 2013 年 8 月第 1 次印刷
260×185 毫米 16 开本 11 印张 277 千字
定价:25.00 元

如遇图书印装质量问题,请与本社营销部联系调换,电话:(022)23507125

前　言

随着我国旅游业的迅猛发展，旅游业已成为国民经济的战略性支柱产业。截至2012年底，我国国内旅游人数达到30.0亿人次，同比增长13.6%，国内旅游收入2.3万亿元，同比增长19.1%；全年出境旅游人数8200万人次，同比增长16.7%；旅游业总收入达2.57万亿元，同比增长14%。随着旅游消费的稳步增长，旅游业总收入的不断增加，其占全国GDP的比重日益提高，可以预见，到2020年我国旅游产业规模、质量、效益将达到世界旅游强国水平。

在旅游业中，导游人员是整个行业的代表，是旅游业的灵魂，被誉为“形象大使”、“民间大使”，导游人员素质的高低、服务质量的好坏直接影响一个国家和地区旅游业的形象和声誉。因此，规范和提高导游人员的素质和水平是我们从事旅游教育人士的职责。为此，编者结合在课堂教学中的经验、实际操作和学生实习实践的切身体会，承担了本书的编写工作。

本书为了力求突出高等职业教育的教学特色，在教学内容的选择和结构安排上，注重从导游工作的实际出发，一方面注重理论的阐述、提升，另一方面注重对学生实际操作能力的培养，每章开篇标明教学目标，结尾有本章小结、案例分析、复习思考题。通过本教材的学习，力求使学生能够掌握导游服务的基本理论和技巧，熟悉导游服务的各个环节，从而达到理论实践一体化，为学生将来从事导游工作打下坚实的基础。

本教材由王中雨担任主编，李翔凌、苑伟娟任副主编。各章编写人员如下：第一章、第二章、第四章由王中雨撰写；第三章、第五章由李翔凌撰写；第六章、第七章、第八章由苑伟娟撰写。全书由王中雨进行统稿。

本教材的适用范围：高职高专旅游院校学生、中等职业旅游院校学生、旅行社从业人员。

本教材在编写过程中，得到了学校领导、兄弟院校、同行和南开大学出版社的大力支持和悉心指导，在此表示感谢。同时我们采用了学界同仁的一些新的成果，在此不一一列举，一并表示感谢。

由于水平有限，书中缺点错误在所难免，敬请专家和读者指正。

编　者
2013年6月

目　录

第一章　导游服务概述

【本章教学目标】

本章是《导游实务》的基础部分，通过对导游服务的产生与发展、导游服务的类型与范围、导游服务在旅游服务中的地位和作用、导游服务的性质和特点以及导游服务应遵循的基本原则进行的全面的介绍，使学生能够全面、系统地认识和理解导游服务，为树立正确的导游服务理念打下良好的基础。

第一节　导游服务的产生与发展

一、世界导游服务的发展

第二次世界大战结束以后，世界各地的社会化大众旅游活动迅速普及。一方面，战后世界经济稳步发展，人们的收入和支付能力不断提高。劳动生产自动化程度的提高使人们的工作时间缩短，闲暇时间增多，因而更多的人加入到游客的队伍中来。另一方面，战后科学技术的发展使交通运输工具越来越先进，大大缩短了人们外出旅游的时空距离，为远程旅游提供了新的便利条件。同时，各国政府对发展旅游业非常重视。正是由于这些主要因素的推动，旅游活动迅速走向大众化，世界旅游业进入了现代大众旅游时期。随着大众旅游的兴起，旅游业作为一种新兴的综合性产业在世界经济中确立了重要地位，已经成为世界经济中一个重要的产业部门。在这个时期，有组织的团体包价旅游成为现代旅游活动中最为普及的形式。而在这种大众旅游模式中，导游人员所提供的导游服务作为旅游各项服务中最为重要的内容，起着非常关键的作用。导游人员通过为游客提供生动的讲解服务、周到的旅行生活服务等，使旅游活动顺利进行，使游客游览、审美的愿望和安全、舒适的旅行需求得到满足，导游人员也能获取应得的报酬。因此，随着大众旅游活动的发展，导游作为一种新兴的职业，其人数不断增加，队伍迅速扩大，现在已发展成为一项遍及全球的专业化导游服务。

二、新中国导游服务的发展

1949 年 10 月 1 日，中华人民共和国成立，中国旅游业发展的历史掀开了新的一页。当时，百业待兴，而在华侨最为集中的厦门，出入境的人很多。为了贯彻落实国家的侨务政策，安排接待回国探亲、定居、访问的海外侨胞，为他们出入境提供服务，也为了让世界上更多的人了解新中国，成为我们的朋友，1949 年 11 月 19 日，厦门市有关部门接管了旧“华侨服务社”，经过整顿，于同年 12 月正式开业，创立了新中国第一家旅行社——华侨服务社。此后，广州、泉州等十几个城市也相继成立了华侨服务社。

1954 年 4 月 15 日，中国国际旅行社（简称“国旅”）在北京成立，并在全国设立了 14

家分社，成为我国第一个从事外国游客接待工作的机构。其任务主要是负责承办除外国政府代表团之外的外宾接待工作，为外宾在中国的食、住、行、游等提供服务，后又开始接待外国自费游客。1957年，各地的华侨服务社组建成华侨旅行服务总社及其分社。1974年，华侨旅行社改名为中国旅行社（简称“中旅”），接待对象主要为自费归国观光探亲的海外华侨、外籍华人以及港澳台同胞。1980 年，中国青年旅行社（简称“青旅”）在北京成立。至此，我国三大全国性旅行社——国旅、中旅、青旅，承揽了绝大部分入境游客的招待工作以及国内游客的旅游业务。

从新中国成立初期到改革开放之前的这一段时期，我国的旅游业只以完成接待任务为目标，并不考虑经济效益。因此，当时的导游接待服务也只是一项政治任务和外事工作。导游人员作为从事外事工作的国家干部，要求其在政治、外语和业务知识三方面过硬。这一时期我国旅游业的发展规模不大，而且主要是入境旅游，因此，导游人员的数量不多，并且主要从事翻译导游服务。改革开放以后，我国旅游业得到了快速、全面的发展。1984年，旅行社行业的体制发生了重大改变：一是旅行社有条件地开放经营，打破了垄断局面；二是旅行社的性质由行政事业单位改为以盈利为目的的企业化运作。旅行社行业迅速发展壮大，一大批有实力、机制灵活的旅行社得到快速发展。据统计，到2005年底，我国旅行社已达到16245家，其中国际旅行社1556家，国内旅行社14689家，形成了全国性的服务网络。随着旅行社的快速发展，导游队伍也不断扩大，目前，我国各类专职和兼职导游人员已达30万人，他们正在为我国旅游业的蓬勃发展作出重要贡献。与此同时，导游服务作为旅游服务的一部分已成为旅游产品价值实现的重要环节，构成了旅游产品的重要内容。

第二节　导游服务的概念、类型和范围

一、导游服务的概念

导游服务是导游人员代表被委派的旅行社，接待或陪同游客旅行、游览，按照组团合同或约定的内容和标准向其提供的旅游接待服务。

首先，导游人员是旅行社委派的，可以是专职的，也可以是兼职的。未受旅行社委派的导游人员不得私自接待游客。

其次，导游人员的主要业务是从事对游客的接待服务。一般说来，多数导游人员是在陪同游客旅行、游览的过程中向其提供导游服务的，但是也有些导游人员是在旅行社在不同地点设立的柜台前接待客人，为客人提供旅游咨询，帮助客人联系和安排各项旅游事宜，他们同样提供的是接待服务。不同的是，前者是在出游中提供接待服务，后者是在出游前提供接待服务。

最后，导游人员向游客提供的接待服务，对于团体游客必须按组团合同的规定和导游服务质量标准实施，对于散客必须按事先约定的内容和标准实施。导游人员不得擅自增加或减少甚至取消旅游项目，也不得降低导游服务质量标准。一方面，导游人员在接待过程中要注意维护其所代表的旅行社的形象和信誉；另一方面，也要注意维护游客的合法权益。

二、导游服务的类型

导游服务的类型是指导游人员向游客介绍所游览景区（点）情况的方式。现代导游服务方式大致分为两大类：图文声像导游和实地口语导游。

（一）图文声像导游方式

图文声像导游方式亦称物化导游方式。随着科学技术的飞速发展，图文声像导游的方式也更加丰富多样，目前主要分为图文导游方式、声像导游方式和多媒体导游方式三种。

1. 图文导游方式。

图文导游方式包括导游图、交通图、旅游指南、景点介绍册页、宣传册、画册、旅游产品介绍及有关旅游活动的宣传品、广告等印刷资料。图文导游方式图文并茂，给人创造一种身临其境的感觉，且携带方便、制作快捷、成本低廉，不失为一种良好的导游方式。

2. 声像导游方式。

声像导游方式包括有关国情介绍、景点介绍的录音带、录像带、影片、幻灯片等。这种导游方式主要是作为游客成行前及旅行期间的旅游指导，通过声音、影像给游客以深刻的感官印象，帮助游客了解旅游目的地的基本情况，起到导游的作用。同时这种方式也是招徕游客的宣传品和旅游纪念品。声像导游方式一般用于重大参观项目、旅游博览会和大型旅游活动，并且在一些环境相对封闭的旅游景区、景点（如博物馆、教室、游船等）也多装备有先进的声像设施，以方便游人参观游览。

3. 多媒体导游方式。

这是一种利用计算机和现代信息技术开发的导游方式，在旅游业中已获得广泛的应用。多媒体导游方式充分利用各种传播媒介，方便、迅捷地与游客进行双向交流。例如，旅游咨询处和公共场所的多媒体信息查询系统以及旅游景区内的电子导游系统，游客可以通过电脑键盘、触摸屏等对旅游信息库进行查询。

（二）实地口语导游方式

实地口语导游方式，亦称讲解导游方式，它包括导游人员在游客旅行游览途中所作的介绍、交谈和问题解答等导游活动，以及在游客参观游览场所所作的介绍和讲解。

随着时代的发展、科学技术的进步，导游服务方式将越来越多样化、高科技化，图文声像导游方式形象、直观、生动、便于携带和保存的优势将会进一步发挥，在导游服务中的作用会进一步加强。然而，同实地口语导游方式相比，图文声像导游方式仍将处于从属地位，只能起着减轻导游人员负担、辅助实地口语导游方式的作用。实地口语导游方式不仅不会被图文声像导游方式所替代，而且仍将在导游服务中处于主导地位。这是因为：

1. 导游服务的对象是有思想和有目的的游客。

由于社会背景和旅游动机的不同，游客出游的想法和目的不尽相同，有的人会直接表达出来，有的人比较含蓄，还有的人可能缄默不言。单纯依靠图文声像这千篇一律的固定模式介绍旅游景点，不可能满足具有不同社会背景和出游目的的游客的需要。导游人员可以通过实地口语导游方式观察游客的举止行为，同游客进行接触和交谈，了解不同游客的想法和出游目的，然后根据游客的不同需要，在对参观游览的景物进行必要介绍的同时，有针对性、有重点地进行讲解，这绝不是一台电脑或者一个高智能的机器人所能做到的。

2. 现场导游情况复杂多变。

现场导游情况复杂，在导游人员对参观游览的景物进行介绍和讲解时，游客中有的人会专心致志地听，有的人则心不在焉，有的人还会提出各种稀奇古怪的问题。这些情况都需要导游人员在讲解过程中沉着应付，妥善处理。在不降低导游服务质量标准的前提下，满足那些确想了解参观游览地景物知识的游客的需要；想方设法调动那些对参观游览地不感兴趣的游客的游兴；对提出古怪问题的游客给予必要的解释，以活跃整个旅游气氛。此类复杂情况也并非现代科技导游手段可以做到的。

3. 旅游是一种人际交往和情感交流关系。

旅游是客源地的人们到旅游目的地的一种社会文化活动，通过对目的地社会文化的了解来接触目的地的居民，实现不同国度、地域、民族之间的人际交往，建立友谊。导游人员是游客首先接触而且接触时间最长的目的地的居民，导游人员的言谈举止及讲解方式都会给游客留下深刻的印象。通过导游人员的介绍和讲解，游客不仅可以了解目的地的文化，增长知识，陶冶情操，而且通过接触目的地的居民，特别是与其相处时间较长的导游人员，会自然而然地产生一种情感交流，增加不同国度、地域、民族之间的相互了解，建立友谊。虽然这种友谊不一定用语言表达出来，但对游客和导游人员来说都是十分宝贵的，这同样是现代科技导游方式难以做到的。

三、导游服务的范围

导游服务的范围是指导游人员向游客提供服务的领域，换句话说，就是导游人员业务工作的内容。

在旅游接待工作中，目的地向游客提供的服务是多方面的，包括行、游、住、食、购、娱、邮电通信、出入境、医疗等。导游人员提供的服务虽只是其中的一部分，却都是最重要的，涉及上述诸多方面。归纳起来导游服务大体可分为如下三大类：

（一）导游讲解服务

导游讲解服务包括游客在目的地旅行期间的沿途讲解服务、参观游览现场的导游讲解以及座谈、访问和某些参观点的口译服务。

（二）旅行生活服务

旅行生活服务包括游客迎送服务，旅途中游客食、住、游、购、娱的具体安排，安全服务及帮助游客处理旅途中遇到的各种问题的相关服务。

（三）市内交通服务

市内交通服务是指导游人员同时兼任驾驶员为游客在市内和市郊旅行游览时提供的导游服务。这种服务在西方旅游发达国家比较多见。

第三节　导游服务在旅游服务中的地位和作用

一、导游服务在旅游服务中的地位

现代旅游业的三大支柱是旅行社、饭店和交通，处于核心地位的是旅行社，被称为旅游业的龙头。旅行社作为为游客提供旅行服务的专门机构，其基本业务主要有旅游产品的开发，旅游产品的促销、销售，旅游服务的采购和旅游接待。旅行社的产品就是旅行社为满足游客在旅游过程中的需要而向游客提供的各种有偿服务。旅行社首先要根据游客的需要设计和组合旅游产品，使旅行社的产品以多种多样的形式出现在旅游市场上以供游客选购；同时，旅行社还需要适时开展各种形式的旅游促销活动，使游客能够方便快捷地获得旅行社的产品信息。当游客决定购买旅行社的产品时，对于旅行社来讲意味着产品的销售。由于游客在旅游活动过程中需要进行食、住、行、游、购、娱等各种活动，而游客需要的各种服务分别由不同的旅游供应商提供，所以旅行社需要分别向这些旅游供应商购买各种旅游服务并转售给游客。游客购买了旅游产品到旅游目的地进行消费，旅行社通过为游客提供其所需要的包括导游服务在内的各种接待服务，以实现旅游产品的消费过程，并通过产品销售的完成得以实现自己的经营目标。在这里，旅行社不仅是旅游消费者与旅游服务供应者之间的中介机构，同时还作为旅游产品供给者，派出导游人员承担旅游接待服务。导游人员作为旅行社的代表，同各旅游供应商共同完成旅游服务。如果说旅游服务供应者在旅游消费者整个旅游活动过程中所提供的各项服务（如住宿、餐饮、交通、游览、娱乐、购物、导游等）是一个个环节，那么导游服务则以其在旅游活动中全方位、全过程的引导功能将各个服务环节连接起来。通过引导旅游消费，连接旅游各接待部门，使其产品和服务得以顺利销售，使游客在旅游过程中的各种需要得到满足，使旅游产品的价值最终通过旅游服务一体化的供给得以实现。所以，与旅游接待服务中的其他服务相比，导游服务居于旅游综合服务的中心地位。正如日本旅游专家土井厚在其所著的《旅游业入门》中所说："任何行业都有其代表性的业务，在旅游行业中，就是导游服务。"

二、导游服务在旅游服务中的作用

导游服务在旅游接待服务中处于中心地位，正是这种中心地位使其作为核心和纽带将旅游服务中的其他各项服务联系起来，使之相互配合，协同完成旅游接待工作。

1. 旅行社与游客之间的纽带。

导游人员代表旅行社具体实施接待计划，为游客安排和落实食、住、行、游、购、娱等各项服务，并处理旅游期间可能出现的各种问题。同时，导游人员作为旅行社的代表，在旅游活动期间直接面对来自五湖四海的游客，提供自始至终的全程服务，游客的需求、对旅行社、旅游活动安排以及旅游产品的意见、要求和建议等，导游人员了解得最清楚，并能够及时将有关信息反馈给旅行社。这种顺畅的信息交流是做好旅游接待工作的重要保证。

2. 游客与各旅游服务部门之间的纽带。

导游人员具有双重身份：代表旅行社的利益，履行合同，实施旅游接待计划；代表游客的利益，负有维护游客合法权益的责任，代表游客与各旅游服务部门进行交涉，提出合理要求。当遇到违反合同的行为时，导游人员要进行必要的干预，为游客维护其正当权益。同时，导游人员也有责任提醒游客尊重所到之地的文化和习俗，遵守旅游接待部门的有关规定，尊重接待人员的劳动，以维护相关接待部门的利益。

3. 旅行社与各旅游服务部门之间的纽带。

导游人员在旅游接待服务中，还要负责协调与其他旅游接待部门的横向关系。导游服务与其他各项旅游服务的服务对象是共同的，但在服务内容上又各有不同。导游人员既要代表旅行社向旅游接待部门传递有关为游客提供服务的内容、质量、时间上的要求等信息，协助处理在接待工作中可能出现的问题，同时又要将各旅游服务部门履行合同的情况及其建议和要求及时通报给旅行社。因此，导游人员作为旅行社与各旅游服务部门之间的纽带，应尽力协调同各旅游服务部门之间的关系，主动配合相关部门的工作，争取各部门按照计划提供保质保量的优质服务，以确保旅游合同得到落实。

第四节　导游服务的性质与特点

一、导游服务的性质

在不同的国家和地区，由于社会制度、意识形态和民族文化的不同，导游服务的政治属性也不同。尽管如此，世界各国的导游服务还是具有以下共同的属性。

（一）社会性

导游服务的社会性来源于旅游活动的社会性。旅游活动是一种社会活动：一方面，它是人类社会经济发展到一定阶段的产物，并随着社会经济的发展而发展；另一方面，它的开展又涉及现代社会的许多方面，对社会经济的发展起着促进作用。导游服务从事的是对旅游活动的主体——游客的接待服务。为满足游客的需要，在服务过程中，导游人员不仅同游客保持经常接触，而且要同社会诸多方面发生社会关系。所以，导游服务本身就是一种社会服务。

（二）文化性

导游服务是传播文化的重要渠道。导游服务的文化性产生于游客对异国他乡知识和文化品位的追求。无论导游人员的仪容仪表、行为举止，还是导游讲解以及同游客的日常交谈，无不直接、间接地表达或渗透着旅游目的地国家或地区民族的传统文化和现代文明。导游人员为来自世界各国、各民族的游客服务，通过引导和生动、精彩的讲解使游客获得知识、乐趣和美的享受，同时还吸收着各国、各民族的传统文化和现代文明，并有意无意地传播着异国文化。因此，导游服务起着双向沟通、传播精神文明、为人类创造精神财富的作用，直接或间接地起着传播一个国家（或地区、或民族）的传统文化和现代文明的作用。

（三）服务性

导游服务是一种服务工作，它与第三产业的其他服务一样，属于非生产劳动，是一种通过提供一定的劳务活动，如翻译、导游讲解、旅行生活服务等来创造价值和特殊价值的劳动。导游服务作为旅游服务的核心组成部分是在与游客的接触中进行的，通过导游人员提供的服务来满足游客游览、审美的愿望和安全、舒适的需求。然而，导游服务又不同于一般的、简单的技能服务，它是一种复杂的高智能、高技能服务，因而从业人员必须具备较高的才智及很强的责任感才能胜任。

（四）经济性

导游服务是导游人员通过向游客提供劳务而创造特殊使用价值的劳动。在商品经济条件下，这种劳动通过交换而具有交换价值，在市场上表现为价格。因此，导游服务具有经济属性。导游服务的经济性主要表现在以下诸方面：

1. 直接创收。

导游人员直接为游客服务，为他们提供语言翻译服务、导游讲解服务、旅行生活服务以及各种代办服务等。由此可见，导游工作本身就可以为国家建设创收外汇、回笼货币、积累资金。

2. 扩大客源，间接创收。

游客是旅游业生存和发展的先决条件，没有游客发展旅游业就无从谈起，导游人员也就没有了服务对象。所以世界上许多国家和地区的政府为支持旅游业的发展，不惜投入大量资金和人力在国内外进行大规模的广告宣传，或通过其他媒体的宣传和促销活动以招徕游客。

然而，与广告和其他媒体的宣传相比，另一种更为有效的宣传方式便是游客的口头宣传，即游客在旅游目的地参观访问之后，回去向其亲朋好友讲述他（她）在旅游之地所受到的接待、旅游经历和体验。这种口头宣传不仅向周围的人传播了旅游目的地的旅游信息，提高了旅游目的地和旅行社的知名度，而且在一定程度上会对其他游客今后的旅游流向产生影响。因为，游客的亲身体验比任何媒体的宣传都更可靠、更直接，从而更令人信服。因此，导游人员向游客提供优质的导游服务，在招徕回头客、扩大新客源继而间接创收方面起着不可忽视的作用。

3. 促销商品。

商品和旅游纪念品的开发、生产和促销是发展旅游业的重要组成部分，各国、各地对此都非常重视，并将其视作争夺游客的魅力因素和增加旅游收入的重要手段。据统计，在国际旅游总消费中，用于购物的部分约占50%，在新加坡、中国香港等地的旅游总收入中，销售商品和纪念品的收入甚至超过了上述比例。在促销商品过程中，导游人员的作用举足轻重。

4. 促进经济交流。

自我国加入世界贸易组织之后，各地都需要资金和先进的科学技术与世界接轨，尽快缩短与发达国家之间的距离。在旅游者中，不乏科学家、经济界人士及方方面面的专家，他们中有人希望借旅游之机和各地的同行接触，相互交流信息；或想通过参观访问了解合作的可能性以及投资的环境；也可能有贷款、捐赠的意向。导游人员在与游客交往过程中要做一个有心人，设法了解他们的愿望，积极促进中外及地区间的科技、经济交流，为我国的社会主义建设作出应有的贡献。

（五）涉外性

发展海外游客来华旅游是中国旅游业的长期方针，也是一项战略任务。自改革开放以来，我国经济快速发展，人民生活水平不断提高，我国公民出境旅游发展势头也很强劲。导游人员可以为海外游客提供导游服务，也可以为中国公民提供涉外导游服务，其政治意义和所起的民间外交作用不容低估。涉外导游服务的政治意义主要表现在以下两个方面。

1. 宣传中国，宣传当地。

目前，中国接待的海外来华游客中，绝大多数人都希望了解中国，了解中国的社会制度、建设情况和各族人民的生活，其中也不乏希望深入了解和研究中国的游客。因此，帮助来自四面八方的海外游客正确地认识中国是导游人员义不容辞的责任。同样，导游人员陪同中国公民出境旅游时，目的地居民也希望从中国导游人员那里了解中国的发展情况。可以说，导游人员的导游讲解，甚至一举一动都在有意无意地宣传着中国。作为中国的导游人员，在进行涉外导游服务时，应有鲜明的政治立场，要以积极的姿态努力将对外宣传寓于导游讲解、日常交谈和游览娱乐中，对于那些希望了解中国的游客，更应不失时机地向他们宣传中国。当然，在宣传中，形式要多样化，方法要灵活多变，切忌呆板、僵化、千篇一律和强加于人。

2. 发挥“民间大使”的作用。

旅游活动是当今世界规模最大的民间外交活动，旅游促进了国家之间、地区之间的人际交往，增进了各国、各地区、各族人民之间的相互了解和友谊，消除了相互隔绝而造成的误解、猜忌，对加强世界各国人民的团结、维护国家安定和世界和平具有重要意义。在这一方面，导游人员起着极为重要的作用。在游客心目中，导游人员是一个国家（或地区）的代表，是人民的友好使者，是“民间大使”。

导游人员可利用旅游活动群众性、广泛性的特点广交朋友；可利用接触游客面广、机会多、时间长、无语言障碍等有利条件与游客进行广泛接触，进行感情上的交流。从这个意义上说，导游人员向外国游客提供导游服务的同时又肩负着“民间大使”的重任。此外，导游服务的涉外性还要求导游人员对海外有关情况进行调查研究，特别是了解外国游客的需求及其变化，了解外国旅游企业的运作和经营管理模式。

二、导游服务的特点

导游服务是一种高智能、高技能的服务工作，它贯穿于旅游活动的全过程。从游客入境（或出境）起，一直到游客出境（或入境）止，导游服务始终陪伴游客，因而是旅游服务中最具代表性的服务。导游服务的特点归纳起来有如下几方面。

（一）独立性强

导游人员在接受了旅行社委派的任务后，带团外出旅游往往要独挡一面。导游人员要独立地宣传、执行国家政策，要独立地根据旅游计划组织活动，带旅游团参观游览，尤其是在出现问题时，导游人员还需独立地、合情合理地进行处理。

导游人员的导游讲解也具有相对的独立性。导游人员要根据不同游客的文化层次和审美情趣进行有针对性的导游讲解，以满足他们的精神需求。这是导游人员的主要任务，每位导游人员都应独立完成，其他人无法替代。

（二）脑体高度结合

导游服务是一项脑力劳动和体力劳动高度结合的服务性工作。导游人员接待的游客中，各种社会背景、文化水平的都有，因而导游人员需要具备很广的知识面，如政治、经济、社会、文化、医疗、卫生、宗教、民俗等知识均需涉猎。导游人员在进行景观讲解、解答游客的问题时，都需要运用所掌握的知识和智慧来应对，这是一种艰苦而复杂的脑力劳动。

另外，导游人员的工作量也很大，除了在旅行游览过程中进行介绍、讲解之外，还要随时随地、事无巨细地了解游客的需求，帮助其解决问题。尤其是在旅游旺季，导游人员往往连续工作，整日甚至整月陪同游客，无论严寒酷暑都需长期在外工作，体力消耗大，无法正常休息。

（三）复杂多变

导游工作不仅繁杂，且变化较大，其复杂性主要表现在如下几个方面。

1. 服务对象复杂。

导游服务的对象是游客，他们来自五湖四海，不同国籍、民族、肤色的人都有，职业、性别、年龄、宗教信仰和受教育的情况也各异，至于性格、习惯、爱好等更是千差万别。导游人员面对的就是这么一个复杂的群体，而且接待的每一批游客都互不相同。

2. 游客需求多种多样。

导游人员除按接待计划安排和落实游客旅游过程中的行、游、住、食、购、娱等基本活动外，还有责任满足游客随时提出的各种个别要求，以及解决或处理游客旅游过程中随时出现的问题和情况，如会见亲友、传递信件、转交物品、游客患病、游客走失、游客财物被窃与证件丢失等。而且由于对象不同、时间场合不同、客观条件不同，同样的要求或问题也会出现不同的情况，需要导游人员审时度势，判断准确并妥善处理。

3. 接触的人员多，人际关系复杂。

导游人员除接触游客之外，在安排和组织游客活动时还要同酒店、旅游点、商店、娱乐、交通等部门和单位的人接洽，而且也要处理导游人员中全陪、地陪和外方领队的关系。虽然导游人员面对的这些方方面面的关系是建立在共同目标基础之上的合作关系，然而每一种关系的背后都有各自的利益，落实到具体人员身上情况可能更为复杂。导游人员一方面代表旅行社，要维护旅行社的信誉和利益；一方面又代表游客，要维护游客的合法权益；还要以双重代表的身份与有关各方交涉。导游人员正是处在这种复杂的人际关系网的中心。

4. 要面对各种物质诱惑和“精神污染”。

旅游活动的发展有利于促进文化交流，但导游人员直接面对物质诱惑和“精神污染”的机会却多于常人。如一个国家、一个地区在发展旅游业的同时往往会“引进”不良的思想意识和生活作风。通过旅游进行文化交流的过程中，导游人员起着不可或缺的作用，但导游人员也随时随地与形形色色的人打交道，这些人中有情趣高雅的，也不乏格调低下的。导游人员还会面临金钱、色情、名利、地位的诱惑，有意无意地经受着各种思想的“熏陶”，一些意志薄弱、自制力不强的导游人员会或多或少地受到各种腐朽思想和生活方式的腐蚀，甚至成为国家的罪人。

对于旅游活动带来的“精神污染”，世界各国都极为重视。很多旅游专家对此发表过精辟的论述，瑞士导游专家汉斯·乔治·戈根海姆就曾明确指出：“我们面前还有各种各样的诱惑，如金钱、美女、佳酿。并不是导游人员比别人坏些或意志薄弱，而是由于摆在我们面前的诱惑更芳香一些，机会更多一些。”处在这种氛围中的导游人员需要有较高的政治思想水平、坚强的意志和高度的政治警惕性，始终保持清醒的头脑，自觉抵制“精神污染”。

（四）关联度高

导游人员的各项服务需要得到旅游接待服务中其他相关部门和单位的配合与支持，如旅行社接待部门、住宿单位、交通部门、娱乐单位等，它们提供的服务对游客的旅游活动来说不仅是必不可少的，而且是环环相扣的，任何一个环节的服务出现偏差都会对旅游活动产生影响，使导游服务黯然失色，也会使游客产生心理压力。

导游人员若对上述环环相扣的服务安排不当、考虑不周，也会影响整个旅游活动的顺利进行。如误机事故的出现使游客被迫延长在一地的停留时间，势必要缩短甚至取消下一地的游程，从而两地已安排妥当的住宿、交通、游览项目等势必要发生变更。导游服务中任何一个环节出现问题都会牵涉其他方面，都会对全局产生影响。

导游服务的上述特点表明，导游服务是一种建立在较高个人素质基础上并影响面较广的高智能服务。

第五节　导游服务的基本原则

要做好导游服务工作，导游人员必须遵守一些基本的服务原则。这些原则既是长期导游服务实践的科学总结，也是国际旅游组织所倡导的，因而具有指导意义。

一、满足游客需求的原则

满足游客需求是导游服务的出发点。客源是旅游业发展的生命线，也是旅行社生存和发展之本。对于导游人员来说，没有游客就没有服务对象，其自身也就失去了存在的意义。在市场经济条件下，游客是买方，导游人员代表旅行社处于卖方的位置，卖方只有满足了买方的需求，其产品或服务的价值才能得以实现。所以，满足游客需求既是市场经济规律的客观要求，也是旅行社、导游人员自身利益之所在。

满足游客需求的根本途径是要将规范化服务与个性化服务结合起来。

规范化服务又称标准化服务，它是由国家和行业主管部门制定并发布的某项服务（工作）应达到的统一标准，要求从事该项服务（工作）的人员必须在规定的时间内按照标准进行服务（工作）。

个性化服务亦称特殊服务，在旅游行业即指要求导游人员按照国家和行业主管部门制定的统一标准完成游客与旅行社签订的合同或约定的内容之外，针对游客在旅游过程中提出的合理要求而提供的个别服务。例如，某游客旅游过程中在某商店购买了一件大型物品，旅途过程中携带不便，而该商店又无托运业务，在这种情况下，导游人员应主动协助其办理托运手续。

导游人员为满足游客的需求，应将规范化服务和个性化服务有机地结合起来。这样，不仅会使旅客的需要得到满足，而且还有利于赢得新的客源。

当然，满足游客的需求是有原则的，既不意味着以牺牲旅行社甚至国家或地区的利益为代价来讨好游客，也不意味着对于游客提出的无理要求，或游客的要求虽然合理但无力满足仍然勉强为之，而是在可能的条件下满足游客的合理要求。

二、维护游客合法权益的原则

维护游客合法权益既是一些国际性旅游组织所倡导的，也是世界上许多国家的旅游法规所规定的内容。我国颁布的《中华人民共和国消费者权益保护法》和国家旅游局发布的《旅行社管理条例实施细则》，都对消费者和游客应享有的权益作出了明确规定。游客是旅游产品和服务的消费者，其权益也受到《中华人民共和国消费者权益保护法》的保护。概括起来，游客的合法权益主要有：

（一）旅游自由权

旅游自由权包括旅行自由权和停留权。前者是指游客在不违背有关法律规定和履行了必要手续的前提下，可以根据自己的意愿前往各地旅行，其旅行方式、旅行时间和旅行地点均不受任何不合理的干预；后者是指游客在旅游目的地或中途有合法停留的权利，其停留的时间、地点、方式不应受到不合理的限制。

（二）旅游服务自主选择权

旅游服务自主选择权是指游客有权自行选择从事旅游经营的企业、旅游线路、旅游项目和服务等级等，不受任何部门、单位和个人的干预。

（三）旅游获知权

旅游获知权是指游客在接受旅游服务时，享有获得包括服务内容和其他相关信息的权利，旅游经营企业有向游客提供真实情况和信息的义务。如游客接受导游服务时，导游人员有如实向游客介绍有关景区、景点知识和相关知识的义务；游客在购物时，商店有向游客介绍商品的有关知识并提供货真价实商品的义务等。

（四）旅游公平交易权

旅游公平交易权是指旅游经营企业在同游客签订旅游服务合同或进行交易时，应遵循公正、公平、诚实、信用的原则，不得有强制、欺诈、违反公平的内容和行为。游客对交易的旅游商品和服务不满意时，有拒绝购买或签约的权利。

（五）依约享受旅游服务权

依约享受旅游服务权是指游客有享受旅游合同约定的服务的权利。旅游经营企业和导游人员应按约定的日期、路线、交通工具、旅游活动项目提供符合标准的服务。游客对强加的计划外的项目有拒绝权。

（六）人身和财物安全权

在旅游活动中，游客享有人身和财物安全不受侵犯的权利，它是游客应享有的最基本的权利。旅游经营企业和导游人员有义务采取一切有效措施，防止盗窃、暴力、交通事故和食物中毒等事故的发生，为游客提供安全的服务和旅游环境。

（七）医疗、求助权

游客在旅游期间如有患病、受伤等情况发生，有权享有与当地居民同等待遇的医疗服务权。游客在旅游期间遇到困难时，有请求获得帮助的权利。

（八）求偿权和寻求法律救援权

游客在其合法权益受到损害或侵犯时，有向有关部门进行投诉和要求有关旅游经营企业或保险公司赔偿的权利。如果游客的要求得不到满足，有权在当地寻求各种可行的法律支持或直接向法院提出诉讼。

三、经济效益和社会效益相结合的原则

旅游服务是一种商业性服务，提供服务的最根本目的是为了获得经济效益。导游服务虽然在包价旅游中未以价格的形式单列，但其收费已包含在统一包价中。所以，导游服务所创造的价值是旅行社整个经济效益的一部分，导游人员应从扩大旅行社经济效益的立场出发做好导游服务工作。

导游服务的经济效益主要表现为两个方面：一是导游人员的劳动支出为旅行社和国家直接创造经济效益；二是导游人员的劳动支出为相关部门、地方和国家间接创造经济效益。前者体现为旅行社旅游收入中的导游服务费，后者体现为因游客在目的地购物而获得的收入，以及由导游人员牵线搭桥引入的投资、经营合作、科技交流和馈赠等带来的经济利益。

导游服务同时又是一种文化传播活动。导游人员通过导游讲解、同游客接触交谈及对其生活的照料，也会产生明显的社会效益，主要表现为：优质的导游服务体现了一个国家或地

区人民进取向上的精神面貌和社会的文明程度，有助于提高和改善旅游目的地在世界的声誉和形象；导游人员生动的介绍和精彩的讲解以及帮助游客同目的地居民接触，还可以增进游客对目的地国家或地区的了解，促进不同国家或地区人民之间的交流，从而增进友谊，有利于世界和平。

由此可见，导游服务具有双重功能：一是导游人员帮助游客消费旅游产品和提供服务，使产品和服务的价值得以最终实现，从而创造经济效益；二是导游人员作为知识和文化的传播者，既满足游客的精神需要，又沟通游客同目的地居民之间的相互了解，从而产生社会效益。所以，导游人员在进行导游服务的过程中，应将追求经济效益和社会效益结合起来，只讲经济效益而忽视社会效益是片面的、没有生命力的；反之，只注重社会效益而无视经济效益，在市场经济条件下，导游服务自身也失去了存在的价值。

【本章小结】

本章对导游服务的基本理论知识进行了阐述。导游服务由古代偶然的向导服务发展到现代，成为一种普遍性、规范性的社会职业，经历了漫长的发展过程。导游服务是随着旅游活动和旅游业的发展而不断发展的。导游服务在旅游服务中处于非常重要的中心地位，因为它不仅将旅游产品的诸要素组合起来，使旅游产品的销售得以实现，而且其本身也是旅游产品生产中的重要一环；同时，导游服务以其在旅游活动中全方位全过程的引导功能将游客需要的各种服务连接起来，因而在各种服务中处于中心位置，且具有标志、纽带、扩散和反馈的作用。

【案例分析】

游客王先生“五一”黄金周准备去五台山旅游，当他到绿叶旅行社进行咨询的时候，由于没有成行的团队，旅行社的接待人员就要求王先生跟随他们已经成行的青岛团队。王先生经不住旅行社工作人员的软磨硬泡只好答应。但是到了青岛后，旅行社将之前约定的二星级饭店换成了招待所，并且强迫王先生一行游客到海滨的一个无证购物点购买了许多所谓的珍珠项链。最让大家气愤的是，返程的卧铺也以黄金周票源紧张为由改成了硬座，许多游客把此次旅游描述为一场恶梦”。

请分析：整个过程中旅行社或者导游人员侵犯了游客的哪些合法权益？

复习思考题：

1. 导游服务的特点是什么？
2. 导游服务的范围包括哪些？
3. 导游服务的原则是什么？

第二章　导游的产生与发展

【本章教学目标】

一名合格的导游人员应该具备什么样的素质？导游人员是如何分类的？各类导游人员应该履行哪些岗位职责？导游人员应该遵循哪些职业道德和行为规范？通过本章的学习，应明确导游人员在导游服务中所扮演的职业角色、工作职责、素质要求和职业道德，为从事导游服务作好思想、素质等方面的准备。

第一节　导游的产生与发展

导游作为一种职业其历史并不长，是近代社会的产物。然而，导游服务作为一种服务形式，在社会历史中却经历了一个漫长的产生和发展过程，即从古代的向导发展为现在的导游服务。

一、中国古代导游的产生与发展

古代，人们已经有了旅行、旅游活动，但是这种活动仅局限在少数人的范围内，从旅游需求和旅游供给两方面看都不能称之为现代意义上的旅游。在古代旅行、旅游活动中可以看到向导、旅行侍卫、随从、翻译官的身影，在他们的帮助下，人们得以更好地完成各种旅行活动。

我国是一个幅员辽阔、历史悠久的文明古国，旅游的历史也非常久远。大禹为治理洪水，跋山涉水走遍了大半个中国，可以算是中国最早的旅行家。

古代帝王为了维护统治的需要，更为了消遣娱乐而进行各种形式的巡游。我国有文字记载的最早的帝王巡游是在公元前 1000 年左右。《穆天子传》（又名《周穆王游记》）是我国出土的最早的游记，记载的是西周第五代国君周穆王率驾八骏经华北、西北到中亚拜访了西王母和以出产玉石、美女著称的红鸟国，他使天下诸侯各国遍布王辇之车辙和御骑之蹄印，促进了中原与少数民族地区的交往。

秦始皇一生出巡 8 次，5 次在统一全国以后。泰山之上就有石刻记载了秦始皇拜谒泰山的场面。秦始皇每次出游都有丞相李斯、次子胡亥跟随，还有文武大臣和众多的侍从护卫。以后诸多朝代的帝王巡游更是不胜枚举。如汉武帝泰山封禅，隋炀帝开掘运河、造龙舟游江南，女皇武则天先后 8 次到嵩山并登岳封禅等，都是古代旅行中最具规模、最为显赫的旅游活动。帝王出游必有陪臣、侍从同游，其中有些人实际上就充当了帝王出游的向导。除了帝王巡游之外，我国自春秋战国时期以来，各代的旅行活动中都曾出现了一些在世界旅游发展史上占有重要地位的著名代表人物。如孔子周游列国，张骞出使西域，法显天竺求法，玄奘印度取经，鉴真东渡日本，郑和七下西洋，徐霞客旅行考察等，他们留下了大量的文献记载，成为宝贵的旅游史料。他们的旅行故事也闻名遐迩、脍炙人口，千百年来被人们称道。在当时的条件下，旅行、旅游只是极少数人的活动，所以在进行这些旅游活动时一般都带有家奴、仆人照料其生活，并由熟悉路途的僧侣、马夫等做向导。这些向导不仅引路，还介绍沿途的名胜、景致和当地的风俗民情。他们提供的服务在某些方面有些类似于现代的导游服务。

不过，由于那时参加旅游活动的人数不多，旅游活动的规模不大，人们当向导的机会很少，所以那些充当向导的人不可能以此谋生，他们偶尔收到的只不过是游客赏赐的“盘缠”和“酒钱”（类似于现代的“小费”），最多只够作家庭补贴之用。因此，尽管在古代的旅游活动中产生了向导，并提供了简单的向导服务，但是并不能形成一种社会职业，从根本上说不具有商业性质。

二、中国现代导游的产生与发展

同欧美国家相比，中国的近代旅游业起步较晚。20世纪初期，一些外国旅行社，如英国的通济隆旅游公司（前身即托马斯·库克父子旅游公司）、美国的运通旅游公司、日本的国际观光局等开始在上海等地设立旅游代办机构，总揽中国旅游业务，雇用中国人充当向导。1923年8月，上海商业储备银行总经理陈光甫先生在其同仁的支持下，在该银行下创设了旅游部。1927年6月，旅游部从该银行独立出来，成立了中国旅行社，其分支遍布华东、华北、华南等15个城市。与此同时，中国还出现了其他类似的旅游组织，如铁路游历经理处、公路旅游服务社等。社会团体方面也相继成立了旅游组织：1935年中外人士组成中国汽车旅行社，1936年筹组了国际旅行团、现代旅行社等。这些旅行社和旅游组织承担了中国人旅游活动的组织工作，同时也出现了第一批中国导游人员。

第二节 导游人员的概念与分类

一、导游人员的概念

导游人员，是指依照《导游人员管理条例》的规定取得导游证，接受旅行社委派，为游客提供向导、讲解及相关旅游服务的人员。

具有高级中学、中等专业学校或者以上学历，身体健康，具有适应导游需要的基本知识和语言表达能力的中国公民，可以参加导游人员资格考试；经考试合格的，由国务院旅游行政部门或者国务院旅游行政部门委托省、自治区、直辖市人民政府旅游行政部门颁发导游人员资格证书。取得导游人员资格证书的，经与旅行社（或旅游公司）订立劳动合同或者在导游服务公司登记，方可持所订立的劳动合同或者登记证明材料，向省、自治区、直辖市人民政府旅游行政部门申请领取导游证。

取得导游证并在导游证的有效期限内，导游人员才有资格从事导游活动。

导游活动是指导游人员陪同游客旅行、游览，为游客提供向导、讲解和其他旅途服务。导游人员从事导游活动，必须经旅行社委派；未经旅行社委派，不得从事导游活动。

导游人员进行导游活动时应当佩戴导游证。无导游证从事导游活动的，依据国务院颁布的《导游人员管理条例》的有关规定给予处罚。

二、导游人员的分类

导游人员由于业务范围、业务内容的不同，服务对象和使用的语言各异，其业务性质和服务方式也不尽相同。即使是同一个导游人员，由于从事的业务性质不同，所扮演的社会角色也随之变换。并且，世界各国对导游人员类型的划分也不尽相同，因而很难用一个世界公认的统一标准对导游人员进行分类。根据目前的实际情况，中国导游人员可以从不同的角度进行如下分类。

（一）按业务范围划分

导游人员分为海外领队、全程陪同导游人员、地方陪同导游人员和景点景区导游人员。

海外领队是指经国家旅游行政主管部门批准可以经营出境旅游业务的旅行社的委派，全权代表该旅行社带领旅游团从事旅游活动的工作人员。

全程陪同导游人员（简称“全陪”）是指受组团社的委派，在领队和地方陪同导游人员的配合下实施接待计划，为旅游团（者）提供全程陪同服务的工作人员。这里的组团社或组团旅行社是指接受旅游团（者）或海外旅行社预订，制定和下达接待计划，并可提供全程陪同导游服务的旅行社。这里的领队是指受海外旅行社委派，全权代表该旅行社带领旅游团从事旅游活动的工作人员。

地方陪同导游人员（简称“地陪”）是指受接待旅行社委派，代表接待社实施接待计划，为旅游团（者）提供当地旅游活动安排、讲解、翻译等服务的工作人员。这里的接待社或接待旅行社是指接受组团社的委托，按照接待计划委派地方陪同导游人员负责组织安排旅游团（者）在当地参观游览等活动的旅行社。

景点景区导游人员亦称讲解员，是指在旅游景区景点，如博物馆、自然保护区等为游客进行导游讲解的工作人员。这部分人员虽然不是《导游人员管理条例》所指的导游人员，但他们实际承担了许多景区（点）的讲解服务，是广义上的旅游从业人员。

（二）按职业性质划分

导游人员分为专职导游人员和兼职导游人员。

专职导游人员是指在一定时间内以导游工作为其主要职业的导游人员，目前，这类导游人员一般为旅行社的正式职员，他们是当前我国导游队伍的主体。兼职导游人员亦称业余导游人员，是指不以导游工作为其主要职业，而利用业余时间从事导游工作的人员。

（三）按导游使用的语言划分

导游人员分为中文导游人员和外语导游人员。

中文导游人员是指能够使用普通话、方言或者少数民族语言从事导游服务的人员。目前，这类导游人员的主要服务对象是国内旅游中的中国公民和入境旅游中的港、澳、台同胞。

外语导游人员是指能够运用外语从事导游服务的人员。目前，这类导游人员的主要服务对象是入境旅游的外国游客和出境旅游的中国公民。

（四）按技术等级划分

导游人员分为初级导游人员、中级导游人员、高级导游人员和特级导游人员。

1. 初级导游人员。

取得导游人员资格证书1年后，就技能、业绩和资历对其进行考核，合格者自动成为初级导游人员。

2. 中级导游人员。

获初级导游人员资格2年以上，业绩明显，考核、考试合格者晋升为中级导游人员。中级导游人员是旅行社的业务骨干。

3. 高级导游人员。

取得中级导游人员资格3年以上，业绩突出，水平较高，在国内外同行和旅行商中有一定影响，考核、考试合格者晋升为高级导游人员。

4. 特级导游人员。

取得高级导游人员资格5年以上，业绩优异，有突出贡献，有高水平的科研成果，在国内外同行和旅行商中有较大影响，经考核合格者晋升为特级导游人员。

第三节 导游人员的职责

一、导游人员的基本职责

在我国，海外领队、全陪、地陪和景点景区导游人员统称导游人员。他们的工作各有侧重，所起的作用也不尽相同，根据当前我国旅游业发展的实际情况和各类导游人员的服务对象，导游人员的基本职责可概括如下：

第一，根据旅行社与游客签订的合同或约定，按照接待计划安排和组织游客参观、游览。

第二，负责向游客导游、讲解、介绍中国（地方）文化和旅游资源。

第三，配合和督促有关单位安排游客的交通、住宿等，保护游客的人身和财物安全。

第四，耐心解答游客的问询，协助处理旅途中遇到的问题。

第五，反映游客的意见和要求，协助安排游客会见、座谈等活动。

二、海外领队、全陪、地陪和景区（点）导游人员的职责

（一）海外领队的职责

海外领队是经国家旅游行政主管部门批准组织出境旅游的旅行社的代表，是出境旅游团的领导者和代言人。因此，海外领队在团结旅游团全体成员、组织游客完成旅游计划方面起着全陪、地陪往往难以起到的作用。其主要职责是：

1. 介绍情况。

全程陪同出发前向旅游团成员介绍旅游目的地国家或地区的概况及注意事项，陪同旅游团成员进行全程参观游览活动。

2. 落实旅游合同。

监督和配合旅游目的地国家或地区的全陪、地陪全面落实旅游合同，安排好旅游计划，组织好旅游活动。

3. 组织和团结工作。

关心游客，做好旅游团的组织工作，维护旅游团内部的团结，调动游客的积极性，保证旅游活动顺利进行。

4. 联络工作。

负责旅游团与旅游目的地国家和地区接待旅行社的联络与沟通，转达游客的意见、要求、建议乃至投诉，维护游客的合法权益。

（二）全陪导游人员的职责

全陪导游人员是组团旅行社的代表，对所率领的旅游团（游客）的旅游活动负有全责，因而在整个旅游活动中起主导作用。其主要职责是：

1. 实施旅游接待计划。

按照旅游合同或约定实施组团旅行社的接待计划，监督各地接待单位的执行情况和接待质量。

2. 联络工作。

负责旅游过程中同组团旅行社和各地方接待旅行社的联络，做好旅行各站的衔接工作。

3. 组织协调工作。

协调领队、地陪、司机等各方面接待人员之间的合作关系，配合、督促地方接待单位安排好旅游团（游客）的行、游、住、食、购、娱等旅游活动，照顾好游客的旅行生活。

4. 维护安全，处理问题。

维护游客旅游过程中的人身和财物安全，处理好各类突发事件；转达或处理游客的意见、建议和要求。

5. 宣传、调研。

耐心解答游客的问询，介绍中国（地方）文化和旅游资源；开展市场调研，协助开发，改进旅游产品的设计和市场促销。

（三）地陪导游人员的职责

地陪导游人员是接待旅行社的代表，是旅游接待计划在当地的执行者，是当地旅游活动的组织者。其主要职责是：

1. 安排旅游活动。

根据旅游接待计划，合理安排旅游团（游客）在当地的旅游活动。

2. 做好接待工作。

认真落实旅游团（游客）在当地的接送服务和行、游、住、食、购、娱等服务；与全陪、领队密切合作，做好当地旅游接待工作。

3. 导游讲解。

负责旅游团（游客）在当地参观游览中的导游讲解，解答游客的问题，积极介绍和传播中国（地方）文化和旅游资源。

4. 维护安全。

维护游客在当地旅游过程中的人身和财物安全，做好事故防范和安全提示工作。

5. 处理问题。

妥善处理旅游相关服务和各方面的协作关系，以及游客在当地旅游过程中发生的各类问题。

（四）景区（点）导游人员的职责

1. 导游讲解。

负责所在景区、景点的导游讲解，解答游客的问询。

2. 安全提示。

提醒游客参观游览过程中注意安全，并给予必要的协助。

3. 宣传相关知识。

结合景物向游客宣传环境、生态和文物保护等知识。

第四节　导游人员的素质要求

一、良好的思想品德

联合国教科文组织曾邀请著名专家就“21世纪需要什么样的人才”进行过研讨，专家们一致认为“高尚的品德永远居于首位”。可见，在任何时代、任何国家，人的道德品质总是处于最重要的地位。中国导游人员的思想品德主要应表现在下述几个方面。

（一）热爱祖国，热爱当地

热爱祖国、热爱当地是中国导游人员应具备的首要品德。这是因为：

第一，导游人员所从事的工作是祖国事业的一部分，祖国培育了导游人员，为导游人员创造了良好的工作环境和发挥自己智慧、才能的条件。导游人员应该认识到这一点，摆正位置，正确对待个人、集体和祖国的关系，将工作做好。

第二，导游人员的一言一行都与祖国息息相关。在海外游客心目中，导游人员是国家形象、当地形象的代表，游客正是通过导游人员的思想品德和言行举止来观察、了解中国。

第三，导游人员向游客介绍和讲解的内容都是祖国灿烂的文化、壮丽的河山和辉煌的成就。没有这些丰富的内容，导游工作就成了无源之水、无本之木。由此可见，导游人员应把祖国的利益摆在第一位，自觉地维护祖国的尊严、民族的尊严，并把这种热爱化为工作的动力。

（二）优秀的道德品质

社会主义道德的本质特征是集体主义和全心全意为人民服务的精神。从接待游客的角度说，旅行社和各接待单位实际上组成了一个大的接待集体，导游人员是这个集体的一员。因此，导游人员在工作中应从这个大集体的利益出发，从旅游业的发展出发，依靠集体的力量和支持，关心集体的生存和发展。只有这样，导游人员才能把工作做好。导游人员要发扬全心全意为人民服务的精神，并把这一精神与“宾客至上”的旅游服务宗旨紧密结合起来，热情地为国内外游客服务。

1. 热爱本职工作，尽职敬业。

导游工作是一项传播文化、促进友谊的服务性工作，因而也是一种很有意义的工作。导游人员在为八方来客提供旅游服务时，不但可以结识众多的朋友，而且能增长见识、开阔视野、丰富知识，导游人员应该为此感到自豪。为此，导游人员应树立远大理想，将个人的抱负与事业的成功紧密结合起来，立足本职工作，热爱本职工作，刻苦钻研业务，不断进取，全身心地投入到工作之中，热忱地为游客提供优质的导游服务。

2. 高尚的情操。

高尚的情操是导游人员的必备修养之一。导游人员要不断学习，提高思想觉悟，努力使个人的追求与国家利益结合起来；要提高判断是非、识别善恶、分清荣辱的能力；培养自我控制的能力，自觉抵制形形色色的“精神污染”，力争做到“财贿不足以动其心，爵禄不足以移其志”，始终保持高尚的情操。

3. 遵纪守法。

遵纪守法是每个公民的义务，作为旅行社代表的导游人员尤其应树立高度的法制观念，自觉地遵守国家的法律、法规，遵守旅游行业的规章，严格执行导游服务质量标准，严守国家机密和商业机密，维护国家和旅行社的利益。对于提供涉外导游服务的导游人员，还应在工作中多请示汇报，切忌自作主张，更不能做违法乱纪的事。

二、渊博的知识

随着时代的发展，现代旅游活动更加趋向于对文化、知识的追求，人们出游除了消遣，还想通过旅游来增长知识，丰富阅历，获取教益，这就对导游人员提出了更高的要求。为了适应游客的这种需要，导游人员的知识面要广，要有真才实学，以渊博知识做后盾，这样，讲解才能做到内容丰富、言之有物。导游人员要多读书，勤观察，多思索，善总结。只有不断有意识地去提高自己的文化素养，知识面广，信息量多，才有可能把导游工作做得有声有色，不同凡响，成为一名优秀的导游人员。

下面是导游人员必须掌握的一些主要方面的知识。

（一）语言知识

导游人员是用语言向游客进行导游讲解并沟通思想的，语言是导游人员最主要的传媒工具。孔子说“言之无文，行而不远”。导游人员若没有过硬的语言能力、扎实的语言功底，就不可能顺利地进行文化交流，也就不可能完成导游工作任务。而过硬的语言能力和扎实的语言功底则以丰富的语言知识为基础。

导游讲解是一项综合性的口语艺术，要求导游人员应具有很强的口语表达能力。导游人员的语言应当真切、自然，若行云流水，似野径繁花，无矫揉造作之态，有朴素率真之情；导游人员的语言应当如促膝谈心、故友叙怀，亲切自然，随意天成；导游人员的语言应当随时注意把握“度”，使自己的讲解介于随意和考究之间、明朗和含蓄之间、活泼和稳重之间、轻松和幽默之间、华彩和质朴之间。不过，导游人员的口语艺术应置于丰富的文化底蕴之上，文化底蕴是土壤，口语艺术是种子，二者结合就能获得良好的导游效果。

（二）史地文化知识和美学知识

史地文化知识包括历史、地理、宗教、民族、风俗民情、风物特产、文学艺术、建筑、园林等方面的知识。这些知识是导游讲解的素材，是导游服务的“原料”，是导游人员的看家本领。

导游人员要努力学习，力争使自己上知天文，下晓地理，对本地及邻近省、市、地区的旅游景点、风土人情、历史掌故、民间传说等了如指掌，并对国内外的主要名胜亦有所了解，还要善于将本地的风景名胜与历史典故、文学名著、名人逸事等有机地联系在一起。总之，对史地文化知识进行综合理解并将其融会贯通、灵活运用，对导游人员来说具有特别重要的意义，是一名合格导游人员的必备条件。

旅游活动是一项综合性的审美活动。导游人员不仅要向游客传播知识，也要传递美的信息，让他们获得美的享受。一名合格的导游人员要懂得什么是美，知道美在何处，并善于运用生动形象的语言向不同审美情趣的游客介绍美，而且还要用美学知识指导自己的仪容、仪表、仪态，因为导游人员代表着国家（地区），其本身就是游客的审美对象。

（三）政策法规知识

政策法规知识也是导游人员应必备的知识。这是因为：

第一，政策法规是导游人员工作的指针。导游人员在导游讲解和回答游客对有关问题的问询或同游客讨论有关问题时，必须以国家的方针政策和法规作指导，否则会给游客造成误解，甚至给国家造成损失。

第二，旅游过程中出现的有关问题，导游人员要以国家的政策和有关的法律、法规予以正确处理。

第三，导游人员自身的言行更要符合国家政策法规的要求，遵纪守法。

总之，导游人员应该牢记国家的现行方针政策，掌握有关的法律法规知识，了解外国游客在中国的法律地位以及他们的权利和义务。只有这样，才能正确地处理问题，做到有理、有礼、有节，导游人员自己也可少犯或不犯错误。

（四）心理学知识

导游人员的工作对象主要是形形色色的游客，还要与各地旅游服务部门的工作人员打交道，导游工作是做人的工作，而且与游客相处的时间短暂，因而掌握必要的心理学知识具有特殊的重要性。导游人员要随时了解游客的心理活动，有的放矢地做好导游讲解和旅途生活服务工作，有针对性地提供心理服务，从而使游客在心理上得到满足，在精神上获得享受。事实证明，向游客多提供心理服务远比功能服务重要。

（五）政治、经济、社会知识

由于游客来自不同国家的不同阶层，他们中的一些人往往对目的地的某些政治、经济和社会问题比较关注，询问相关问题，有的人还常常把本国本地的社会问题同出访目的地的社会问题进行比较。另外，在旅游过程中，游客随时可能见到或听到目的地的某些社会现象，也引发他们对某些社会问题的思考，要求导游人员给予相应的解释。所以，导游人员要掌握相关的社会学知识，熟悉国家的社会、政治、经济体制，了解当地的风土民情、婚丧嫁娶习俗、宗教信仰情况和禁忌习俗等就显得十分必要。

（六）旅行知识

导游人员率领游客在目的地旅游，在提供导游服务的同时还应随时随地帮助游客解决旅行中的种种问题。这时，导游人员掌握必要的旅行知识，对旅游活动的顺利进行显得十分重要。旅行知识包括交通知识、通信知识、货币保险知识、卫生防病知识、旅游业务知识等。

（七）国际知识

涉外导游人员还应掌握必要的国际知识，要了解国际形势和各时期国际上的热点问题，以及我国的外交政策和对有关国际问题的态度；要熟悉客源国或出游接待国的概况，知道其历史、地理、文化、民族、风土民情、宗教信仰、礼俗禁忌等。了解和熟悉这些情况不仅有利于导游人员有的放矢地提供导游服务，而且还能加强与游客的沟通。并且，导游人员若熟悉两国文化的差异，就能及早向游客说明，使他们意识到是在异国他乡旅游，不可能事事都与自己的家乡相同，从而使其产生领略异国、异乡风情的游兴，对许多不解之处甚至一些令人不愉快之处也能理解并与导游人员配合。

三、较强的独立工作能力

培养独立分析、解决问题的能力既是工作需要，也关系到个人的发展。对导游人员来说，独立工作能力显得更为重要。导游人员接受任务后，要独立组织游客参观游览，要独立作出决定，独立处理问题。导游服务工作的主要特点之一是独立性强，这就要求导游人员具有较强的独立工作能力。导游人员的独立工作能力主要表现在下述四个方面。

（一）独立执行政策和独立进行宣传讲解的能力

导游人员必须具备高度的政策观念和法制观念，要以国家的有关政策和法律、法规指导自己的工作和言行；要严格执行旅行社的接待计划；要积极主动地宣传中国，讲解中国现行的方针政策，介绍中国人民的伟大创造和社会主义建设的伟大成就以及各地区的建设和发展情况；回答游客的种种问询，帮助他们尽可能全面地认识全国。

（二）较强的组织协调能力和灵活的工作方法

导游人员接受任务后要根据旅游合同安排旅游活动并严格执行旅游接待计划，带领全团人员游览好、生活好。这就要求导游人员具有较强的组织、协调能力，要求导游人员在安排旅游活动时有较强的针对性并留有余地，在组织各项活动时讲究方式方法并及时掌握变化着的客观情况，灵活地采取相应的有效措施。

（三）善于与人打交道的能力

导游人员的工作对象甚为广泛，善于和各种人打交道是导游人员最重要的素质之一。与层次不同、品质各异、性格相左的中外人士打交道，要求导游人员必须掌握一定的公共关系学知识并能熟练运用，具有较好的理解能力，能随机应变处理问题，搞好与各方面的关系。导游人员具有相当的公关能力，就会在待人接物时更自然、得体，能动性和自主性更高，有利于提高导游服务质量。

导游工作的性质特殊，人际关系比较复杂，因此导游人员应是活泼型、外向型的人，是精力充沛、情绪饱满的人，是有爱心、有热情、待人诚恳、富于幽默感的人，是有能力解决问题并让人信赖、依靠的人。性格内向、腼腆的导游人员应主动在实践中不断磨炼自己，培养处理人际关系的能力。

（四）独立分析、解决问题、处理事故的能力

沉着分析、果断决定、正确处理意外事故是导游人员最重要的能力之一。旅游活动中意外事故在所难免，能否妥善处理事故是对导游人员的严峻考验。临危不惧、头脑清醒、遇事不乱、处理果断、办事利索、积极主动、随机应变是导游人员处理意外事故时应具备的能力。

四、较高的导游技能

服务技能可分为操作技能和智力技能两类。导游服务需要的主要是智力技能，主要表现为：

第一，导游人员同领队协作共事，与游客成为伙伴，使旅游生活愉快的带团技能。

第二，根据旅游接待计划和实情，巧妙、合理地安排参观游览活动的技能。

第三，选择最佳的游览点、线，组织活动，当好“导演”的技能。

第四，触景生情，随机应变，进行生动精彩讲解、回答游客问询的技能。

第五，沉着、果断地处理意外事故的应急技能。

第六，合情、合理、合法地处理各种问题和游客投诉的技能等。

导游人员要有能力随时调动游客的积极性，使他们顺着自己的导游思路去分析、判断、欣赏、认识，从而获得旅游的乐趣和美好的享受；导游人员要熟练地运用丰富的知识、幽默的语言、抑扬顿挫的语调、引人入胜的讲解以及有节奏的导游活动来征服游客，使他们沉浸在欣赏美的愉悦之中。

语言、知识、服务技能构成了导游服务三要素，缺一不可。只有三者和谐结合才能称得上是高质量的导游服务。导游人员若缺乏必要的知识，势必“巧妇难为无米之炊”，而语言表达能力的强弱、导游方法的差异、导游技能的高低，会使同样的题材产生不同甚至截然相反的导游效果：有的平淡无奇，令人昏昏欲睡，使旅游活动失去光彩；有的则有声有色，不同凡响，让游客获得最大限度的美的享受。技能高超的导游人员对相同的题材能从不同角度讲解，达到不同的意境，满足不同层次和不同审美情趣的游客的审美要求；而技能低劣者的导游讲解或语言干巴巴，或只有一种导游词，有的甚至只能当哑巴导游，自己难堪，游客不满。

导游人员的服务技能与他们工作能力和掌握的知识有很大的关系，需要在实践中培养和发展。一个人的能力是在掌握知识和技能的过程中形成与发展的，而发展了的能力又可促使他更快、更好地掌握知识和技能并使其融会贯通，运用起来得心应手。因此，导游人员要在掌握丰富知识的基础上，努力学习导游方法、技巧，并不断总结、提炼，形成适合自己特长的导游方法、技巧及自己独有的导游风格。

五、身心健康

导游工作是一项脑力劳动和体力劳动高度结合的工作，工作繁杂，量大面广，流动性强，体力消耗大，而且工作对象复杂，诱惑性大。因此，导游人员必须是一个身心健康的人，否则很难胜任这项工作。

身心健康包括身体健康、心理平衡、头脑冷静和思想健康四个方面。

（一）身体健康

导游人员从事的工作要求其具备较好的体能，有连续作战的能力；全陪、地陪和旅游团领队要陪同旅游团周游各地，变化着的气候和各地的水土、饮食对他们都是一个严峻的考验。

（二）心理平衡

导游人员要始终保持心情愉快、情绪饱满，在游客面前应显示出良好的精神状态，进入“导游”角色要快，并且不受任何外来因素的影响。面对游客，导游人员应笑口常开，绝不能把个人情绪带到导游工作中去。

（三）头脑冷静

在旅游过程中，导游人员应始终保持清醒头脑，处事沉着、冷静，有条不紊；处理各方面关系时要机智、灵活，友好协作；处理突发事件以及游客的不满、投诉时要干脆利落，要合情、合理、合法。

（四）思想健康

导游人员应具有高尚的情操和较强的自控能力，抵制形形色色的诱惑，清除种种腐朽思想的污染。

总之，一名合格的导游人员应精干、老练、沉着、果断、坚定，应时时处处显示出有驾驭旅游团的能力，而且工作积极、耐心，会关心人、体谅人，富于幽默感，导游技能高超。

第五节　导游人员的职业道德与行为规范

一、导游人员的职业道德

职业道德是指一般的社会道德标准与具体的职业特点结合起来而形成的职业行为规范和标准。各行业的职业道德、准则和行为规范都必须与社会公德一致，不应相悖。

中国旅游业经过几十年的发展，在实践的基础上经过不断总结和完善，已形成了旅游一线员工的职业道德规范。导游人员处于旅游接待服务的第一线，模范地遵守职业道德是导游人员做好导游服务工作的基本保证。

（一）爱国爱企，自尊自强

爱国爱企、自尊自强是我国各行各业人员一项共同的道德规范和基本要求，具有普遍的指导意义，对导游人员自然也不例外。它要求导游人员在其业务工作中以主人翁的姿态出现，坚持祖国利益高于一切，时时处处以国家利益为重；在工作中要维护国家和民族的尊严，有自尊心和自信心，要勇于开拓、勇于实践、自强不息。

（二）遵纪守法，敬业爱岗

遵纪守法、敬业爱岗也是我国各行各业人员一项共同的道德规范。由于人们所在行业不同，从事的职业各异，除要遵守国家的法律、法规外，不同行业和职业的人还要遵守本行业的法规和所在单位的纪律。导游人员也应同其他行业的人员一样，遵守国家的法律、法规，自觉地执行旅游行业和所在旅行社的各项规章制度，遵守旅游行业的纪律，执行导游服务质量标准，敬业爱岗。

（三）公私分明，诚实善良

公私分明、诚实善良对从事第三产业的人员尤其重要，因为第三产业是为其他产业提供服务的，在服务中必须公私分明、诚实待客。旅游业是第三产业中的一个重要产业，导游人员在工作中要不谋私利、公私分明，对无论来自游客方面还是来自其他方面的诱惑都应有较强的自控能力，自觉地抵制各种精神污染。对待游客要真诚公道，信誉第一，服务中要做到“诚于中而形于外”，不弄虚作假，不欺骗顾客。

（四）克勤克俭，宾客至上

克勤克俭、宾客至上是服务行业一项基本的道德规范，是服务人员的基本服务标准。导游人员在工作中要兢兢业业，尽心尽责，充分发挥主观能动性、积极性和创造性；导游人员要有很强的服务意识，要一切为游客着想，主动热情地为游客提供优质的导游服务，把令游客满意作为衡量自己工作的唯一标准。

（五）热情大度，整洁端庄

热情大度、整洁端庄既是服务人员的待客之道，也是服务人员应具备的基本品德，它体现了服务人员的一种高雅情操。导游人员要将热情友好贯穿于整个导游服务过程中，不管游客对导游人员有何想法和看法，导游人员要始终如一地为游客着想，关心他们，为他们排忧解难。导游人员接待游客时要仪表整洁，讲文明，懂礼貌，笑口常开，举止大方，使游客有舒心、满意之感。

（六）一视同仁，不卑不亢

一视同仁、不卑不亢是爱国主义、国际主义在导游服务中的具体体现，是国际交往、人际关系的一项行为准则。导游人员在态度上、行为上对待任何游客都要一视同仁，绝不能厚此薄彼，切忌以地位取人、以钱财取人、以貌取人。导游人员在工作中要维护自己的人格、国格，坚持自己的信念；要谦虚谨慎，但不妄自菲薄；热情服务，但不低三下四；热爱祖国，但不妄自尊大；学习先进，但不盲目崇洋。

（七）耐心细致，文明礼貌

耐心细致、文明礼貌是服务人员最重要的业务要求和行业规范之一，是衡量服务人员工作态度和工作责任心的一项重要标准。导游人员对待游客要虚心、耐心、细心。导游服务要有针对性，要根据游客的心理和需要提供个性化服务，时刻注意游客的反映，帮助游客解决旅途中的问题。导游人员要尊重每一位游客，特别要尊重他们的宗教信仰、民族风俗和生活习惯，对游客要笑脸相迎、彬彬有礼、落落大方。

（八）团结服从，不忘大局

团结服从、不忘大局是正确处理各方面关系的行为准则，是集体主义原则在服务工作中的具体体现。旅游接待服务是由许多环节组成的综合性服务，每一个环节的服务质量如何，都会对整个接待服务产生影响。导游服务虽是旅游接待服务中重要的一环，然而必须以旅游接待整体为重，以国家旅游业为重。导游人员在业务工作中要团结协作、顾全大局，个人利益应服从集体利益，局部利益应服从整体利益，眼前利益应服从长远利益。要发扬主人翁精神，工作中与有关接待单位和人员密切配合、互相支持。

（九）优质服务，好学向上

优质服务、好学向上是衡量服务人员工作优劣、有无进取心的一项最重要、最基本的标准，也是服务人员职业道德水准的最终体现。优质服务应该是规范化与个性化相结合的服务，应该是高效率的服务，应该是高附加值的服务。导游人员要端正服务态度，树立全心全意为人民服务的思想，在服务中尽心、尽力、尽职，对工作精益求精；导游人员要勤于学习，善于学习，不断提高自己的业务水平，学先进，赶先进，锲而不舍，不断进取。

二、导游人员的行为规范

为了保卫国家利益、维护祖国的尊严和中国导游队伍的荣誉，为了确保导游工作顺利完成，每个导游人员都必须有很强的法纪观念，时时处处遵纪守法。几十年来，我国旅游业不仅形成了适合我国国情和导游工作特点的导游人员职业道德标准，也形成了一套导游人员的行为规范，即导游人员必须遵守的纪律和守则。

（一）忠于祖国，坚持“内外有别”原则

导游人员要严守国家机密，时时、事事以国家利益为重。导游人员带团旅游期间，不随身携带内部文件，不向游客谈及旅行社的内部事务及旅游费用等事项。

（二）严格按规章制度办事，执行请示汇报制度

1. 导游人员应严格按照旅行社确定的接待计划，安排旅行、游览活动，不得擅自增加、减少旅游项目或者中止导游活动；在旅行、游览中，遇有可能危及游客人身安全的紧急情况时，经征得多数游客的同意，可以调整或者变更接待计划，但应当立即报告旅行社。

2. 在旅行、游览过程中，对可能发生危及游客人身、财物安全的情况，导游人员要向游客作出真实说明和明确警示，并按照旅行社的要求采取防止危害发生的措施。

（三）自觉遵纪守法

1. 导游人员严禁嫖娼、赌博、吸毒，也不得索要、接受反动或黄色书刊画报及音像制品。

2. 导游人员不得套汇、炒汇，也不得以任何形式向海外游客兑换、索取外汇。

3. 导游人员不得向游客兜售物品或者购买游客的物品，更不得偷盗游客的财物。

4. 导游人员不能欺骗、胁迫游客消费或者与经营者串通欺骗、胁迫游客消费。

5. 导游人员不得以明示或暗示的方式向游客索要小费，不准因游客不给小费而拒绝提供服务。

6. 导游人员不得收受向游客销售商品或提供服务的经营者的财物。

7. 导游人员不得营私舞弊、假公济私、大吃大喝。

（四）自尊自爱，不失人格、国格

1. 导游人员不得游而不导，不擅离职守，不懒散松懈，不本位主义，不推诿责任。

2. 导游人员要关心游客，不态度冷漠，不敷衍了事，不在紧要关头临阵脱逃。

3. 导游人员不要与游客过分亲近；不介入旅游团内部的矛盾和纠纷，不搬弄是非；对待游客一视同仁，不厚此薄彼。

4. 导游人员有权拒绝游客提出的侮辱其人格尊严或者违反其职业道德的不合理要求。

5. 导游人员不得迎合个别游客的低级趣味，在讲解、介绍中掺杂庸俗下流的内容。

（五）注意小节

1. 导游人员不要随便单独去游客的房间，更不要单独去异性游客的房间。

2. 导游人员不得携带自己的亲友随旅游团活动。

3. 导游人员饮酒量不超过自己酒量的 1/3。

4. 导游人员不私自留用供应游客的物品。

5. 导游人员带团期间不宜吃辛辣有气味的食品。

第六节　导游人员的培训与考核

一、导游人员的培训

高质量的员工是高质量旅游的前提和基础。世界旅游组织于 1994 年为世界旅游日提出的宣传口号便是“高重量的员工，高质量的服务，高质量的旅游”。

要强化导游人员的素质，提高导游服务质量，除了学校所提供的相关教育之外，另一个重要渠道就是培训。导游人员的培训是旅游业的需要，是旅行社这类企业生存、发展的需要，同时也是提高导游服务质量、造就合格导游人员的需要。

（一）导游人员培训的必要性

1. 适应环境的变化和市场竞争的需要。

旅游业所处的环境具有复杂多变的特征，旅行社需要能很快适应并掌握这种变化发展的从业人员。目前，国内外旅游市场的竞争在不断升级，一个国家、地区的旅游业和旅行社能否在日趋激烈的竞争中生存发展，关键在于其所提供的核心产品的质量。就旅行社而言，其核心产品就是导游服务。而要提供优质的导游服务，就必须有一流的导游队伍。可以说，旅行社间竞争的关键是导游人才的竞争，关键在于是否拥有一大批具有较强竞争意识、仁爱诚信之心、多方面良好素质并善于灵活处理对客关系的导游人员。

2. 适应旅游业发展的需要。

随着人们生活水平的提高、受教育范围的扩大与受教育程度的提高，旅游者对旅游活动会提出更高的要求，这在客观上对导游人员的服务提出了新的要求，而检验服务质量的主要尺度是旅游者的满意程度。不经过专门训练，不具备必要专业知识、专业技能和文化修养的导游人员很难在精神上和知识上满足旅游者求知、求美、求享受的需求。

3. 适应人才生命周期的需要。

产品一般都有生命周期，它是指产品从无到有，经过产生、成长、成熟以至衰退的过程。一个人在组织内也有生命周期，比如导游人员，从开始从事导游工作，经过锻炼成长最终达到成熟，然后又逐渐不适应导游工作而退出等。旅行社的管理者必须看到导游人员在不同阶段的不同需要，通过培训加以引导、帮助，使导游人员发挥最大的潜能，延长其成熟期的时间。

（二）培训的种类

导游人员的培训主要有资格培训、岗前培训、岗位培训和年审培训四种。

1. 资格培训。

资格培训的目的很明确，就是帮助学员获得导游资格，即通过旅游行政管理部门组织的导游资格考试，获得旅游行政管理部门颁发的《导游资格证书》。导游人员起点高，导游队伍的整体素质就高，提供高质量的导游服务就有了人才素质基础。

2. 岗前培训。

岗前培训是一种职业化培训，它要求获得导游资格证者在正式上岗前必须经过一段时间的职业培训。

取得了导游资格证就意味着有了带团的资格，但由于他们毕竟还缺乏执行岗位工作规范与标准所必需的理念、意识、态度、作风、业务知识和导游技能，因此，旅行社或导游服务公司必须对新导游进行职业化的教育培训，以使他们能尽快胜任工作。

3. 岗位培训。

岗位培训是导游人员上岗后的培训。旅行社除了对导游人员进行规范、系统的岗前培训外，还必须根据导游队伍的服务状况及工作需要不定时地举办各种适用性的培训。这种培训极具针对性，对导游队伍中出现的带有共性的问题，集中时间进行强化培训，“缺什么，补什么”，如办外语强化班、导游语言艺术培训班、心理素质培训班、中国传统文化讲座、建筑园林艺术欣赏，等等。

4. 年审培训。

年审培训是为了加强对导游人员的管理而进行的培训。年审培训由导游人员所在地旅游行政管理部门举办，培训时间一般根据导游业务需要灵活安排。根据国家旅游局规定，每年累计培训时间不少于56小时。

二、导游人员等级考核制度及标准

《导游人员管理条例》第七条第二款规定：“国家对导游人员实行等级考核制度。导游人员等级考核标准和考核办法，由国务院旅游行政部门制定。”

（一）导游人员等级考核制度

为了加强导游人员队伍建设，提高导游人员素质和接待服务水平，客观、公正地评价和选拔人才，调动导游人员钻研业务和努力工作的积极性，引入竞争机制，为改革全国导游人员管理体制、建立导游人才市场创造条件及为旅行社服务的等级化创造人员条件，国家旅游局于1994年发布了《关于对全国导游员实行等级评定的意见》和《导游员职业等级标准》，开始了导游人员等级考核评定工作。

这一制度在1999年5月14日发布的《导游人员管理条例》中得以确认，从而成为一项法定制度。

1. 导游人员等级考核的划分及适用范围。

导游人员等级分为两个系列、四个等级。所谓两个系列是指等级考核分为外语导游员系列和中文导游员系列；而四个级别则是指通过考核，将导游人员划分为特级导游员、高级导游员、中级导游员和初级导游员。

2. 导游人员等级考核评定办法。

（1）特级导游员的考核评定，采取以评审考核为主、考试为辅的方式。评审采用论文答辩、跟团实查和专家审议三种形式，考核工作表现、导游技能、遵纪守法和游客反映，考试内容为第二外语或一种方言。评定工作不定期进行。工作步骤为省（区、市）旅游局初评，国家旅游局评定。

（2）高级导游员的考核评定，采取考试、考核和评审相结合的方式。考试科目为导游词创作和口译（中文导游员不考）两科。考核、评审方式和工作步骤与特级导游员相同。对高级导游员的评定每3年进行一次。

（3）中级导游员的考核评定，采取考试和考核相结合的方式。考试科目为导游专业知识（含政策与法规、导游基础知识、汉语言文学知识三部分内容）、现场导游两科。考核方式与高级导游员相同。中级导游员的评定每两年组织一次。考试以国家旅游局为主组织实施，考核以省（区、市）旅游局为主组织实施。

（4）初级导游员的考核评定，采取考核方式。凡取得导游人员资格证书后工作满一年的人，经考核合格即可成为初级导游员。

3. 导游人员等级考核评定的组织管理。

导游人员等级考核评定采取由国家旅游局统一政策、统一领导，地方旅游局分工负责组织实施的办法。各省（区、市）旅游局要完善导游人员资格考试的组织机构，加强对这项工作的组织领导和监督检查，以保证导游人员等级评定工作的质量。为了加强对导游人员的管理，国家旅游局和省（区、市）旅游局建立导游员等级注册登记制度。各级资格有效期一般为5年。有效期满后，持证者要按有关规定主动到发证机构办理注册登记，并进行相应的培训和考核。逾期不办者，其证件自行作废。

导游员等级证书由国家旅游局统一制作并核发。每次等级考试后，国家旅游局通过新闻媒介向国内外公布特级、高级和中级导游员名单及旅行社、导游公司导游员的等级构成情况。各旅行社、导游公司应在待遇方面对不同级别的导游员加以区别，拉开档次。已实行岗位技能工资的单位，继续以导游员等级作为岗位技能工资的评定依据。

（二）导游员职业等级标准

导游员职业等级标准是考核评定导游员等级的依据。该标准由国家旅游局制定，在旅游行业中实行。

根据导游员职业等级标准的规定，各个等级的导游员必须符合的政治思想、职业道德和身体素质要求是：拥护中国共产党的领导，热爱祖国，遵纪守法，忠于职守，钻研业务，宾客至上，优质服务，遵守职业道德，身心健康。

1. 初级导游员等级标准。

（1）知识要求。

了解我国的大政方针及有关旅游的政策法规；掌握当地主要游览点的导游知识，了解我国主要旅游景点和线路的基本知识；了解与业务有关的我国政治、经济、历史、地理、宗教和民俗等方面的基本知识；了解有关主要客源市场的概况和习俗；掌握导游工作规范；外语导游员基本掌握一门外语，达到外语专业大学三年级水平；中文导游员掌握汉语言文学基础知识，达到高中毕业水平。

（2）技能要求。

能独立完成导游接待工作，能与旅游者建立良好人际关系，能够起草情况反映、接待简报等有关应用文。

（3）业绩要求。

完成企业要求的工作，无服务质量方面的重大投诉，游客反映良好率不低于85%。

（4）学历要求。

外语导游员具有外语专业大专或非外语专业本科及以上学历，中文导游员须具备高中及以上学历。

（5）资历要求。

取得导游员资格证书后工作满1年。

2. 中级导游员等级标准。

（1）知识要求。

熟悉我国的大政方针，掌握有关旅游的政策法规；全面掌握当地主要游览点的导游知识，了解我国主要旅游景点、线路的有关知识；掌握与业务有关的我国政治、经济、历史、地理、社会、宗教、艺术和民俗等方面的基本知识；熟悉有关主要客源市场的概况和特点；熟练掌握导游工作规范；外语导游员掌握一门外语，达到外语专业本科毕业水平，中文导游员掌握汉语言文学的有关知识，达到大专毕业水平。

（2）技能要求。

能接待不同性质、类型和规模的旅行团，有比较娴熟的导游技能；能独立处理旅行中发生的疑难问题；能正确理解旅游者的服务要求，有针对性地进行导游服务；能与旅游者、有关业务单位和人员密切合作，有较强的公关能力；导游语言流畅、生动，语音、语调比较优美，讲究修辞。外语导游员的外语表达正确，中文导游员能使用标准的普通话，并能基本听懂一种常用方言；能培训和指导初级导游员。

（3）业绩要求。

工作成绩明显，为企业的业务骨干；无服务质量方面的重大投诉，游客反映良好率不低于90%。

（4）学历要求。

外语导游员的学历与初级导游员的学历要求相同，中文导游员具有大专及以上学历。

（5）资历要求。

取得初级导游员资格 2 年以上。

3. 高级导游员等级标准。

（1）①知识要求。

全面掌握我国的大政方针和有关旅游的政策法规；全面、深入地掌握当地游览内容；熟悉我国有关的旅游线路和景点知识；有比较宽广的知识面；掌握有关客源市场的重要知识及其接待服务规律；熟练掌握导游工作规范，外语导游员熟练掌握一门外语，初步掌握一门第二外语，中文导游员熟练掌握汉语言文学的有关知识，初步掌握一种常用方言。

（2）技能要求。

具备娴熟的导游技能，并有所创新；能预见并妥善处理旅行中发生的特殊疑难问题；有一定的业务研究能力，能创作内容健康、语言优美的导游词；外语导游员能用一门外语自如、准确、生动、优美地表达思想内容，并能胜任一般场合的口译工作，中文导游员能用标准的普通话和一种常用方言（如粤语、闽南话或客家话）工作，语言准确、生动、形象；能培训和指导中级导游员。

（3）业绩要求。

工作成绩突出；无服务质量方面的重大投诉，游客反映良好率不低于 95%；在国内外同行和旅行商中有一定影响，通过优质服务能为所在企业吸引一定数量的客源；有较高水平的导游工作研究成果（论文、研究报告等）。

（4）学历要求。

与中级导游员的学历要求相同。

（5）资历要求。

取得中级导游员资格 4 年以上。

4. 特级导游员等级标准。

（1）知识要求。

对国家大致方针及有关的旅游方针、政策和法规有全面、深入和准确的理解；对当地游览内容有精到的认识，全面掌握我国有关旅游线路和景点知识；有宽广的知识面，在与业务有关的某一知识领域有较深的造诣；掌握有关客源市场的知识，全面、准确、具体地了解其特点和接待服务规律；熟练掌握导游工作规范；外语导游员精通一门外语，基本掌握一门第二外语，中文导游员熟练掌握汉语言文学知识，基本掌握一种常用方言。

（2）技能要求。

导游技能超群，导游艺术精湛，形成个人风格；能预见和妥善解决工作中的突发事件；能通过优质服务吸引客源；有较强的业务研究能力；有很强的语言表达能力，外语导游员能胜任旅游专业会议及其他重要场合的口译工作，中文导游员能胜任某一有关专业（如重点寺庙、古建筑或博物馆）的解说；能创作富有思想性、艺术性和论据确凿的导游词；能培训和指导高级导游员。

（3）业绩要求。

职业道德高尚，工作成绩优异，有突出贡献，在国内外同行和旅行商中有较大的影响；

无服务质量方面的重大投诉，游客反映良好率不低于98%；有一定数量高水平并正式发表的导游工作研究成果。

（4）学历要求。

学历要求与高级导游员相同。

（5）资历要求。

取得高级导游员资格5年以上。

【本章小结】

导游人员作为导游服务的主体，它包括出境领队、全程陪同导游人员、地方陪同导游人员和景区景点导游人员。在旅游接待服务体系中，作为导游服务行为实施者的导游人员必须履行好自己的职责，具备较高的从业素质，并严格遵循导游人员的职业道德和行为规范，这将直接关系旅游接待服务的质量和声誉，影响旅游业的兴衰成败。

【案例分析】

地陪导游小王是一位刚刚走上导游岗位的导游人员。一次他带的团队中有一名带婴儿的中年妇女在途中发起了高烧，女游客要求从行李箱中把婴儿手推车拿出来让孩子睡觉，可是司机拒绝了她的要求，理由是车在行驶时不稳定，婴儿车容易把车内部座椅划伤。当游客向小王求助时，小王以不好协调为由拒绝了游客的要求。当游客再次向小王求助时，他说这应该是全陪的事情，自己只负责讲解，没有义务处理此问题。请分析：根据导游人员行为规范知识分析小王有哪些地方处理不妥？应该如何处理？

复习思考题：

1. 导游人员渊博的知识体现在哪些方面？
2. 地陪导游人员的职责包括哪些方面？
3. 一名合格的导游人员应该具备哪些方面的素质？

第三章　导游工作程序

【本章教学目标】

本章根据中华人民共和国《导游服务质量标准》,介绍了地方陪同导游人员(简称“地陪”)、全程陪同导游人员（简称“全陪”)、海外领队、景点景区导游人员及针对散客服务的导游人员的服务程序与服务质量标准，明确每一个具体环节的操作规范及服务质量要求，为导游工作规范化提供强有力的保障。

第一节　地陪导游服务程序

地陪是受接待旅行社委派，代表接待社实施接待计划，为旅游团（者）提供当地旅游活动安排、讲解、翻译等服务的导游人员。地陪服务是确保旅游团（者）在当地顺利参观游览，并充分了解和感受参观游览对象的重要因素之一。

地陪服务流程是指从地陪接受旅行社或导游服务公司下达的旅游团队接待任务开始，到该团队离开本地并且完成善后工作为止的所有工作程序。地陪应按时做好旅游团在本地的迎送工作；严格按照旅游接待计划，做好旅游团参观游览过程中的导游讲解工作和食宿、购物、文娱等活动的安排；妥善处理各方面的关系和出现的问题；严格执行《导游服务质量标准》，规范化服务，做好接待工作。

一、服务准备

（一）熟悉接待计划

接待计划是组团旅行社委托各地方接待社组织、落实旅游团活动的契约性安排，是导游人员了解旅游团基本情况和安排活动日程的主要依据。

1．旅游团的基本情况。

旅游团的基本情况包括组团社名称（计划签发单位），联络人姓名、电话号码，客源地组团社名称、团号，旅游团的结算方式，旅游团的等级（如豪华、标准、经济等），全陪姓名。

旅游团的团名、代号、电脑序号、人数（含儿童）、用车、住房、餐标（是否含酒水）等情况。

2．旅游团成员的基本情况。

旅游团成员的基本情况包括客源地、游客姓名、性别结构（单男、单女和夫妇）、年龄（是否有老人和儿童）、职业、民族、宗教信仰等。

3．全程旅游路线、海外旅游团出入境地点（站点）等。

4．所乘交通工具情况。

旅游团抵达、离开本地时所乘飞机（火车、轮船）的班次、时间和机场（车站、码头）

的名称。

5．交通票据情况。

了解该团去下一站的交通票据是否已按计划订妥，有无变更，有无返程票。

接待海外旅游团应了解该团机票有无国内段，如果有，则要帮旅游团及时确认，并且要弄清其票种是OK票还是OPEN票。

OK票，即已订妥日期、航班和机座的机票。持OK票的旅客若在该联程或回程站停留72小时以上，国内机票需在联程或回程航班起飞前两天于中午12点以前、国际机票需在72小时前办理座位再证实手续，否则原座位不予保留。

OPEN票，即不定期机票。旅客乘机前需持机票和有效证件（护照、身份证等）去航空公司办理订座手续。订妥座位后才能乘机，此种客票无优先权。

6．特殊要求和其他注意事项。

该团是否有成员在住房、用车、游览、饮食等方面有特殊要求；该团是否要求有关方面负责人出面迎送、会见、宴请等特殊礼遇；成员中是否有老年人、小孩、病弱、残疾等需要提供特殊服务的客人；该团有无需要办理通行证地区的参观游览项目，如有，则要及时办理相关手续。

（二）落实接待事宜

地陪应该在旅游团队抵达的前一天与有关部门或人员落实、检查该团的交通、住宿、饮食、行李等事宜。

1．核对日程安排表。

当地接待社根据组团社的旅游接待计划，安排该团在本地的参观游览活动日程，编制的日程表中应详细注明日期、出发时间、游览项目、就餐时间、风味品尝、购物、晚间活动、自由活动时间以及会见等其他特殊项目。地陪应对以上各项接待计划进行核实，如发现有出入应立即与本社有关人员联系，问清情况后作必要的修订。

2．落实旅行车辆和司机。

（1）与向该团提供交通服务的旅游汽车公司或车队联系，确认其提供的车辆的车型、车牌号、司机姓名及通信方式。

（2）接待大型旅游团队时，车上应贴有醒目的标志及各车编号。

（3）确定与司机接头的准确地点并告知其活动日程和具体时间安排。

3．落实住房。

（1）熟悉旅游团队所住饭店的位置、概况、服务设施、服务项目及配套设施等。

（2）核实该旅游团队所住房间的数目、等级、类型、楼层及房间号等。

4．落实用餐。

地陪应提前与各接待餐厅联系，确认日程表上安排的每一次用餐的情况，其中包括详细日期、团号、用餐人数、用餐标准、准确时间、特殊要求等。

5．落实行李运送的安排情况。

原则上，各旅行社是否配备行李车是根据旅游团的人数多少而定的。但在实际操作中，国内旅游团的行李一般随旅游车同行，不配备行李车；对于境外团队，旅行社一般可能安排有专门的行李车接运行李。

对于配有行李车的旅游团，地陪应落实为该团提供行李服务的车辆和人员，提前与之联络，使其了解该团抵达的时间、地点、入住饭店，作好一切准备。

6.了解不熟悉景点的情况。

当旅游线路中安排有不熟悉的旅游景点时，地陪应提前了解其基本情况，如开放时间、景点特色、最佳游览线路、厕所位置、休息地点、注意事项等，以便使游览活动能够顺利进行。

7. 与全陪联系。

地陪应和该旅游团的全陪联系，提前约定接团的时间和地点。

（三）物质准备

接团前，地陪应作好必要的物质准备，带好接待计划、导游证、胸卡、导游旗、接站牌、结算凭证等物品。

1. 领取必要的票证和表格。

地陪在做准备工作时，一项十分重要的工作就是按照该旅游团中游客的人数和活动日程表中活动安排的实际需要，到本社有关人员处领取门票结算单和旅游团餐饮结算单等结算凭证及与该团有关的表格（如游客意见反馈表等）。地陪一定要注意，在填写各种结算凭证时，具体数目一定要与该团的实到人数相符，并且人数、金额要用中文大写，以免日后引起不必要的麻烦。

2. 备齐带团必备的证件和物品。

导游人员带团时必须佩戴导游证（IC 卡），携带团队接待计划书，举本社导游旗。其他还有游客意见表、区域地图、便签、照明用具、叫醒工具、通信工具，餐饮、住宿及门票确认件的复印件、保险单复印件，团队所需经费。人数较多的团队应携带喊话器。专项旅游应带上相关的仪器设备。到高原旅游还应常备氧气袋、氧气瓶和防晒霜、墨镜等用品。

（四）知识准备

1. 根据接待计划所确定的参观游览项目，对翻译、导游的重点内容作好介绍资料的准备。如果旅游线路中有自己不熟悉的景点，地陪应该提前搜集资料，了解景点基本情况。如果可能的话，最好先去景区实地预览，做到心中有数。带团游览间隙，地陪应注意收集这些景点的参考资料，为今后的导游讲解工作积累素材。

2. 接待有专业要求的团体，要作好相关专业知识、词汇的准备。

3. 要根据旅游团队的特点，对当前的热门话题、国内外重大新闻、旅游者可能感兴趣的话题进行收集和了解。

（五）形象准备

导游人员的形象和气质将给游客留下深刻的印象，一定程度上左右着游客对导游人员的主观态度。当游客对导游人员的形象感到惊喜甚至欣赏时，他会主动接近导游；而如果游客对导游有厌恶感，往往会怀疑、挑剔导游，不主动与导游合作，导游带团会困难重重。

地陪要在游客心目中树立起良好的形象，关键是要注意自己的仪表和着装，不能不修边幅。首先，着装打扮应符合导游人员的职业身份，方便进行导游服务工作；其次，衣着以端庄大方、整洁自然为宜，首饰佩戴要适度，不能浓妆艳抹。

（六）心理准备

地陪在接团前应在心理上作好以下两个方面的准备：

1. 准备接受艰苦复杂的工作。

地陪在为接待旅游团做以上准备工作的同时，还要有充分的心理准备应对艰苦复杂的工作。不能只考虑按规定的工作程序为游客提供热情服务，还要作好遇到问题、发生事故时应如何处理，对需要特殊服务的游客应采取什么措施等各种思想准备。有了这些方面的心理准备，地陪才可能做到成竹在胸，遇到问题也能较为妥善迅速地处理。

2. 准备承受抱怨和投诉。

导游人员的工作是十分繁重而复杂的，即便已竭尽所能为游客提供服务，但仍然会遇到旅游者挑剔、抱怨、指责，甚至提出投诉，个别游客还可能提出一些无理要求。对此，导游服务人员要有足够的心理准备，要冷静沉重地面对，无怨无悔地为游客服务。

（七）其他准备

1. 随身携带与接待社合作、提供各种相关服务内容的各个单位的联络方式及应急电话。

2. 地陪带团前要检查自己的手机等通信设备是否功能良好、电力充足，以保证在带团过程当中保证通信畅通，能够及时与各方保持联络。

二、迎接服务

迎接是指地陪去机场、车站、码头迎接旅游团。迎接服务在地陪服务程序中至关重要，因为这是地陪导游和游客的第一次直接接触。

（一）旅游团抵达前的服务准备

接团当天，地陪应全面检查准备工作的落实情况，如发现纰漏要立即与有关部门联系落实，做到万无一失。

1. 确认旅游团所乘交通工具抵达的准确时间。

地陪从旅行社出发前，要与机场（车站、码头）问讯处或交通信息台联系，问清该旅游团所乘的飞机（火车、轮船）到达的准确时间。一般情况下，应在飞机预定抵达时间前 2 小时，火车、轮船预定到达时间前 1 小时向问讯处询问，真正做到计划时间、时刻表时间、问询时间三核实。

2. 与旅游车司机联络。

掌握了解该团所乘的交通工具到达的准确时间以后，地陪要立即与为该团在本地提供交通服务的司机联系，与其商定出发的时间，确保提前半小时抵达机场（车站、码头），并确定接头地点。

3. 与司机商定停车位置。

赴接站地点途中，地陪应告知司机该团活动日程和具体时间安排，并调试车辆的音响设备，以备使用。到达接站地点之后，地陪应与司机商定车辆停放的位置。

4. 再次核实旅游团抵达的准确时间。

地陪提前抵达机场（车站、码头）后，要再次核实该旅游团所乘航班（车次、船次）抵达的准确时间。

5. 与行李员联络。

地陪应在旅游团出站前与为该团提供行李服务的旅行社行李员取得联络，通知该团行李送往的地点。

6. 持接站标志迎候旅游团。

该旅游团所乘飞机（火车、轮船）抵达后，地陪应在旅游团出站前，持接站牌站立在出口处迎候旅游团。接站牌上应写清团名、团号、领队或全陪姓名，接小型旅行团或无领队、无全陪的旅行团时要写上游客姓名。

当游客大规模出站时，地陪应站在醒目的位置举起接站牌以便领队、全陪（或客人）前来联系。同时，地陪也可从游客的民族特征、衣着、组团社的徽记等分析、判断或上前委婉询问，主动认找自己的旅游团。

（二）旅游团抵达后的服务

1．认真核实。

找到旅游团后，为防止错接，地陪应尽快与领队、全陪接洽，核实该团的客源地、组团社或地接社的名称、领队及全陪姓名、旅游团人数等。如该团无领队和全陪，应与该团成员逐一核对团员、客源地及团员姓名等，无任何出入才能确定是自己应接的旅游团。如出现与计划不符的情况应及时通知当地接待社的有关部门。

2．集中清点行李。

（1）核实实到人数之后，地陪应协助本团游客将行李集中放在临时指定位置（比较僻静、安全的地方），提醒游客检查自己的行李是否完好无损（火车托运的除外）。

（2）与领队、全陪和行李员共同清点行李。核对行李件数无误后，移交给行李员，双方办好交接手续。

（3）若有行李未到或破损，导游人员应协助当事人到机场登记处或其他有关部门办理行李丢失或赔偿申报手续。

3．集合登车

准备登车前，地陪要提醒游客检查自己的随身物品是否带齐（如有遗忘在飞机、火车或轮船上的情况，要立即协助当事人设法寻找），然后引导游客前往乘车处。游客上车时，地陪和旅游车司机要恭候在车门两旁，协助或搀扶老弱游客上车；游客都上车后，应帮助游客将手提行李和随身物品放在行李架上，协助游客就座。

待游客坐稳后，地陪再检查一下游客放在行李架上的物品是否放稳，礼貌地清点人数后请司机开车。清点人数时，要默数、用心算，切忌用手指着人数。

一般情况下，为了更好地为游客服务，地陪应最后上车、最先下车。

（三）转移途中服务

旅游车启动后，导游人员的讲解服务就正式开始，这是地陪给全团留下良好第一印象的重要环节。这段时间要做的主要工作有：致欢迎辞、调整时间、首次沿途导游、宣布当日或次日的活动安排。

1．致欢迎辞。

致欢迎辞时，如果旅游车的车型允许，地陪应该采取面向游客的站立姿势（两腿稍稍分开，上身自然挺拔），位置应选在车厢前部靠近司机的地方，以方便全体游客都能看到自己，自己也能随时留意游客的反应。一般应在游客放好物品、各自归位、静等片刻后，再开始进行。

欢迎辞的内容应视旅游团的性质及其成员的文化水平、职业、年龄及居住地区等情况而有所不同。注意有激情、有特点、有新意、有吸引力，给客人以亲切、热情、可信之感。

欢迎辞一般应包括以下内容：

（1）称呼语：各位来宾、各位朋友。

（2）欢迎语：代表所在接待社、本人及司机欢迎客人的光临。

（3）介绍语：介绍自己和司机。

（4）愿望语：表示愿意热情为游客提供服务。

（5）祝愿语：预祝旅游活动愉快顺利。

2．调整时间。

接入境旅游团，如果客源地与中国存在时差，导游员在致完欢迎辞后，要介绍两国（两地）的时差，请游客将自己的表调到北京时间。

3．首次沿途导游。

地陪必须做好首次沿途导游，以满足游客初到旅游目的地的好奇心和求知欲。首次沿途导游是地陪显示知识、技能的好机会。精彩的首次沿途导游会使游客对导游人员产生信任感和满足感，有助于导游人员给游客留下良好的第一印象。

首次沿途导游的内容主要包括介绍当地的风光、风情以及下榻饭店的情况。

（1）风光导游。

地陪应向游客介绍当地的概况，包括历史沿革、行政区域划分、人口、气候、社会生活、文化传统、土特产品等，并在适当的时间向游客分发导游图。同时，还可以适时介绍本地的市貌、发展概况及沿途经过的重要建筑物、街道等。

（2）风情介绍。

地陪进行沿途风光导游时，要施展“眼疾嘴快”的本领，即语言节奏明快，讲解的内容与所见景物同步，见人说人，见物说物，但要取舍得当。总之，沿途导游贵在灵活，导游人员要反应敏锐、掌握时机。

（3）介绍下榻的饭店。

快到下榻酒店时，地陪应向游客介绍所住饭店的基本情况：饭店的名称、位置、距机场（车站、码头）的距离、星级、规模、主要设施和设备及其使用方法、入住手续、住店的有关注意事项等（这部分内容可根据路途距离和时间长短酌情删减，或抵达饭店后向游客介绍）。

4．宣布当日或次日的活动安排。

地陪在与领队或全陪核对商定日程安排之后，应及时向本团游客介绍当日或次日的活动安排，并在游客下车前向全体成员讲清并请其记住车牌号码、停车地点和集合时间。

三、入住饭店服务

（一）协助办理住店手续

地陪应协助领队和全陪办理住店登记手续，由领队或全陪分发房卡，记下领队、全陪和团员的房间号，并将自己的联系方式告诉全陪和领队，以便有事时尽快联系。

（二）介绍酒店设施及提供的服务

地陪应向全团介绍酒店内的外币兑换处、中西餐厅、娱乐场所、商品部、公共洗手间等设施的位置，并讲清住店注意事项。

（三）带领全团用好第一餐

旅游者进入房间之前，地陪要向客人介绍酒店内的就餐形式、地点、时间及餐饮的有关规定。客人到餐厅用第一餐时，地陪应主动引导客人入座。要将领队介绍给餐厅经理或主管服务员，告知旅游团用餐的特殊要求（如餐标、偏好、禁忌等）。

（四）宣布当日或次日的活动安排

地陪应在客人入房前向全团宣布当天和第二天活动的安排，集合的时间、地点。

（五）照顾行李进房

地陪应等待本团行李送达酒店，负责核对行李，督促酒店行李员及时将行李送至旅游者的房间。

（六）安排叫早服务

地陪在结束当天活动离开饭店之前，与领队商定第二天的叫早时间，并请领队通知全团，同时将叫早时间通知饭店总服务台或楼层服务台。

（七）协助处理游客入住后的各类问题

游客进入房间后，地陪应在本团游客住宿区内停留一段时间，处理临时发生的问题，如房间不符合标准、卫生情况较差、设施设备有问题、行李没有准确送达等。有时还可能出现游客要求调换房间等情况。总之，地陪要协助饭店有关部门处理此类问题。

四、核对、商定日程

地陪应把旅行社有关部门已经安排好的活动日程与领队、全陪一起核对、商定，征求他们（包括旅游者）的意见。这样做，一是表明对领队、全陪、旅游者的尊重；二是旅游者也有权审核活动计划，并提出修改意见。同时导游人员也可利用商谈机会了解旅游者的兴趣、要求。所以，核对、商定日程是做好接待工作的重要环节，也是地陪和领队、全陪之间合作的序曲。活动日程一经商定，需及时通知每一位旅游者，并请他们给予配合。

（一）核对商定日程的时间、地点和对象

1. 商定日程的时间。

商定日程宜在旅游团抵达的当天，最好是在游览开始之前。对一般观光旅游团，甚至可在首次沿途导游过程中，即在宣布本地游览节目时，用最短的时间确定日程安排，也可在旅游团进入饭店待一切安排完毕后再进行。对重点团、记者团、考察团，则应较慎重地在旅游团到达饭店后进行。

2. 商谈日程的地点。

商谈日程的地点可因地而异，一般在饭店的大堂，有时也可在旅游车上，对重点团、记者团、考察团，必要时可租用饭店会议室。

3. 商谈日程的对象。

商谈日程的对象可视旅游团的性质而定。对一般旅游团可与领队商谈，也可由领队请团内有名望的人参加；如旅游团没有领队，可与全团成员一起商谈。对重点团、记者团、考察团，除领队外，还应请团内有关负责人参加。

（二）与旅游团商谈日程的原则

商谈日程时必须遵循的原则是：宾客至上，服务至上，主随客便，合理而可能，平等协商等。

日程安排既要符合大多数旅游者的意愿，又不会对已定的日程安排作出大的变动。如果变动过大，就会涉及和影响其他部门的工作安排。

（三）对核对日程可能出现的几种情况应采取相应的措施

1. 提出小的修改意见或增加新的游览项目时，地陪应及时向旅行社有关部门反映，对合理而可能的要求应尽力予以满足；如需增收费用，地陪应事先向领队或旅游者讲明，并按规定的标准收取；对确有困难而无法满足的要求，要向游客详细解释、耐心说服。

2. 提出的要求与原日程不符且又涉及接待规格时，一般应婉拒，并说明我方不便单方面违约；如确有特殊理由，并且由领队提出时，地陪必须请示旅行社有关部门，视情况而定。

3. 领队（或全陪）手中的接待计划与地陪的接待计划有部分出入时，地陪应及时报告接待社查明原因，分清责任；若是接待社方面的责任，地陪应实事求是地说明情况，并赔礼道歉。

五、参观游览服务

（一）出发前的服务

1. 提前到达出发地点。

出发前，地陪应提前10分钟到达集合地点。

首先，这是导游人员工作负责任的表现，会给游客留下良好的印象；其次，可利用这段时间礼貌地招呼早到的旅游者，询问旅游者的意见和建议；最后，提前到达可在时间上留有余地，以身作则遵守时间，应付紧急突发的事件，做好出发前的各项准备工作。

2. 核实、清点实到人数。

如果有游客没有赶到，地陪应向领队或者其他旅游者问明原因，设法及时找到；有的旅游者愿意留在酒店或不随团活动，地陪要问清情况并妥善安排，必要时报告酒店有关部门。

3. 落实旅游团的当天用餐。

地陪要提前落实本团当天的用餐，对午餐、晚餐的用餐地点、时间、人数、标准、特殊要求逐一核实并确认。

4. 提醒注意事项。

地陪要向旅游者预报当日天气和游览点的地形、行走路线的长短等情况，必要时提醒旅游者带好衣服、雨具等。

5. 准备集合登车。

早餐时向游客问候，提醒集合时间和地点；旅游者陆续到达后，地陪应清点人数并请游客上车。上车时，则应站在车门一侧，一面招呼大家上车，一面扶助老弱病残登车。开车前要再次清点人数。

（二）途中导游（下榻酒店至游览点）

1. 重申当日活动安排。

开车后，地陪要向旅游者重申当日活动安排，包括吃、住、行、游、购、娱等内容，以便客人对一天的行程心知肚明。

2. 沿途风光风情介绍。

途中要紧扣沿途景观，引出不同话题，对游客不了解的地方作出说明，使游客始终有一种求知的满足感和兴奋感。地陪应向游客介绍当地道路名称的演变和起名原则、方位及特点，街道两旁标志性建筑、新旧居住地的变化，商业街布局、大型商店、闹市区、树木绿化及街景，当地习俗、语言、餐饮习惯，特产、旅游纪念物，当地趣闻逸事，城市发展前景等内容。

沿途导游讲解应注意以下几个问题：一是详实准确地指点说明，做到娴熟自如。二是要提前作出介绍，如要提示客人："在你们左前方会看见……"而绝不应该说："刚过去的是……"。

三是选取内容要确定，不可刚讲左又讲右，弄得游客左顾右盼、莫衷一是。四是对当地景致的缺陷要“点到为止”，不可过分夸张，往往需要作一点掩饰。五是沿途导游不可太虚，不要侃故事。六是“线”的导游一定要结合“面”的导游内容。

3．介绍游览景点。

在即将到达游览点时，地陪应对该游览点的总体情况作概括性介绍，如游览点名称的由来、历史价值（意义）、成因、景观特征等，以使旅游者对游览点有个总体认识。有时，地陪还可以有意制造点“悬念”，激发游客游览的兴趣。

4. 活跃气氛。

导游应学会调节客人的情绪，适时活跃团队气氛。

从某种意义上说，活跃气氛的工作比景观讲解还要难。景观讲解是以“我”（导游）为主，“我”讲客听。而活跃气氛却要求导游与游客互动，共同营造轻松和谐的团队氛围。导游可通过讲笑话、唱歌或唱地方戏、表演小魔术、做游戏、组织娱乐节目、搞专题讨论（必须是客人感兴趣的话题）、教外国客人简单的汉语（教外地客人方言）等方式以达到活跃气氛的目的。

这就要求导游具备节目主持人的基本素质，多才多艺，语言幽默，平时准备一些歌曲、戏剧和谜语，学一些小魔术，适时开展团队互动活动，使枯燥的旅行变得轻松愉快甚至一路欢声笑语，既增进游客之间的友情，也拉近了游客与导游的心理距离，为后面的参观游览活动创造良好的氛围。

（三）景点导游、讲解

1．交代游览注意事项。

（1）抵达景点，团队游客即将下车前，地陪要讲清并提醒旅游者记住旅行车的型号、颜色、标志、车号、停车地点和开车的时间；遇有下车和上车不在同一地点时，地陪更应提醒旅游者注意。

（2）在景点示意图前，地陪应向游客讲明游览路线、所需时间、集合时间、地点等。

（3）地陪还应向旅游者讲明游览参观过程中的有关注意事项（如不能采摘瓜果、寺庙殿堂里禁止拍照等）。

2．游览中的导游讲解。

进入景区后，地陪主要工作是带领本团游客沿游览线路对所见景物进行导游讲解。在景点讲解时，地陪应手举导游旗走在旅游队伍前面，一边引路，一边讲解。任何“游而不讲”或“放羊”的做法都是导游人员不负责任的表现。讲解时，地陪应面向旅游者，站在距旅游者约1～2米、与景点呈约60度角的位置。

对景点的讲解，地陪应注意以下几方面：（1）讲解内容要正确无误，尤其是讲解人文景观要有根有据；（2）讲解方法要有针对性，因人而异，因时间而异；（3）内容安排要有艺术性，像讲一个生动的故事，有开始，有发展，有高潮，有结局；（4）讲解语言要丰富生动；（5）讲解时别忘了引导游览，应让游客在计划的时间与费用内能充分地游览和观赏；（6）对游客的拍照时机进行适当引导，尽量提前宣布照相时间，以免游客只顾照相而误了听讲解。

4．留意旅游者的动向，防止游客走失。

在景点游览过程中，地陪在讲解时也应时刻留心旅游者的动向，做到讲解与引导相结合，集中与分散相结合，特别关照老弱病残旅游者，密切关注游客安全，以免发生旅游者走失或其他意外事故。

（四）参观活动

1．安排落实工作。

若计划内有安排旅游团到工厂、农村、学校、社会福利机构等单位去参观，地陪一般都要事先做好联系落实工作。

2．翻译或语言的传递工作。

在参观时，一般先由主人介绍情况，然后引导参观并回答旅游者的提问。这时，地陪的主要任务是翻译或传递语言信息。当然，这主要是针对国外旅游团而言的。

（五）返程中的服务

1．回顾当天行程。

返途中，地陪应回顾、总结当天游览参观的内容，必要时可作一些补充讲解，并热情回答旅游者的问询。

2．风光导游。

有可能的话，返程应尽量不走原路。如果返程的路与原路不同，那么导游还要进行沿途风光风情介绍；若返程走的是原路，导游可在原有介绍的基础上作补充介绍。

3．宣布次日行程安排。

在即将到达下榻的饭店时，地陪要预报次日的活动日程，包括叫早时间、早餐时间和地点、出发集合时间和地点及其他有关事项，同时提醒游客带好随身物品。地陪要先下车，照顾游客下车，再与他们告别。

4．提醒注意事项。

如当天回到饭店较早或晚上无集体活动安排，地陪应考虑到游客会外出自由活动，所以要在下车前提醒游客注意：如果外出要结伴而行，带上饭店的地址和电话号码，尽量乘坐出租车前往。

5．安排叫早服务。

如该团需要叫早服务，地陪应在结束当天活动、离开饭店之前安排。

六、其他相关服务

在旅游过程中，除参观游览外，其他丰富多彩的活动也是必不可少的组成部分，是参观游览活动的继续和补充，地陪要根据旅游者的特点和旅游线路上的实际情况，安排好餐饮、购物、娱乐等各类活动。

（一）餐饮服务

1．计划内的团队便餐。

地陪应提前落实本团当天的用餐，对午餐、晚餐的用餐地点、时间、人数、标准、特殊要求逐一核实并确认。

用餐前，地陪应引导游客进入餐厅就座，介绍餐厅的设施、饭菜的特色、酒水的类别等，同时告知领队、全陪和司机的用餐地点并向全团成员宣布用餐后的安排。

用餐过程中，地陪要巡视旅游团用餐情况，随时解答游客用餐中提出的问题。监督、检查餐厅是否严格按照标准提供服务，如遇到问题马上提出并督促餐厅尽快解决。用餐后，地陪要如实地填写《餐饮费结算单》，并和餐厅结账。

2．自助餐的服务。

自助餐是旅游团队用餐常见的一种形式，是指餐厅把事先准备好的食物、饮料陈列在食品台上，游客进入餐厅后即可自己动手选择符合自己口味的菜点，然后到餐桌上用餐的一种就餐形式。

自助餐方便、灵活，游客可以根据自己口味各取所需，因此深受游客欢迎。

在用自助餐时，导游要强调自助餐的用餐要求，告诫游客以吃饱为标准，注意节约、卫生，不可打包带走。

3．风味餐的服务。

品尝具有地方特色的风味，是旅游者在旅游过程中经常参加的形式自由的活动项目。风味餐有两种形式，一种是计划内风味（在旅游接待计划中已安排，费用含在团费中），另一种是计划外风味（由旅游者自费品尝的风味）。

在团队用风味餐时，地陪充当的角色主要是向旅游者介绍餐馆的历史、特点、名气以及菜肴名称、特色、吃法、制作方法及著名菜肴的来历等。

作为地陪，若游客没有邀请不能与游客一同用餐；受游客邀请一起用餐时切忌喧宾夺主、主动敬酒、夹菜给客人或对菜肴品头论足。

4．宴会服务。

旅游团队在行程结束时常会举行告别宴会。此时，游客都比较放松，宴会的气氛往往比较热烈。作为地陪，越是在这样的时刻越要提醒自己不能放松服务。

要正确处理好自己与游客的关系，既要与游客共乐而又不能完全放松自己，举止礼仪不可失常，并且要做好宴会结束后的游客送别工作。

（二）购物服务

购物是多数旅游者旅游过程中的一个重要组成部分，旅游者总是喜欢购买一些当地的名特产品、旅游商品。因此，提供购物服务也是地陪的一项重要工作。游客购物的一个重要特点是随机性较大，地陪应合理地安排好此项活动，恰到好处地宣传、推销本地的旅游商品，做到既符合旅游者的意愿，也符合导游工作的要求。

地陪的购物服务程序主要包括：

1. 选择恰当的购物时机。地陪严格按照旅游合同规定的时间和次数安排客人到定点购物店购物。每次购物时间不能超过 40 分钟，两处购物点之间的车距不能低于 120 分钟。

2. 在车上应事先向游客介绍本地商品的特色以及购买商品时应注意的事项，使大家事先有所准备。

3. 下车前，讲清停车地点和停留时间。

4. 当好旅游者购物顾问，热情介绍商品，不作误导性宣传。带海外游客购物时，地陪应选择正规商店，并告知游客我国海关的相关规定。

5. 随时为游客提供购物时所需的服务，如翻译、介绍托运手续等。游客买到假冒伪劣商品时，导游应主动协助游客退换并索赔。

（三）娱乐服务

1．观看文娱节目。

旅游团观看文娱演出也有两种情况：计划内和计划外。

安排旅游者观看计划内的文娱节目或体育比赛，地陪应陪同前往，并向旅游者简要介绍节目内容和特点。到达剧场（比赛场馆）后应引导旅游者就座，介绍剧场（比赛场馆）结构、设施、位置，解答游客提出的问题。在节目演出或比赛过程中，地陪要始终坚守岗位，不得擅自离开。

旅游者自己选择观看的计划外文娱节目（体育比赛），费用由旅游者自行负责，并不得与旅游计划冲突。地陪可以代为购买门票，但没有陪同前往的义务。

2. 舞会。

旅游者参加有关单位组织的社交性舞会时，地陪应陪同前往。旅游者自行参加的娱乐性舞会，地陪一般不主动参加，若旅游者邀请可一同前往，但没有陪舞的义务。

无论参加哪一种形式的舞会，地陪都必须向旅游者交代有关安全注意事项。

3. 市容游览服务。

市容游览，是游客认识和了解一个城市的风貌和民情，进而融入当地生活的一种重要方式，也是游客修身养性的一种休闲方式。市容游览的方式有两种：一种是徒步，另一种是乘坐交通工具。

当地陪带领游客徒步进行市容游览时，要注意所去的游览地应是最能代表当地特色的、最能吸引游客视线的。提高警惕，注意游客周围环境的变化，当好游客的安全保卫员。如果是乘车游览市容，则要提醒司机车速适中，地陪的导游讲解内容应与车速基本同步。

七、送站服务

旅游团在结束本地旅游活动后，地陪应确保全团成员顺利、安全离开本地，并及时妥当地处理好遗留问题。

（一）送站前的准备工作

1. 核实、确认交通票据。

（1）在旅游团离开的前一天，地陪应核实本团离开的机（车、船）票，核对团名、代号、人数、全陪（领队）姓名、班次、起飞（开车、起航）时间（切实做到计划时间、时刻表时间、票面时间、问询时间等“四核实”）。如果班次和时间有变更，应当向旅行社核实是否已通知下一站接待社，避免造成误接、漏接。

（2）若旅游团是乘飞机离境，地陪应提醒或协助领队提前 72 小时确认机票。一般在中午 12 点以前确认。

2. 商定交接行李时间。

（1）地陪应先与旅行社行李部联系，了解旅行社行李员与酒店行李员交接行李的时间（或按旅行社规定的时间），然后与酒店行李部商定地陪、全陪、领队与酒店行李员四方交接行李的时间。

（2）先与领队、全陪商定旅游者统一交付行李的时间，商定后再通知旅游者，并向其讲清有关行李托运的具体规定和注意事项。

3. 商定集合、出发的时间。

一般由地陪与旅游车司机商定出发时间（因司机比较了解路况），但为了安排得更合理，还应及时与领队、全陪商议，确定后应及时通知旅游者。

4. 商定叫早和早餐时间。

地陪与领队、全陪商定叫早和早餐时间，并及时通知酒店有关部门和旅游者。如果该团是早航班或早班车、船则需调整用餐时间、地点和方式（如带饭盒），地陪应及时作好有关安排。

5．协助酒店结清与旅游者有关的账目。

（1）地陪应及时提醒、督促旅游者尽早与酒店结清与其有关的各种账目（如洗衣费、长途电话费、饮料费等）；若旅游者损坏了客房设备，地陪应协助酒店妥善处理赔偿事宜。

（2）地陪应及时通知酒店有关部门旅游团的离店时间，提醒其及时与旅游者结清账目，并监督结算过程。

6．及时归还证件。

一般情况下，地陪不应保管旅行团的旅行证件，用完后应立即归还旅游者或领队。在离站前一天，地陪要检查自己的物品，看是否保留有旅游者的证件、票据等，若有应立即归还，当面点清。

（二）离店服务

1．集中交运行李。

离开酒店前，地陪要按商定好的时间与酒店行李员办好行李交接手续。旅游者的行李集中后，地陪应与领队、全陪共同确认托运行李的件数（包括全陪托运的行李），检查行李是否上锁、捆扎是否牢固、有无破损等，然后交付酒店行李员，填写行李运送卡。行李件数一定要当着行李员的面点清，同时告知领队和全陪。

2．办理退房手续。

地培应收齐房间钥匙或房卡交到酒店前台，核对用房情况准确无误后按相关约定结算账目。一般情况下，地陪应在中午12点以前办理退房手续，如地陪无法到酒店，可通知旅行社有关人员办理。

3．集合登车。

（1）出发前地陪应询问旅游者与酒店的账目是否结清；提醒旅游者检查有无遗落物品；提醒旅游者将房间钥匙交回总台，也可由地陪收齐后一并交回总台。

（2）集合旅游者上车。等旅游者放好随身行李入座后，地陪要仔细清点实到人数。全体人员到齐后，提醒旅游者再检查清点一下随身携带物品，如无遗漏则开车离开酒店。

（三）送行服务

送行途中，地陪人员要进行最后一次压轴讲解，主要包含以下几方面的内容。

1．行程回顾。

地陪应对本团的旅游活动过程进行一下简要回顾，强化游客对这次行程的印象。具体可采用归纳式、提问式两种方法，时间长短可视途中距离远近而定。

2．致欢送辞。

导游人员致欢送辞，可以加深与旅游者之间的感情。致欢送辞时应语气真挚，富有感情。地点可选在行车途中，也可安排在机场（车站、码头）。

欢送辞的内容应包括：

（1）感谢语：感谢大家对自己工作的支持和配合。

（2）惜别语：表达友谊和惜别之情。

（3）征求意见：诚恳征求旅游者对接待工作的意见和建议。

（4）致歉语：若在旅游活动中出现不顺利或旅游服务有不尽如人意之处，导游人员应借此机会再次向旅游者赔礼道歉。

（5）祝愿语：表达美好的祝愿。

3．提前到达机场（车站、码头），照顾旅游者下车。

地陪带团到达机场（车站、码头）必须留出充裕的时间。具体要求是：搭乘出境航班应提前 2 小时到机场，搭乘国内航班提前 90 分钟到机场，乘火车或轮船提前 1 小时到站。

旅行车到达机场（车站、码头），下车前，地陪应提醒旅游者带齐随身的行李物品。照顾全团旅游者下车后，要再检查一下车内有无旅游者遗漏的物品，如有则立即将其交还给旅游者。

4．办理离站手续。

（1）送乘国内航班（车、船）的相关程序。

①提前 90 分钟到达机场，带领团队进入候机大厅；

②检查行李；

③收取游客身份证，集中办理登机牌及行李托运手续；

④将登机牌、身份证、行李牌等证件交给全陪或领队，并由其分发给游客；

⑤送别；

⑥旅游团进入安检后，地陪方可离开。

（2）送乘国际航班（车、船）的相关程序。

①提前 2 个小时到达机场，带领团队进入候机大厅；

②移交行李，送出境的旅游团，地陪应和领队、全陪一起与旅行社行李员交接行李，清点、核查后协助将行李交给每位旅游者，由旅游者自己携带行李并办理托运手续；

③地陪要向领队（或旅游者）介绍办理出境手续的程序，并询问是否有需要解释的问题；

④旅游团进入安检后，地陪方可离开。

5．与司机结账。

送走旅游团后，地陪应与司机核实用车里程数，在用车单据上签字确认，并要保留好单据备查。

八、后续工作

（一）处理遗留问题

下团后，地陪应妥善、认真处理好旅游团的遗留问题，按有关规定办理旅游者临行前托办的事宜，必要时请示领导后再办理。

（二）结账

按旅行社的具体要求并在规定的时间内填写清楚有关接待和财务结算表格，连同保留的各种单据、接待计划、活动日程表等按规定上交有关人员，并到财务部门结清账目。

如出团时曾借用旅行社物品，也应及时归还。

（三）总结工作

认真做好接团小结，实事求是地汇报接团情况。涉及旅游者的意见和建议，应力求引用原话，以便旅行社有关部门获取详实信息，进行下一步的具体工作。

在带团过程中若发生重大事故，地陪要将事故情况、原因分析、总结及建议写成书面文字材料向接待社和组团社汇报。

第二节 全程导游服务程序

全陪是指组团旅行社委派，作为组团社的代表，在领队和地陪的配合下实施接待计划，为旅游团或旅游者提供全程陪同服务的工作人员。全陪处于导游工作集体的中心，起着保证中外旅行社和国内各接待旅行社之间的联络、保证旅游活动的连贯性和多样性、全面落实旅游接待计划的重要作用。根据全陪的业务规律，全陪服务可分为密切相关的九大服务程序。

全陪外出带团少则数天，多则数周，加上旅途中有许多不可预测的因素，决定了全陪接待的复杂性。因此，细致、周密的准备工作是做好全陪服务的重要环节之一。

一、服务准备

（一）熟悉接待计划

上团前，全陪要认真查阅接待计划和相关资料，了解和掌握所接旅游团的全面情况，注意掌握该团重点游客、特殊游客（如记者、残疾人）的情况和该团的特点。

1. 听取该团外联人员或旅行社领导对接待方面的要求及注意事项的介绍。

2. 记住旅游团的名称（或团号）、国别、人数，了解旅游团成员的民族、职业、姓名、性别、年龄、宗教信仰、生活习惯等。

3. 了解团内较有影响的成员、需特殊照顾对象的情况，确认团队有无特殊的安排。

4. 掌握旅游团的行程计划、旅游团抵离旅游线路各站的时间、所乘交通工具的航班（车、船）次，以及交通票据是否定妥或是否需要确认、有无变更等情况。

5. 熟悉途中各站的主要参观游览项目，根据旅游团的特点，准备好讲解和咨询解答的内容。

6. 了解全程各站安排的文娱节目、风味饮食、额外游览项目以及是否收费等事宜。

（二）物质准备

上团前，全陪要作好必要的物质准备，携带必备的证件和有关资料，其中包括：

1. 旅游团各种手续及相关证件，如本人身份证、导游证等。

2. 所需结算单据和费用，如拨款结算单、支票、旅差费等。

3. 必要的文件和物品，如旅游团接待计划、日程表、旅游宣传品、行李卡、旅行社徽记、全陪日志等。

4. 回程机票，国内团回程机票若是由组团社负责，全陪必须仔细清点核对，并随身妥善保管。

（三）知识准备

1. 根据旅游团的不同类型和实际需要准备相关知识。了解各旅游目的地的政治、经济、历史、文化、民俗风情和旅游点的大概情况，以应对游客的咨询；同时还应了解游客所在地的上述情况，以便能作相互比较，和游客作更多的沟通。

2. 沿途各站的相关知识。如全陪对该团所经各站不太熟悉，一定要提前准备各站的基本知识，如主要景观、市容风情、风俗习惯等。

（四）与地接社联络

掌握各地接待旅行社和其他重要单位的地址、电话号码，以便联系。

在旅游团抵达的前一天，全陪应对交通、食宿等事宜再进行一次确认。如果这些工作由地接社来做，那么全陪也应与地接社取得联系，互通情况，确认地接社相关接待事宜落实情况，如旅游车安排、接站安排、住宿安排、行李运送安排等。如需地接社代订下一站车票，还需了解车票的落实情况。全陪还应与地接社商定首站接团的具体时间、地点。

二、首站（入境站）接团服务

良好的开端对于全陪服务是至关重要的。首站接团服务要使旅游团抵达后能立即得到热情友好的接待，让旅游者有宾至如归的感觉。对国内旅游团来说，全陪一般在旅游合同中注明的集合地点迎候旅游者，并由此出发带团按计划出游。对于入境旅游团来说，如果全陪就是首站旅游地地陪，则首站接团服务与地陪接站服务程序相同。如果组团社在首站安排了地接社，那么全陪要做的工作有以下几项：

（一）迎接旅游团

1. 接团前，全陪应向接待社了解首站接待工作的详细安排情况。

2. 接团当天，全陪应提前半小时到达指定接站地点与地陪一起迎候旅游团。

3. 找到旅游团后，向领队作自我介绍，代表接待方旅行社热忱欢迎旅游团，立即与领队核对实到人数，如与原计划有出入或有变化应及时与接待社联系。

（二）致欢迎辞

在首站，全陪应代表组团社和个人向旅游团致欢迎辞。欢迎辞主要内容包括：表示欢迎，自我介绍并把地陪介绍给全团，表示提供良好服务的真诚愿望，预祝旅行顺利愉快等。

由于全陪在整个旅游过程中较少向游客进行讲解，所以要重视首站的介绍。全陪致完欢迎辞后再把地陪介绍给旅游团，由地陪进行下面的讲解。

三、入店服务

在旅游团进入酒店后，全陪应尽快与地陪一起完成游客住宿登记手续，引导游客进入客房。为此，全陪应：

（一）积极主动地协助领队办理旅游团的住店手续

全陪应积极主动地协助领队办理旅游团的住店手续，请领队分配住房，但全陪要掌握住房分配名单，并与领队互相告知各自房号以便随时联系。

（二）热情引导旅游者进入房间

全陪与地陪一道，热情引导客人进入房间。

（三）处理入住后的问题

全陪应及时向饭店反映和协助处理游客就客房设施、卫生条件等方面提出的问题。各地的地陪大都不和旅游团同住酒店，如遇到地陪不住酒店的情况，全陪要负起全责，照顾好旅游团。

（四）掌握联系方式

全陪要掌握酒店总服务台和其他紧急情况下需要使用的电话号码，掌握与地陪紧急联系的办法。

四、核对商定日程

全陪应分别与领队、地陪核对商定旅游活动日程，以免出现差错，造成不必要的误会和经济损失。一般以组团社的接待计划为依据，尽量避免大的改动；不涉及接待规格的小变动可主随客便；而对无法满足的要求要详细解释。如遇到难以解决的问题，应及时反馈给组团社，使领队得到及时的答复。

当日程核对商定后，再请领队向全团宣布详情。

五、各站服务

全陪在旅途的各站服务是全陪工作的主要组成部分，应使接待计划得以全面顺利实施，各站之间有机衔接，各项服务适时、到位，保护好旅游者的人身及财产安全，突发事件得到及时有效处理。同时，要对沿途各地的旅游市场状况进行必要的调查研究，以获得第一手资料，以促进本旅行社的发展并改进服务。

（一）联络工作

1．做好旅游线路上各站间，特别是上下站之间的联络工作。

做好旅游线路上各站间，特别是上下站之间的联络工作，通报情况（如领队的意见、旅游者的要求、上几站活动情况等），落实接待事宜。若有一地的接待工作出现问题或发生了事故，全陪要与下几站的地方接待旅行社一起努力做好弥补工作。

2．做好领队与地陪、旅游者与地陪之间的联络、协调工作。

3. 抵达下一站后，应主动把前面几站的情况通报给地陪。

全陪抵达下一站后，应主动把团队的有关信息，如前几站的活动情况、团员个性、团队的特点等情况通报给地陪，以便地陪能采取更有效、主动的方法。

（二）监督各地服务质量，酌情提出改进意见和建议

在旅游过程中，全陪要正确处理好监督与协助这两者的关系。一方面，全陪和地陪的目标是一致的，他们都致力于通过自己的服务使游客获得满意；另一方面，全陪和地陪代表了各自旅行社的不同利益。因此，协助是首要的，协助、监督相辅相成。

（三）旅行过程中的服务

1．生活服务。

（1）旅游过程中，关注游客饮食起居，尤其要照顾、帮助年老体弱的游客。

（2）留意游客举动，保护游客安全，预防和处理各种问题和事故。

（3）按照“合理而可能”的原则，帮助游客解决旅行过程中的一些疑难问题。

（4）融洽气氛，使旅游团有强烈的团队精神。

2．讲解服务和文娱活动。

作为全陪，提供讲解服务固然不是最重要的，但适当的讲解仍是必要的。尤其是两站之间，旅途时间较长，全陪就需要进行一定的讲解。另外，为防止长途旅行时团队气氛沉闷，全陪还要组织游客开展一些文娱活动，如唱歌、讲故事、玩游戏等多种类型。

3．为游客当好购物顾问。

相比地陪而言，全陪与游客的关系更为紧密，更能够博得游客的信任。因此，当游客在购物方面向全陪征询意见进行咨询时，全陪要从游客的角度考虑，结合自己所掌握的旅游商

品信息及相关的知识内容，给游客以中肯的建议。

六、离站服务

1. 离站前，全陪应提前提醒地陪落实离站的交通票据，核实离站的准确时间和地点。
2. 如果离站的交通工具、时间、人数出现变化，全陪应及时通知下一站。
3. 协助领队和地陪妥善办理离站手续。
4. 协助地陪清点行李并与领队核对件数，办好行李托运，保管好行李托运票单。
5. 按规定与接待社方面办理财务结算手续。

七、途中服务

各站之间的途中服务是全陪服务中的重要方面，也是全陪服务不同于地陪服务的主要表现之一，全陪应尽力做好途中的各项工作。

1. 乘飞机（火车、轮船）时，全陪要积极争取民航、铁路、航运等各交通部门工作人员的支持，共同做好安全保卫、生活服务工作。

2. 在旅行途中，全陪应提醒旅游者注意人身和物品的安全。

3. 组织好娱乐活动，协助安排好游客的饮食和休息，照顾好游客的生活。

4. 保管好行李托运单和机票、船票、车票等单据，抵达下站时将其交予当地地陪。

5. 全陪应请领队分发登机牌、分配包房或卧铺铺位；若旅游团无领队而有团队负责人，全陪可请该负责人承担这一工作；如果是散客成团，无领队也无负责人，则由全陪分发登机牌、合理分配包房或卧铺铺位。例如，乘坐火车卧铺时，老年人和儿童更适宜安排在下铺。

交通工具即将到达目的地时，应提醒游客整理随身携带的相关物品，避免遗漏，人多拥挤时注意财务的安全。凭行李票领取行李，若发生破损，应及时同行李托运部门沟通并进行处理。出站时全陪要注意集中游客整体行动，出站后注意寻找地陪。向地陪介绍领队及团队的相关情况，尤其强调团队的特殊要求及注意事项。

八、末站服务

末站（离境站）的服务是全陪服务中的最后环节，要使旅游团顺利离开末站（离境站），并留下良好印象。

（一）离开末站前的准备工作

1. 督促地方接待社订妥各种返程票据并及时向游客通报。票据原则上由领队或全陪保管，登机或上车前再发给游客。

2. 提醒游客保管好自己的证件、物品，不要放在行李中。

3. 与地陪结清各种费用，保管好各种凭证。

4. 请地陪安排好送站车辆和出发时间，确保旅游团在规定的时间到达机场或车站。

（二）主动征求游客对整个接待工作的意见和建议

1. 主动征求游客对全程旅游服务工作的意见和建议，对全体旅游者的支持表示感谢；对工作中的不足和失误表示歉意，请游客予以谅解。

2. 请游客填写《游客意见表》，并在表上签名。全陪妥善保管此表并交给组团社备案。

（三）致欢送辞

向海外旅游团致欢送辞时可安排在赴车站、机场途中进行；向国内旅游团致欢送辞时应当在返回当地后、团队解散前进行。

欢送辞的内容包括回顾整个旅游活动、感谢旅游者的支持、表达惜别之情及美好祝愿等。为避免全陪与地陪欢送辞的雷同，建议全陪致欢送辞应结合团队整个行程而言，比地陪的欢送辞更全面、宏观一些。地陪先致欢送辞，全陪最后致欢送辞。

九、后续工作

（一）处理好遗留问题

旅游团离境后，全陪应认真处理好旅游团的遗留问题，提供可能的延伸服务，如有重大情况要向旅行社进行专题汇报。

1. 协助旅行社领导处理好旅游过程中事故的遗留问题。

2. 认真办好旅游者的委托事务。

3. 处理与派出旅行社的有关事务。

（二）认真按时填写《全陪日志》

《全陪日志》的内容包括：旅游团的基本情况；旅游日程安排及飞机、火车、航运交通情况；各地接待质量（包括客人对食、住、行、游、购、娱各方面的满意程度）；旅游期间若发生事故，须作详实汇报，必要时另写报告；详细、真实地反映旅游者的意见和建议；实事求是地总结经验教训。

（三）严格按照财务规定，尽快报销旅差费

全陪回到所在地后，应尽快到财务部门完成各种财务手续，报销各种差旅费用。

（四）归还所借物品

导游在出团时可能会向旅行社借一些带团时需要用到的物品，返程后应尽快归还这些物品。

第三节　领队服务程序

在我国，公民自费出国旅游是一项新的旅游业务。近年来，随着中国经济的发展，中国出境旅游业务高速增长，作为出境旅游团队导游的领队供不应求。领队是出境旅游团队的随队导游。我国出境旅游一般采用组团方式，由旅行社委派的领队带队旅行。因此，领队在旅游团队中既是服务人员，也是团队的领导，具有不可替代的地位。

领队作为国内组团旅行社的代表和团队利益的代言人，对组团社圆满履行旅游合同、提高旅游者舒适度和满意度、维护游客生命财产安全起着极其重要的作用。熟练掌握领队服务程序，是做好领队工作的前提。

一、服务准备

（一）团队相关资料的领取

1. 团队基本资料。

团队基本资料包括团队人员基本情况、重点团员基本情况、团队特殊安排或要求等。

2. 出境旅游行程表。

行程表包含游览线路、时间、景点，交通工具的安排，食宿标准、团队等级，购物、娱乐及自费项目的安排，组团社和接团社的联系人及其联络方式，应急联络电话。

3.《中国公民出国旅游团队名单表》。

此表一式四联：出境边防检查专用联、入境边防检查专用联、旅游行政部门审验专用联、旅行社自留专用联。领队只需携带第一、二联。

（二）熟悉旅游团及接待计划

1. 熟悉旅游团成员的基本情况，如团队人数，成员的姓名、性别、年龄、职业，特殊对象，重点游客的情况及特殊要求。

2. 熟悉旅游行程接待计划。

（三）核对旅游团成员的证件、签证、机票和表格

1. 核对游客护照、签证以及出国旅游团队名单表。

护照重点检查姓名、护照号码、签发地、签发日期、有效期、是否本人签名。

签证重点检查签发日期、截止日期、签证号码。

名单重点检查其信息是否和护照以及签证信息一致。

2. 核对机票及行程。

首先核对乘机人姓名、乘机日期、航班号；其次还要将机票信息与旅游行程进行对照，核对航班号、日期和起飞时间。

3. 其他。

检查全团的预防注射情况，查验境外住店分配表。

（四）物质准备

1. 带团必备物品。

（1）证件和机票（必需有复印件）。

（2）出国旅游名单表。

（3）出境旅游行程表及辅助说明的文件。

（4）分房名单。

（5）境外接待社联系方式。

（6）其他物品，如领队证、名片、队旗、团队费用、机场税款、行李签等。

2. 带团辅助物品。

资料书籍、紧急求助电话、中国驻外大使馆电话等。

3. 个人生活用品。

（五）开好出国前的说明会

在办理好出国护照、签证和机票后，旅行社为了通报出国旅游的有关情况并了解客人的特殊要求，会适时召开“出国旅游说明会”。时间通常安排在出国前1～7天，需2～4小时。出国说明会一般在旅行社召开，有时也在客人较集中的单位召开。为了表示旅行社对这次会议的重视，通常都会有旅行社经理以上人员出席，领队是出国说明会的主角。领队应代表组团社向客人介绍行程、回答提问。出国说明会主要做好下列工作：

1. 领队致欢迎辞。

欢迎辞的主要内容包括对游客表示欢迎和感谢，自我介绍，表达自己真诚服务的愿望，预祝游客旅游顺利。

2. 旅游行程说明（包括出、入境手续与注意事项以及所有目的地的旅游日程）。

3. 介绍目的地国家（地区）的基本情况。

例如特殊的法律制度和礼节、风俗习惯，并可穿插播放介绍旅游目的国（地区）概况的风光片。

4. 说明出入境有关注意事项。

（1）要求客人注意统一活动，强化时间观念及相互之间的团结友爱。

（2）提醒客人带好相关物品。相关物品包括有效证件（身份证、护照、通行证等）、适合当地气候特点的衣物、太阳镜、雨具、洗漱用品、常用药品、照相机、摄像机、电池和充电器等。

（3）提醒客人每人可带的现金数量：港澳游者每人最多只准携带人民币 20000 元和 2000 美元（或相当于 2000 美元的等值外币），出国游者每人最多只准携带人民币 40000 元和 5000 美元（或相当于 5000 美元的等值外币）。

为了让游客切实做好出国准备工作，避免在境外出现旅游事故，可以将出国说明事项的主要内容印成书面文件分发给每一位游客，尤其要将海外自费项目价格、外汇兑换方式及兑换率、游客饮食及穿着提醒、游客安全注意事项等内容罗列其中，便于客人掌握。

5. 落实有关分房、交款、特殊要求等事项。

在说明会上，应落实的事项包括分房、国内段返程机票是否已定、团款是否已经结清、是否有单项服务、游客是否有其他特殊要求等内容。

6. 强调出行的时间观念，并对游客提出的问题进行回答。

二、全程陪同服务

（一）办理客源国出境手续

1. 出发前集合。

领队应该至少提前 10 分钟到达事先通知的集合地点，及时清点旅游团人数，联络尚未到达的客人，催促其尽快赶到。待客人到齐后，领队还应告知游客将要办理的登机、海关等手续。

2. 办理海关申报。

（1）了解海关通道的类型："红色通道"和"绿色通道"。

（2）带领游客办理海关申报手续。

根据我国海关规定，除享受免签待遇的人员外，凡携带价值超过 5000 元人民币的照相机、摄像机和手提电脑等旅行自用物品，超过 20000 元的人民币现钞或折合 5000 美元的外币现钞，文物及濒危动植物以及金银（随身佩戴品除外）等贵重金属的游客，务必填写《中华人民共和国海关出境旅客行李物品申报单》，一式两份，一份交海关查验，一份经海关审核后将退还旅游者留存，以备返回时通关之用。

携带有上述需向海关申报物品的客人应走红色通道，不需向海关申报的客人可选择绿色通道通关。

3. 换取登机牌，同时办理行李托运手续。

托运行李时提醒客人将托运的行李上锁。

4．卫生检疫。

5．边防检查及登机安检。

领队需填写《边防检查出境登记卡》（如是团体签证或到免签国家出示《中国公民出国旅游团队名单表》即可），然后带领游客按名单顺序排队，站在黄线外，手持出境证件和登机牌依次接受边防检查和安全检查。

待团队全部通过安检后，将客人领到候机室候机，并根据航空公司安排登机。正式登机前可与旅行社联系，请旅行社及时向接待国旅行社通报登机时间及抵达时间，以便对方接机。如果航班延误，也应向旅行社报告，并及时联系航空公司解决客人用餐等问题。

（二）办理目的地国入境手续

1. 填写外国（我国特区）入境卡。

飞机抵达目的地前，空乘人员会请客人填写入境登记卡，领队可代客人填写，有关内容应与客人的护照和签证一样，但在填写携带用品一栏时一定要问清楚游客是否携带有违禁品，以免入境受阻。

2. 带领游客办理卫生检疫、证照检查、海关检查等入关手续。

到达旅游目的地后，领队应带领游客办理入境手续，通常称为“过三关”，即卫生检疫、证照检查、海关检查。带团出机场时，先进行入境边检，接着取行李至海关检查，按顺序办理。海关检查完毕后，出关与当地接待人员联络，并将行李交其负责，然后带游客登车，清点人数。

（三）境外旅游服务

1．境外住店服务。

领队与旅游目的地导游一起到饭店总台领取房间钥匙，由领队按事先填好的房间分配表分配住房。

领队应与地陪一道，将入住酒店应注意的事项告知游客，譬如：告诉客人国外饭店一般不提供开水，但在冰箱中存有少许免费纯净水（其余为收费饮品），有喝茶习惯的客人可以借电水壶烧水或到餐厅泡茶；发达国家自来水往往可以直接饮用；国外电压与游客带去的电器可能不匹配，可请酒店服务生提供转换器等。

然后引导游客进入房间，及时向酒店反映和协助处理游客就客房设施、卫生条件等方面提出的问题。

旅游者入住后，可能会对房间内的设施、环境等提出疑问和要求，领队应将自己的房间号告诉每一位游客，并最好不要在旅游者入住后的半小时内离开，以便及时提供服务。

2．商定日程安排。

待安排妥当后，领队须及时与导游按事先约定的行程计划商定游览计划和时刻表。与当地导游人员商定日程时应注意：

（1）遇有当地导游人员修改日程时，应坚持“调整顺序可以，减少项目不行”的原则，必要时报告国内组团社。

（2）当地导游人员推荐自费项目时，要征求全体旅游团成员的意见。必要时可拜访该旅行社的负责人，以示重视和友好。

3．观光游览。

（1）注意游客的安全。领队应时刻与旅游者在一起，经常清点人数；提醒游客注意各地时差（有些地方采用夏令时间）；时刻留意旅游者的动向，以防意外事故发生，经常提醒游客注意在当地旅游应遵守的一些事项。在游览过程中，领队一般应走在后面，并注意道路的交叉口和拐弯处。

（2）与接待单位和导游人员密切配合，妥善处理各种事故和问题。对导游推荐的自费项目，要征求全体客人的意见，如果导游随意加价或强迫消费，应以妥善的方式指出或制止，坚决维护客人的利益。情况严重时，及时与接待社或国内组团社联络处理。

4．购物服务。

境外购物是每个旅游团队必不可少的旅游项目，只要安排合理，大多数出境旅游者也乐意接受。但境外旅行社为利益驱使，往往频繁安排购物，甚至购物时间超过游览时间，引起游客不满。因此，安排好境外购物，对领队个人能力是一个严峻考验。

（1）领队应提醒客人小心商品的质量和价格，不要被购物店聘用人员虚假的宣传所迷惑，避免冲动购物。

（2）根据合同限制地陪安排购物时间和次数。对地陪安排购物的时间和次数，领队也应根据合同进行必要的限制，尤其要阻止非计划内的购物安排。

（3）告知客人货币兑换率和相关地区的海关出入境要求。当客人确实希望购买某些商品时，领队应给予必要的帮助，如：告诉客人货币兑换率和海关允许免税携带出入境的数量，请客人留意商品规格和制式是否与中国一致，是否提供全球保修（关系着能否在中国享受保修服务）。

（4）提醒客人索取购物发票和退税证明。欧洲国家对外国公民购买的不在本国消费的部分工业产品可给予退税优惠，领队应提醒客人索取购物发票和退税证明，以便出境时办理退税手续。

5．境外其他服务。

（1）返程国际机票确认。

（2）督促旅游计划的执行和接待质量。

（3）维护旅游团内部团结。

（4）保管好护照、签证及机票等。

（四）返程服务

为全团的游客办理旅游目的地国家（地区）离境手续和中国入境手续。

1．办理旅游目的地国离境手续。

（1）做好准备工作。

离境前，领队应提醒、帮助客人做好所购物品的包装工作；检查游客护照是否安全在身；核对机票的航班、起飞机场和起飞时间等；提醒需要办理退税的游客在离开机场前办理完退税手续。

（2）换取登机牌、托运行李。

拿到登机牌时，领队应提醒游客核对自己的名字，看清自己的登机牌号码和自己的座位号。将游客的行李收集起来，在机场办理托运手续，并提醒游客保管好行李牌。

（3）办理离境手续。

在机场口岸柜台前，提醒游客排好队，手持护照、出境卡、登机卡，交检查人员检查。

检查人员检查完毕并加盖出境公章后即把护照和登机牌退还游客，而把出境卡留下。领队这时应提醒游客收好自己的护照和登机牌，前往候机室候机。

（4）办理海关手续。

（5）办理购物退税手续。

（6）登机。

领队要告诉每位团员乘坐的航班号、登机门和登机时间。国外国际机场的规模一般比较大，领队一定要提醒团员认清方位、注意时间，准时赶往登机门。

2．办理回国入境手续。

（1）提醒游客不能携带我国禁止入境的物品，并告知客人应申报关税的物品。

（2）带领游客办理中国入境的边防检查、卫生检疫、海关检查等入境手续，整团入关。

三、后续工作

1. 请游客填写征求意见表，将表格收回上交。

2. 领队要详细填写《领队小结》，整理反映材料。

3. 整理游客意见，处理投诉或委托事项。

4. 按财务规定，尽快结清账目，归还物品。

5. 与游客保持联络。

第四节　景区景点导游服务程序

景区景点导游是导游服务的一个组成部分，包括旅游区、自然保护区、博物馆、纪念馆、名人故居等地的导游服务。

一、服务准备

（一）熟悉情况

1．熟悉环境保护、文物保护、安全知识和景区管理规定。

2．了解景区景点基础知识，包括建筑特色风格、历史沿革、民间传说等。熟悉景区景点相关背景知识及所涉及的学科知识。

3. 了解所接待团队的基本情况，通过观察或询问的方式简单了解旅游团人数、团员身份、团队性质等。

（二）物质准备

1．准备景区导游图或纪念品。

2．准备导游讲解工具。

二、导游服务

（一）致欢迎辞

首先，景区导游应代表所在景区景点对游客的到来表示欢迎；其次，简要介绍自己；再次，介绍景区概况及游览时的相关注意事项；最后，预祝各位游客在本景区游览满意。

（二）导游讲解

1．带领游客按参观游览线路进行分段讲解，不得擅自减少旅游项目、缩短讲解时间。

2．结合有关景物或展品宣传环境、生态系统或文物保护知识。

3．及时耐心解答游客的问询。

4．注意游客动向，时刻提醒游客注意安全。

5．对于宗教景区，要尊重游客的宗教信仰。

三、送别服务

1. 致欢送辞。

送别服务中最重要的内容是致欢送辞，要表示感谢，回顾总结，表达良好祝愿。

2. 征求游客意见和建议。

3. 赠送景区资料和纪念品。

根据实际情况或景区相关要求，向游客赠送景区资料或纪念品。

第五节　散客导游服务程序

散客旅游也称自助或半自助旅游，它是由旅游者根据个人兴趣爱好自行选择或自行设计旅游线路和活动项目，个人、家庭或朋友结伴而行，零星现付各项旅游费用的旅游方式。

散客旅游与团队旅游主要有以下几点区别：

1. 旅游行程的计划与安排不同。

散客旅游的行程是由散客自由选择、安排和计划的；而团队旅游则是旅行社已对行程进行安排和计划，作为一种产品介绍并销售给游客。我们所说的散客并不是仅仅指单一的旅游者，可以是单个旅游者，也可以是几个人、一个家庭或单位的人。散客也并不是完全独立进行旅游活动的，一般散客经常在出行前和旅游结束后向旅行社进行咨询或委托办理相关事项。

2. 付费方式不同。

散客旅游的付费方式是以零售价格多次支付；而团队旅游则是由旅行社以包价形式向参加团队的旅游者一次性收取全部或部分旅游服务费用。

3. 价格不同。

相同级别的旅游项目，散客旅游所需的费用相对团队旅游贵一些，这主要是因为团队旅游在很多旅游项目上可以享受折扣优惠，而散客旅游则是以零售价支付的。

4. 自由度不同。

相比较旅游团队，散客在旅游过程当中具有更高的自由度，旅游行程的安排更为灵活。

5. 旅游人数不同。

散客的旅游人数一般在 9 人以下，而旅游团队则为 10 人以上。

一、接站服务

（一）服务准备

1. 认真阅读接待计划。

接到接散客的任务后导游员应认真阅读并熟悉接待计划，了解散客的具体情况，如：抵达日期、时间、人数、下榻饭店、提供哪些服务内容、接站（机、船）车辆的安排以及有无变更等。

2. 做好出发前的准备工作。

导游员要在接团前做好充分的准备工作，携带齐全的工具、票证，如导游证、旅游团标记、团旗、各类票证等。

3. 联系、确定交通工具。

导游员接团前一天应及时和旅游车司机取得联系，通知具体出发的时间、地点，同时也要了解车况，提醒司机做好检查准备工作。

（二）接站服务

1. 提前到达迎候团队。

导游员应提前到达预定的接团地点迎候游客到来，一般情况下，接飞机应提前 20 分钟到达，火车轮船则应提前 30 分钟进入站台等候。

2. 迎接游客。

由于散客人数较少，稍有疏忽就有可能发生漏接。因此交通工具到达后，导游员要站在容易让客人发现的醒目位置举接站牌迎候，以便游客认找；导游员也可以根据掌握的游客特征询问辨认游客。确认游客以后，应主动问候，并介绍所代表的旅行社和自己的情况，对游客表示欢迎。协助游客办理有关事宜，清点行李、帮助游客提取行李并引导其上车。

如未接到应接的游客，导游员应及时询问机场（车站、码头）工作人员并与司机配合寻找游客。然后，联系下榻酒店落实游客有无自行到达。若确实找不到，要及时与计调部门联系，报告相关情况，核实游客到达的时间有无变化。在计调部门同意后方可离开。

（三）沿途导游服务

在从机场（车站、码头）至下榻酒店的途中，导游人员应进行同团队一样的沿途导游。由于游客人数较少，导游人员可灵活地运用对话形式进行讲解。

（四）入住饭店服务

1. 帮助办理入住手续。

抵达饭店后，导游员应及时帮助游客办理入住手续；向游客介绍饭店的服务项目和注意事项；核对行李，督促行李员将行李送到游客房间；记下游客的房间号码和代表的电话号码，同时告知游客自己的电话号码，以便联系。

2. 确认行程安排。

办理入住手续后，导游人员要及时同游客进行行程确认。如果游客参加的是散拼团队，要提醒游客集合时间、地点以及相关联系人的电话号码。如果是自由行，导游人员可当好顾问，要做好协助工作，特别要提醒安全注意事项，必要时陪同前往。

3. 确认机票。

假如游客将乘飞机赴下一站旅游，而游客又不需要旅行社为其提供机票，导游人员应提醒游客提前预定和确认机座；如游客需要协助确认机座时，导游可告知其确认机票的电话号码；如游客愿将机票交与导游帮助确认，而接待计划上又未注明需协助确认机票，导游员可向游客收取确认费，并开具证明。

导游员在帮助游客确认机票后，应向计调部门报告核实确认的航班号和离站时间。

4. 推销旅游服务项目。

导游人员应主动向旅游者询问有无其他旅行事项需旅行社代为办理，并推销旅行社的相关旅游产品。

5. 后续服务。

散客迎接完毕后，导游人员应将散客的相关情况及时反馈给旅行社的相关部门或计调人员，尤其是同接待计划有出入的内容，以便进行后续安排。

二、导游服务

由于游客来自不同国家、地区，彼此不相识，在习惯、语言等方面各有不同，因此在旅游过程中互无约束、集合困难。因此导游要有较强的责任心和组织协调能力，尽心尽力，多听游客意见，多提醒游客，保证游览工作安全、顺利开展。

（一）出发前的服务

出发前，导游人员应准备好相关的团队物品，提前15分钟到达集合地点，引导散客上车。

（二）沿途导游服务

散客沿途导游服务同团队导游服务基本一致。

（三）现场导游讲解

导游人员在对个体散客进行讲解时可采用对话形式。游览前，导游人员应向游客提供游览路线的合理建议，由旅游者自由选择。提醒旅游者上车时间、地点及车型、车号。

（四）其他服务

散客自由活动时间较多，导游人员应当好他们的顾问，可协助其安排购物或晚间娱乐活动。提醒客人注意安全，引导他们去健康的娱乐场所。

（五）后续工作

导游人员在完成散客接待工作后，应及时将有关情况反馈到旅行社有关部门，并到旅行社结清账目，处理一些遗留问题和委托事项，并填写《接待零星散客旅游者登记表》。

三、送站服务

（一）服务准备

1. 熟悉送站计划。

导游员接受送站计划后，应详细阅读并熟悉计划，明确游客情况（人数、姓名、下榻饭店、离站时间、航班号、车次等），核实有无应收的费用，确定有无变更情况，是否与其他游客或散客小包价旅游团合乘一辆车去机场（车站、码头）。

2. 做好送站准备。

导游员应于离站前24小时与游客（散客小包价旅游团）确认送站时间、地点。此项工作需反复联系确认，以便落实到每一位游客。另外应准备好各类票据（机、车、船票）。确认与司机汇合的时间、地点、车型、车号、车况等。

如游客乘飞机离站，导游员应掌握好到达机场的时间。国内航班提前1小时到达，国际航班提前2小时到达；如乘火车应提前40分钟到达车站。

（二）到饭店接运游客

导游应在约定时间前20分钟到达游客下榻的饭店，协助游客办理离店手续，交还房间钥匙，结清账款，清点行李，提醒游客带齐随身物品，引导游客上车，清点人数后离店。

若到达游客下榻的饭店后未找到游客，导游应到饭店前台了解游客是否已经离店，并与司机共同寻找，若超出约定时间20分钟仍未找到游客，要及时向旅行社有关部门报告，要求协助找寻，并保持联系。当确认确实无法找到游客时，经旅行社负责人同意后方可离开。

若需送站的游客与住在其他饭店的游客合乘一辆车去机场（车站、码头），要严格按约定时间顺序到达各饭店。

送站途中，若遇到严重交通堵塞或其他特殊突发事件，需调整原约定时间顺序和行车路线时，导游员应及时向旅行社有关部门报告，并及时将时间上的变化通知各饭店等待的游客。

（三）到车站（机场）送客

在送游客到机场（车站、码头）途中，导游员应向游客致欢送辞，询问游客在本次游览过程中的意见、建议，对服务不周的地方请游客予以谅解，并代表旅行社向游客表示感谢。

到达机场（车站、码头）后导游应提醒游客携带好自己的行李物品下车，并协助游客办理相关登机（车、船）手续（办理手续时应严格按照旅游计划办理）。

导游员在与游客告别前，应确认航班、车次时间，并交接好票据，若有延误应向游客提供力所能及的帮助。

（四）结束工作

当完成接待任务后，导游人员应向旅行社方面进行报告，及时结清所有账目，并将其他相关情况反馈给旅行社方面。

【本章小结】

本章系统介绍了地陪、全陪、海外领队、景区景点导游人员等四类导游人员及散客导游的具体服务程序和标准，可以说为规范化导游服务提供了行动指南。

【案例分析】

清晨8时，某旅游团全体游客已在汽车上就座，准备离开住宿酒店前往机场。地陪小王从饭店外匆匆赶来，上车后清点人数，又向全陪了解了全团的行李情况，随即讲了以下一段话：

“游客朋友们，早上好！

我们全团18位游客都已到齐。现在我们准备去新郑机场。今天早上，我们将乘9:30的CZ××××航班去G市。在这里，王导我非常感谢大家对我工作的理解和支持。中国有句古话：相逢何必曾相识。短短的两天，我们增进了相互之间的了解，成了朋友。在即将分别的时候，我希望各位朋友今后有机会再次来到河南，欣赏和体会我们河南厚重的文化，到时王导我再来给你们做导游。最后祝大家一路平安，合家欢乐，身体健康！谢谢大家！

朋友们，机场到了，现在请下车。”

请运用导游服务程序与规范的相关知识，分析导游员小王在这一段工作中的不足之处。

复习思考题：

1. 地陪人员接团前应从哪几方面作好服务准备？
2. 欢迎辞、欢送辞的主要内容有哪些？
3. 首次沿途导游包括哪些方面的内容？
4. 在商定日程时，导游人员应遵循哪些方面的原则？
5. 在旅游团参观游览的过程中，地陪和全陪分别扮演什么样的角色，发挥什么样的作用？
6. 旅游团在离开本地（站）时，地陪人员应做好哪些方面的工作？
7. 全陪导游人员的途中服务包含哪些方面的内容？
8. 散客导游服务中应注意哪些方面的问题？

第四章　导游带团技能

【本章教学目标】

通过本章的学习，了解导游人员如何进行准确的自我定位，掌握导游服务集体合作共事的方法及与旅游接待单位相互协作的技能，熟悉与游客友好相处的方法。学习运用各种技能为游客提供高质量的导游服务，掌握为一些特殊游客服务的技巧，能够灵活地提供个性化服务，从而提高导游服务质量，保证旅游活动的顺利进行。

带团是导游人员的日常工作，带团技能是导游服务技能的重要组成部分，主要是指导游人员能够根据旅游团整体需要和不同游客的个别需要，与各方人员友好合作，综合运用各种知识和技巧，使游客的旅游经历充满美感和愉悦的能力。一个旅游团少则几人，多则几十人，往往是为旅游而临时组合起来的松散型团队。由于社会地位、年龄、职业、性别和文化修养不同，游客的生活习惯、兴趣爱好各不相同。因此，如何在短时间内将旅游团凝聚在自己周围，从而使游客在旅游活动中保持步调一致，如何协调各方面的关系，如何保证旅游计划的顺利进行，一系列的问题需要导游人员面对，这需要导游人员具备一定的能力、智慧和技巧。带团技能是导游人员的基本功，但是又没有固定的模式，它的运用要因团、因人而异。对导游人员来说，只有在实践中不断探索、总结、认真研究，并反复地运用于实践，才会不断进步和提高。

第一节　导游人员的形象定位

导游人员要正确把握自身形象定位，通过一定的方法和途径树立良好形象，这不仅对一个国家或地区旅游业的发展具有重要的意义，同时对导游人员顺利完成旅游团的接待计划也具有重要的意义。

一、导游人员的形象定位

（一）职业形象

1. 国家（地区）的形象代表。从对外交流和宣传的角度来说，导游人员是一个国家和地区的形象代表。在外国游客心目中，中国导游人员首先是中国人，是中国人的代表，是中国人民的友好使者；在外地游客眼中，一个地方的导游人员代表着当地的形象。游客往往通过导游人员的言行举止、衣着打扮来衡量和判断当地人的道德水准和价值观念，通过导游人员的讲解及其对问题的处理来评价当地的导游服务水平和质量。因此，导游人员肩负着宣传中国（家乡）、传播中华文明、增进各国及各民族之间的了解和友谊的重任。美国人称导游人员为“祖国的脸面”，埃及人称导游人员是“祖国的一面镜子”，伦敦的导游人员被称为“伦敦大使”，日本人称导游人员为“无名大使”。

从服务的角度说，导游人员应保持热情、周到、细致的服务形象，仪表清新，举止文雅，同时又不失分寸，不卑不亢，恭而有礼，保持民族的尊严和荣誉。

2. 旅游业的形象代表。各行各业都有其代表性的业务，有最典型的起着决定作用的代表性的工作人员。旅游业作为服务业，涉及面广，导游工作被广泛认为是旅游业的代表性业务，而导游人员是旅游业代表性的工作人员，因此，导游人员的形象就代表着旅游业从业人员的职业形象。

从业务上说，导游人员受旅行社的委派，代表旅行社履行接待协议，为游客安排、落实食、住、行、游、购、娱等各项服务，并处理可能出现的各种问题，与游客接触次数最多、时间最长，其良好形象是旅行社的服务质量和管理水平的代表。

（二）树立良好形象的重要性

1. 有助于增强游客对导游人员的信任感。树立良好的形象是指导游人员要使游客充满安全感，信赖自己，使游客们相信导游人员具有带领旅游团顺利地开展旅游活动的能力。

游客来自不同的旅游客源地，虽然他们在出游之前，通过各种渠道对旅游目的地的基本概况或多或少地有所了解，但初到异地他乡总有人地生疏、言语不同、习惯迥异之感，加上旅途劳顿，或气候不适、生物钟被打乱等情况，往往会感到茫然。因此，游客们希望有一位亲切、可信、有经验的导游人员来帮助他们。导游人员在游客心目中树立起热情友好、诚实可信、彬彬有礼、老练睿智的形象，既能提高游客对导游人员的信任感，又能使其自觉地配合导游人员的工作。

2. 有助于缩短导游人员与游客之间的心理距离。游客由于年龄、性别、职业、文化修养及性格的差异，其旅游动机、兴趣爱好、旅游期望也不尽相同。而这些不同的需要并非每个游客都能直截了当地向导游人员表达出来，尤其是性格内向和身份地位较高的游客更不会轻易地表露出自己的想法，通常在经过一段时间的观察、了解、相处之后才会有所表达。然而，导游人员与游客之间的相处是短暂的，导游人员若能在短时间内在游客心目中树立起良好的形象，使其对自己产生信任感，必将有利于缩短两者之间的心理距离，融洽彼此间的关系，从而使导游人员有机会较快、较深入地了解游客的需求，合理地安排好游览活动日程，向游客提供具有针对性的服务。

（三）树立良好形象的途径

1. 重视“第一印象”。第一印象常常构成人们的心理定势，在心理学中又称“首次效应”，不知不觉成为判断一个人的依据，特别是短期接触，可谓是“先入为主”。导游人员与游客接触时间相对较短，给游客留下良好的第一印象尤为重要。导游人员给游客产生的第一印象往往会左右其在以后的旅游活动中的判断和认识。良好的第一印象可为以后导游服务的顺利开展铺平道路，否则，以后想改变它就得花费很大的精力。所以，导游人员要重视第一次亮相，给游客一个先入为主的好印象。初次亮相的关键在于导游人员的仪容仪表、仪态和使用的语言。导游人员应以真挚热情的表情、礼貌得体的语言、文雅大方的举止、修饰有度的衣着打扮，表现出神采奕奕的风度，来吸引游客。

首先是仪容仪表，主要指导游人员的容貌、着装、服饰及所显示出的神态。在人际交往中，人们习惯于全方位地审视对方，即从生理角度、伦理角度、心理角度及审美角度审评他人。在一般情况下，内在美在长期相处中起主导作用，而外表美在短期交往中会给人留下深刻的印象。导游人员特别是地陪在与游客短暂的接触过程中，留给游客更多的是外在印象。俗话说“三分长相，七分打扮”，所以，导游人员要十分重视个人的仪容仪表。在仪容仪表上，导游人员应着重注意：

第一，着装要符合导游人员身份，并追求风格的和谐统一。切忌穿着奇装异服，或一味追求高档名牌服装。必须将导游胸卡和工作牌佩戴在胸前，以表明自己的身份。

第二，修饰有度。服装整洁、大方、自然，首饰佩戴要适度，不浓妆艳抹，发型要符合身体特征和工作特点，体现高尚的情趣。

第三，注重个人卫生。要勤修指甲，勤洗澡，勤换衣服，以免散发异味。

总之，导游作为服务人员要时刻注意自己的身份，衣着打扮不能太浓艳，以免夺取了服务对象的风采，引起他们的不快；也不能不修边幅，让游客感到不受尊重而不满，影响工作。总之，导游人员的服饰打扮应符合大多数人的审美习惯。

其次是仪态，主要表现在导游人员的姿态、动作与风度等方面。一个精神饱满、乐观自信、端庄诚恳、风度潇洒的导游人员，必定会给初次见面的游客留下深刻印象。在日常生活中导游人员就要养成正确优美的姿态举止：大方、自然、得体。要自尊但不狂傲，直率但不鲁莽，活泼但不轻佻；待人自然大方，办事果断利索；工作时严谨而不失措，休息时轻松而不懒散；交谈时谦虚而不迂腐；服务时热情而不谄媚。这样的导游人员比较容易获得游客的信任。另外，导游人员坐、立、行姿态要优美，给人一种稳定感和亲和力。

最后是语言，即导游人员讲话时的声调和音色。导游人员谈吐要高雅脱俗、优美动听、幽默风趣、快慢相宜、亲切自然，这样容易获得游客的好感。导游人员在语言谈吐上要注意：

第一，语言要文明礼貌，表达对游客的关心和尊重。

第二，内容要有趣，词汇生动，高雅脱俗。

第三，语速快慢相宜，音量适中悦耳，亲切自然。

第四，手势优雅、自然，符合礼仪。

以上主要表现了导游人员的外在形象。诚然，导游人员可以通过精心的准备使自己显得自信、风度翩翩。但是外在和内在往往是有着必然联系的，为了使自己的形象更具个性和魅力，导游人员还应注重自身内在修养、气质的培养。

2. 维护良好的形象。有了美好的第一印象并不表示导游人员可以一劳永逸，万事大吉。因为这毕竟只是印象，只是人的感觉，而不是知觉。就游客而言，他们并不满足于良好的第一印象，在以后的服务中他们会通过自己的观察、体验来验证所获得的第一印象，并且会对导游人员寄予更高的期望，对导游服务工作提出更全面、更具体、更个性化的要求。因此，导游人员不能仅凭第一印象与游客打交道，必须努力维护并力争完善已确立的良好形象。

首先，旅游产品不同于一般产品，当它作为商品形式进行交换时是以服务形式出现的，且其服务具有综合性和复杂性。从旅游开始到终结，游客都在不断地进行比较，这就要求导游人员的优质服务应贯彻始终，否则，就无法保证旅游产品的整体质量。

其次，导游职业特点决定了游客对导游人员的最后评价才算“盖棺定论”，而最终的总体评价是凭导游人员的一贯表现作出的，并非仅凭第一印象。

那么导游人员如何才能维护甚至升华自身的良好形象呢？这就要求导游人员在导游服务的全过程中，始终坚持主动热情地对待每一位游客；向游客提供微笑和细致的服务，使游客对导游人员产生亲切感；多干实事，少说空话、大话，做到言必信、行必果；要做到处事不惊、果断、利索，给游客以安全感；要善于弥补服务缺陷，一丝不苟地做好送行工作。

3. 留下美好的最终印象。心理学中有一种“近因效应”，它是指在人际知觉中，最后给人留下的印象对人有强烈的影响。国际上的旅游专家有这样的共识：旅游业最关心的是其最终的产品——游客的美好回忆。导游人员给游客的最终印象也是非常重要的，若是导游人员留给游客的最终印象不好，就可能导致前功尽弃。一个游程下来，尽管导游人员已感到很疲惫，但从外表上依然要保持精神饱满且热情不减，这一点常令游客对整个游程抱肯定和欣赏的态度。同时导游人员要针对游客此时开始想家的心理特点，提供周到的服务，不厌其烦地帮助他们，如选购商品、特产、捆扎行李等。致欢送辞时，要对服务中的不尽如人意之处诚恳道歉，广泛征求意见和建议，代表旅行社祝游客一路平安，真诚地请他们代为问候亲人。导游人员此时以诚相待是博取游客好感的最佳策略。游客回到居住地后，其愉快的亲身体验还可起到良好的宣传作用。

4. 多提供个性化服务。带团时，应在合理而可能的情况下，根据游客的需要为其提供个性化服务。个性化服务是导游人员在做好旅行社接待计划要求的各项服务或规范化服务的同时，针对游客个别要求而提供的服务。做好个性化服务，要求导游人员想游客之所想，急游客之所急，应游客之所需。个性化服务虽然不是全团的共同要求，不涉及全团的利益，而只是针对个别游客的个别需求，但是，做好这类小事往往会起到事半功倍的效果，对全团的影响会大大超过小事本身，使游客目睹导游人员求真务实的作风和为游客分忧解难的精神，从而产生对导游人员的信任感。

提供个性化服务要切记不说空话和大话。不说空话和大话是指导游人员在工作中要言行一致，说过的话要算数，不随口许诺，不开“空头支票”。那种信口开河、言之无物、模棱两可、华而不实的作风只能引起游客的反感。在游客的心目中，这种导游人员是不可靠的，是不能信赖的。所以，导游人员尽可能地为游客多提供个性化服务，言必信、行必果是取得游客信赖的重要途径。

5. 多与游客进行沟通。与游客进行沟通，包括意见沟通和情感沟通两方面。前者是指导游人员在导游服务过程中与游客产生意见分歧时，导游人员应及时求得与游客的意见趋于一致。为此，导游人员要把自己的意图明确表达出来，让游客了解自己，同时要设法让游客说出自己的真实想法，以达到相互了解，在此基础上求得意见的一致。后者是指导游人员要促进与游客之间的感情共鸣，即一方面要满足游客正当的情感需要，如自尊、友爱的需要等，另一方面要尽量使自己的情感频率与游客的情感频率趋于一致，即乐游客之所乐，急游客之所急。

二、导游人员的角色定位

在社会生活的大舞台上，人们总是通过扮演一定的社会角色来存在和与人交往的，那么导游人员是一种什么角色呢？由于导游工作是一种服务工作，且为不同的游客提供食、住、行、游、购、娱等多方面的服务。所以，导游服务和其他服务有所不同，在服务过程中，导游人员是多角色的统一体，在不同的场合，面对不同的服务对象，导游人员要扮演不同的角色。

（一）游人之师

许多游客都想更多地了解他们所游览的地区，而不是仅仅限于宣传小册子上的简单介绍。

旅游团的导游人员是旅行社给游客提供的“流动专家”，他们向游客讲解旅游地的人文和自然情况，介绍风土人情和习俗，解答游客提出的各种问题，并且在有关的景点讲述历史传说。有些外国游客称我们的导游人员为“中国历史文化教员”、“中华文明展览的讲解员”。导游人员不仅是旅游活动的组织者、协调者，更应该是一位通晓旅游目的地各方面情况、能解答各种问题的“老师”。

（二）游人之友

在旅游活动中，导游人员与游客朝夕相处，为他们安排各项活动，关心他们的生活、安全、健康和心理感受，并为他们排忧解难，很容易与他们建立深厚的友谊。游客会把导游人员当成可以信赖、能与之交流感情、共同欣赏美景的伙伴。

【案例】S导游一直负责接待欧美特殊旅游团的工作，这些旅游团除了正常的旅游活动外，每个团都要安排一定主题的参观和交流。S导游发现这些游客对景点兴趣不大，相反对中国许多社会问题却极感兴趣。例如他们经常询问一些中国农业问题、教育问题、计划生育问题、污染问题、交通问题等，甚至问起我国有关政策的细节。按照惯例，社会问题的介绍不属于导游常规业务范围，但是为这些特殊旅游团做导游又有此需要。于是，S导游开始自觉地、有针对性地学习方针政策和时事政治。功夫不负有心人，她总结出一套独特的导游词。这套导游词坚持解放思想、实事求是的原则，在维护国家尊严、展示祖国巨大发展成就的同时，把问题客观而有分寸地介绍给游客，使游客能够看到一个真实的中国。S导游的讲解效果很好，她的游客都说：“我们来中国之前看到和听到了太多揭露中国阴暗面的报道，但今天亲眼看到了一个真实的中国。中国给我们留下了不可磨灭的印象，衷心感谢你!”

由于S导游的接待服务工作异常出色，38位挪威自行车旅游团的游客自发出资邀请她去挪威访问。在访问的两周时间里，S导游见到了她曾经接待过的50多位游客，并受到隆重接待，每隔3个小时就有一位游客来陪她。她参观了挪威的幼儿园、大学、奶牛场等地。在参观A市的时候，她还得到了该市市长的接见。当S导游下榻在一家酒店时，由于她是那家酒店入住的第一位中国人，店方执意安排她住在挪威女王曾经住过的一套房间，以示尊重。后来几家挪威报纸相继采访了S导游，刊登了题为“中国导游在挪威”的专题报道。S导游利用访问的机会广泛地接触挪威人民，并继续为祖国及祖国的旅游事业作宣传介绍。许多挪威人说：“你把中国说得那么生动、那么迷人、那么令人神往，我们一定要亲自去看一看。”她的挪威朋友在送她回国时说：“你走后，我们会关注中国的事情，关注中国的消息，因为那里有一个我们熟悉的可爱女孩儿!”

（三）博古通今的“万事通”

导游人员的接待对象并不是单一的，他们的性别、年龄、身份、阶层、志趣、爱好、生活习惯等都有很大差异，没有丰富的知识很难做好接待工作。因此作为一名优秀的导游人员需要涉猎的知识面既广又杂：中外历史、地理、政治、经济、文化、建筑、宗教、艺术、民俗、美学、心理学、法律等，都得懂一些。所以导游人员应该是一位博学多才的“杂家”。

（四）风趣诙谐的幽默大师

导游人员与游客大多是初次接触，相互之间比较生疏，幽默风趣的个性能使导游人员迅速与游客拉近彼此之间的距离，并有助于在旅游团中培养良好的情绪氛围。在旅游活动中，游客很容易受导游人员的情绪影响。当旅途不顺、客人情绪不佳时，如果导游人员也跟着怨天尤人的话，游客的情绪就会更糟。而富有幽默感的导游人员能使游客在困难中看到希望，看到有趣的一面。幽默能使人发笑，能使人变换一种积极的方式看待问题。一旦人们对各种困难都抱有乐观的态度，那么解决困难的信心也就产生了。

【案例】一位导游人员初次与游客见面时，自我介绍说："初次为大家服务，我感到十分荣幸。我姓马，老马识途的马。今天，各位到我们这儿旅游，请放心好了，有我一马当先，什么事情都会马到成功……"这几句幽默风趣的话把游客都逗笑了，初次见面的拘谨感一扫而光，主客关系一下子变得融洽起来。

旅游车行驶在一段坑坑洼洼的道路上，游客中有人开始抱怨了。这时导游说："请大家稍微放松一下，我们的汽车正在给大家做全身按摩，时间大约10分钟，不另外收费啊！"话音刚落，满车游客哄堂大笑，不满情绪随之化解。

（五）真诚友善的微笑大使

当导游人员对自己的工作充满热情时，就会始终微笑着对游客服务。法国作家阿诺·格拉索说："笑是没有副作用的镇静剂。"微笑是没有国界的，任何国家、任何地区的游客都能看懂这是一种真诚、友好的表示。旅游活动中遇到不愉快的事情总会让游客非常恼火，但看到导游人员真诚的笑脸，火气就会小一些。

【案例】一个原计划乘坐软卧车厢的旅游团，因故需改乘硬卧，游客对此意见很大，纷纷找导游人员理论。导游人员面带歉意的微笑，耐心向游客解释："大家有意见是应该的，可以理解。但现在正值旅游旺季，铁路运力十分紧张，我们已经尽了最大努力。这次只好委屈大家了，请多谅解。"导游真诚的态度及合理的解释使游客激动的情绪得到了缓和。

（六）多才多艺的主持人

导游人员需要多才多艺，因为经常要在客人面前唱歌、讲笑话、带领游客做游戏等，其目的是活跃旅游团的气氛，让游客之间的关系变得融洽和谐。但是导游人员不要唱独角戏，要像主持人一样针对每个人的特点，充分调动游客的积极性，满足游客的表现欲望，及其在旅游活动中与人交往、实现自我的心理需求。

（七）果断干练的指挥员

坚定的意志和行事果断的工作作风是导游人员成功带领旅游团活动的重要因素。无论是领队、全陪还是地陪，必须在游客面前表现出充分的自信心和抗干扰能力，坚定不移地维护游客和旅行社的正当权益。

【案例】在某年的8月份，我国发生了特大水灾。武汉的导游王小姐正在接待一个日本学生团，计划从武汉乘火车去广州。因为水灾的影响，火车不能按时开，至于何时开也无法确认。王小姐担心旅游团被困在武汉影响以后的行程，于是她当机立断，建议组团社让游客转乘飞机离开。得到组团社的肯定答复后，她马上把这个建议告诉游客。游客中只有少数人表示赞同，王小姐耐心地给游客做工作，这样虽然使游客的费用增加了，但是可以准时离开武汉，并保证在华的行程。王小姐亲自联系，以最快的速度办好飞机票，并请会务组退掉火车票。该团刚离开不久，火车票就停售，连飞机票也买不到了。游客回国后纷纷写信夸奖王小姐机智灵活，处事果断。

我国老一代的优秀导游人员在自己长期工作的基础上总结出了"八大员"的说法，是对导游人员所扮演角色的一种形象描述，即导游人员带团时要充当"语言翻译员"、"游览组织员"、"生活服务员"、"政策宣传员"、"安全保卫员"、"对外调查员"、"座谈报告员"、"财务统计员"。可以说，在不同的情况下，导游人员要承担教师、亲人、领导、社交人员、心理学家、朋友等多种角色。

三、导游人员的性格定位

性格是指一个人在生活过程中所形成的对现实稳固的态度及与之相适应的习惯化的行为方式。导游服务工作的特点要求从事这一工作的人具有乐观外向、宽容理智、独立果断、团结合作等性格特征。

（一）乐观外向

导游人员必须具有喜欢与人交往的性格。旅游业是一个“高接触”的行业，导游人员不断地和来自世界各地、有着各种背景和要求的游客打交道，必须保持一种职业化的热情、耐心和适应能力；而性格内向、安静、腼腆、不爱与人打交道的人则不太适合导游服务工作。

（二）宽容理智

旅游本身是一件愉快的事，但随时可能发生不愉快的事情，这就要求导游人员善于控制自己的情绪，保持宽容理智，为游客排忧解难。当旅游活动中出现意外情况或游客抱怨、投诉甚至有不礼貌的行为时，导游人员决不能失去理智，要头脑清醒，控制住自己的情绪不使事态更加严重，保持耐心与理解，继续履行自己的职责。当游客出现不礼貌行为时，导游人员要表现得不卑不亢、从容大度，既不要心怀怨意，也不要低声下气，而要继续扮演好自己的角色。要知道控制自我并不是怯懦，而是高尚品格的表现。

（三）独立果断

导游服务的特点之一是独立性强。在带团外出的过程中，导游人员要独立地实施旅游接待计划，宣传执行国家政策，处理与各协作单位的关系，处理各种突发事件和游客的个别要求，这些都要求导游人员具有很强的独立性，要敢于当机立断地处理与解决问题。

（四）团结合作

导游服务工作是由领队、全陪、地陪共同合作完成的，三位导游人员代表着三方企业，维护各自派出旅行社的利益，他们往往互不相识，要完成一定时空中的导游服务任务就要相互合作，这种合作是否愉快顺利，直接决定着导游服务的质量和游客的感受。在这一点上我们可以说，游客一次愉快的经历取决于导游服务的质量，而导游服务质量的高低则取决于三位导游人员的精诚团结与合作。

当然，人的性格不是整齐划一的，而是存在差别的。作为导游人员，从事导游服务工作，就要根据导游服务工作的特点，努力修身养性，使自己更好地适应工作要求。

第二节　处理好各种合作关系

导游人员在实施旅游接待计划的过程中，需要与各方人员打交道，协调各方面的关系。要在短时间内与各种各样的人员友好相处，必须拥有理顺所有事务的能力，能够在服务的过程中融洽各种关系。这样繁杂的工作不是一个人所能独立完成的，必须得到相关人员的理解、支持与合作，由导游服务集体相互合作、共同完成。

一、导游服务集体的合作

（一）导游服务集体的概念

导游人员的主要任务是为游客提供导游讲解服务和相关生活服务，保证团队旅游活动的顺利进行。由于旅游活动是一个动态过程，这一任务很难由一个人单独完成，一般要由导游服务集体来完成。导游服务集体通常由三位导游人员组成，即全陪、地陪和领队，有时还包括景点讲解员。他们工作时还需要旅行社各部门，如外联、计调、票务、接待部门以及旅游车司机的密切配合，当然也离不开旅行社领导的统一调度、指挥。不过，我们通常说的导游工作一般是指由导游人员完成的工作。

导游服务集体的主要任务是为游客提供或落实食、住、行、游、购、娱等方面的服务，保证游客的旅游活动顺利进行。

（二）导游服务集体合作共事的基础

虽然，全陪、领队和地陪各自代表不同的利益，但是他们有合作共事的基础。首先，服务对象相同——同一团队的游客；其次，工作任务相同——执行同一旅游团的接待计划；最后，目标相同——组织好旅游团的旅游活动，为其提供高质量的服务，给游客一次圆满、顺利、愉快的旅游经历，从而提高各自企业的知名度、美誉度，树立企业形象。

全陪和地陪有着更高一层的共同利益——国家利益。他们必须维护旅游目的地旅游业的国际声誉与形象，必须执行国家的政策、法规。因此，他们的协作有着超越企业本身的国家利益的基础。

旅游目的地的全陪、地陪与领队的合作实际上是旅游目的地旅行社与旅游客源地旅行社之间的合作，其合作前提是平等互利、互守信用、遵守合约，向游客提供优质服务。因此，三者之间是相互依存的关系，根本利益是相同的，应该同舟共济、顾全大局；而相互拆台与指责，损害的同样是自己的利益，是旅行社的合作伙伴关系，是企业的长远利益。另外，三者之间的合作还有着法律基础——旅游协议。全陪、地陪与领队在工作中出现矛盾或意见冲突也属正常现象，但是三方都必须执行旅游社之间、旅行社与游客之间签订的协议，努力落实协议中规定的各项服务。

（三）导游服务集体合作共事的方法

旅游活动顺利进行的关键之一就是全陪、地陪与领队之间精诚合作、建立良好的协作关系，这种良好关系的建立有赖于三方的共同努力。

1. 摆正位置，明确分工。全陪、地陪与领队来自不同的企业，各自的定位表明他们有各自的职责、任务，有明确的分工，不能越位、错位，应该各司其职、各负其责。他们可能互不相识，性格迥异，工作风格与方式不同，甚至价值观有别，对一些问题的看法、观点不一，三者之间会出现摩擦甚至是不愉快，这些都是客观存在的，也是可能的。但他们之间是平等的，各方的配合是互补、互利的。所以应相互尊重对方的工作权限，切忌干预对方的活动，不涉及工作上的保密禁区，不侵害他方利益。譬如，有些职业领队为了自身利益，或为讨好游客，对全陪、地陪的工作横加指责、挑剔；地陪与全陪之间在工作上也可能出现分歧。然而，如果不是为了私利而关系紧张，那么在摆正自己位置的同时要认清对方的位置，协调就有了心理、认识基础。也就是说，要清楚全陪是旅游团活动的主要决策者，在导游服务集体中处于核心地位，起主导作用；地陪是旅游计划的具体执行者，是当地旅游活动的组织者和协调人；领队是旅游团的领导者和代言人。

2. 主动争取各方配合。在导游服务过程中，全陪、地陪和领队都应主动争取其他两方的配合，形成合力，共同努力完成旅游接待任务，反对短期行为和本位主义。争取各方配合的主要途径是及时交流信息，沟通各方想法，在求得意见一致的基础上协同行动。全陪和地陪要落实旅游接待计划，处于接待中的主导地位，必须密切合作；但他们在按协议履行计划的过程中也必须与领队搞好关系，尊重领队，与之多沟通，重视他的意见和建议，应尽量避免越过领队直接与游客商量活动日程或处理随机出现的问题。

3. 建立友情关系。导游服务集体各成员应正确运用公共关系中的工作关系（即理性关系）和情感关系（即人情关系）相统一的方法，建立起和谐、美好的友情关系。同时要把握好三者之间友情关系的尺度和距离，不要超越法律法规和伦理道德范围。功利关系距离适当，异性之间距离正常，尊重彼此的隐私权。

4. 相互学习。导游人员之间存在互补关系，相互学习、取长补短是长期合作的基础，也是增长知识和才干、积累经验的一条捷径，还是搞好协作关系的有效方法。

5. 相互体谅，勇担责任。建立良好的协作关系，使旅游活动顺利进行的关键是相互尊重、相互体谅、勇担责任。工作中若出现问题和事故，导游服务集体各成员都应从大局出发，相互体谅和担待，同心协力处理好问题和事故，然后在分析原因的基础上分清责任。各自都应勇于承担责任，切忌相互指责和推诿，诋毁他方来逃避责任。

二、导游人员与接待单位的合作

旅游产品是一种综合性的整体产品，是旅游经营者为满足游客在旅游过程中各种要求而提供的旅游景点、旅游设施和服务的总和，既有有形的物质实体，也有无形的非物质的服务。现代旅行产品之一的综合包价，就是由多个单项旅游产品组合而成的整体产品，不仅包括沿线的旅游景点，还包括沿线提供的交通、食宿、餐饮等各种旅游设施和服务，需要旅行社、饭店、交通部门、游览娱乐场所等旅游接待单位的高度协作。没有旅游接待单位的高度协作，就不可能有完美的、高质量的旅游产品。没有高质量的旅游产品就没有旅游接待单位的高经济效益。当然，在接待过程中，各接待单位之间会产生矛盾和摩擦。但摩擦是暂时的，而协作是长久的，并且协作之中也应含有互补作用。旅游消费的六大主要内容——食、住、行、游、购、娱，需要各旅游接待单位组成一体化的旅游供给系统。为了使旅游供给有序进行并有质量保证，这些接待单位之间应相互配合、相互依存、长期协作。导游人员作为旅行社的代表，在和各接待单位协作时应把握正确的原则和方法。

（一）及时协调，做好衔接工作

导游人员在向游客提供导游服务的过程中，要与饭店、车队、机场、车站、景点、商店等许多部门和单位打交道，主动协调好旅游供给关系对保证旅游产品的整体形象和质量十分重要，其中任何一个接待单位或某一环节出现失误和差错，都会影响游客的满意程度。导游人员在带团的过程中要善于发现和预见各项旅游服务中出现的差错或失误，通过各种手段和途径及时调整和联络，使各接待单位的工作正常有序。在这个意义上，必要的通信联络工具如手机的配置对导游人员来说是必不可少的。另外，带团的过程是一个流动的过程，会有各种意想不到的或人力不可抗拒的因素，如天气、交通、自然灾害、突发事件等，迫使旅游团活动日程变更，若涉及用餐、用车时，地陪要及时将变更情况通知到供餐、供车有关单位，并进行协调以保证旅游团的食、住、行能很好地衔接，各项事宜得到落实。

（二）遇到困难，争取帮助

导游服务工作流动性大，工作内容繁杂，有时只是导游人员一人在外独立带团，常常会有意外、紧急情况发生，只靠导游人员一个人的力量很难解决全部问题。因此，导游人员要善于利用与各地旅游接待单位的协作关系，争取得到其帮助。比如在游览过程中，发现游客走失，如果经过寻找仍找不到走失者，导游人员应向景点管理部门求助，用广播的方式帮助寻找，请管理部门的工作人员在各进出口协助寻找等；离站时游客到达机场后才发现自己的贵重物品遗忘在饭店客房内，导游人员可请求饭店协助查找，找到后将物品立即送到机场。

三、导游人员与合作者的协作

此处的合作者主要是指为同一旅游团提供旅游服务的其他接待单位的工作人员，如旅游车司机、商店售货员、饭店服务人员等。导游人员与他们的分工不同，服务的形式和服务内容也有所不同，但大家都是旅游服务的提供者。导游人员与他们的关系是平等的协作关系。导游人员把自己摆在高于或低于合作者的位置都是不对的。比如，有的导游人员认为自己是“坐车的”、“吃饭的”，是旅游服务的接受者而对合作者的工作指手画脚；还有的走向另一面，把自己摆在低于合作者的位置，认为自己是“坐人家的车”、“吃人家的饭”，常常显得怯懦，被牵着鼻子走，对某些合作者违反协议、损害游客利益的行为不制止，一味迁就，听之任之，处处被动。

（一）尊重合作者

导游人员要尊重合作者，与他们友好相处。当有人工作不到位、损害游客的合法权益时，导游人员要诚恳提出，与之交涉，必要时通报此人的所在单位和接待旅行社，但不能对他们的工作指手画脚，更不得命令、指责他们。

（二）虚心学习，有事多请教

导游人员要虚心，要善于向合作者学习，有事多请教。古人云“三人行必有吾师”，要虚心地向周围的人学习，才能更好地进步与提高。高傲者、对他人的长处视而不见者必定学不到活的知识，学不会正确处理各种问题的本领。

（三）坚持原则，平等协商

当遇到问题和困难时，导游人员要在“为游客提供优质服务”、“不违反协议”的原则基础上，与合作者平等协商。若合作者“打个人小算盘”，提出改变日程、减少参观游览时间、增加购物等不正确的做法，导游人员应尽量说服他坚持按计划执行；如对方仍坚持已见、一意孤行或刁难导游人员，则要及时向接待旅行社反映，并采取必要的措施保护游客的利益。

第三节　与游客交往的技能

游客是旅游活动的主体，是旅游业生存和发展的基本条件，是导游人员服务的对象。在游览的过程中，导游人员与游客相处的机会最多、时间最长。搞好与游客的关系是提高服务质量、成功完成导游服务工作的根本保证。所以，对导游人员来说，如何把游客凝聚在自己的周围以保证旅游计划的顺利实施、如何使导游服务工作更有灵活性和针对性、如何提高自己与游客交往的技能，是每一个从业人员都要不断思考的问题。在与游客的交往中，导游人员要探索导游服务的规律，分析游客的心理，掌握一定的人际交往技巧，以保证工作技能和服务质量的不断提高。

一、了解游客

旅游团是由不同年龄、职业、性格和旅游兴趣的游客组成的，导游人员要把这些特点各不相同的游客组织好、引导好，并按统一的目标进行旅游活动。首先应该了解他们。了解他们的困难、期望和要求，了解他们的心理特征、兴趣爱好和审美情趣，了解他们的旅游动机以及在旅游过程中的情绪变化，只有在充分了解服务对象的基础上，才能向他们有的放矢地提供导游服务，才能更好地与他们友好相处、建立友谊、形成伙伴关系。了解游客的途径很多，导游人员在与游客的交往中可以从以下几个方面着手。

（一）从个人背景了解游客

导游人员在接受带团任务时一般会得到该团的基本资料，也可以向外联部了解，如团队来自哪一个国家或地区、游客姓名、性别、所属阶层、职业、年龄、文化、宗教信仰、民族等。

1. 民族、文化。不同的国家和民族都有自己的文化传统和风俗习惯，有不同的性格和思维方式，同一个国家不同地区、不同民族的人的习俗、思维方式也有很大差异。如东方人大多含蓄、内向，善于控制感情，往往委婉地表达意愿，其思维方式一般从抽象到具体、从大到小、从远到近；而西方人大多开放、爱自由、易激动，感情外露，喜欢直截了当地表明意愿并希望得到肯定答复，其思维方式和东方人相反，一般是由小到大、由近及远、由具体到抽象。不过，同是西方人，不同国家居民的个性心理特征还是存有很大差别的。例如，英国人一般矜持，幽默，绅士派头十足；美国人则开朗，大方，爱结交朋友，但相对随意；法国人喜欢自由，易激动，爱享受生活；德国人做事踏实，勤奋，不尚虚文；意大利人非常热情，无拘无束，热爱生活。根据西方人的思维特征，要求导游人员在宣传和导游讲解时不要自己先下结论，而要对他们讲真的，让他们看实的，让他们看完、听完自己去下结论。根据各国、各民族人民的不同个性心理特征，导游人员要有的放矢地向他们提供各类服务，特别是个性化服务。

每个人都生活在特定的文化环境之中，具有与该文化相一致的价值观念和行为准则，以及由此形成的风俗习惯。导游人员要想让游客满意，在文化上就要了解游客的风俗和习惯，带团过程中注意避免说不该说的话，做不该做的事，从文化的角度提供有针对性的服务。比如饮食安排和客房布置，要站在游客的角度进行设计。

2. 所属阶层。来自不同社会阶层的游客有不同的需求和表现。比如高级知识分子阶层的游客多注重成熟感和成就感，强调生活品位；在旅游活动中他们表现得文雅自重，喜欢个别交谈，谈话内容多与职业有关，言辞讲究，举止大方，发表意见往往经过深思熟虑，一旦发表则希望得到导游人员的重视；他们期待听到高品位的导游讲解，获得高雅的精神享受。一般游客则喜欢不拘形式的交谈，话题广泛，比较关心带有普遍性的社会问题及当前的热门话题；在参观游览时希望听到有故事性的导游讲解，轻轻松松地旅游度假。

3. 年龄、性别。年龄和性别对游客的影响是显而易见的，如年老者好思古怀旧，对游览名胜古迹、会见亲朋老友有较大的兴趣。他们希望得到尊重，希望导游人员多与他们交谈。

年轻游客好探新求奇，喜欢多动多看，对热门社会问题有浓厚的兴趣。女性游客，特别是中年已婚妇女一般都喜欢听带故事情节的导游讲解，喜欢谈论商品及购物。男性游客一般对社会问题更感兴趣。

（二）从旅游动机了解游客

旅游动机指的是激发和驱动游客的旅游行为以满足其内心需要的心理动力。人们的一切行为都是由动机来支配的，游客的旅游行为也不例外。动机的性质往往决定着人们行动的性质，了解动机对于掌握人们的行为、效果以及某种行为的持久性都有着重要的作用。因此，只有了解游客的旅游动机，导游人员才有可能有的放矢地安排旅游活动，提供的导游服务才有可能符合他们的需要和愿望，才能使他们达到预期的旅游目的。目前在旅游动机研究方面，由于分类标准不同、分析问题的角度不同，旅游动机可分为许多类别。从导游工作的角度看，旅游动机主要包括：

1. 社会动机。社会动机主要是以探亲访友、考察别国政治制度和人们的生活为目的。因此，对探亲访友者，导游人员要态度诚恳热情、工作认真细致，积极为其安排与亲友会见，为其了却夙愿；若他们提出要求，可安排他们故地重游或与亲友同游。

2. 文化动机。文化动机主要以游览名胜、文物古迹为主。观光游客的主要目的是游览、度假、娱乐，在游乐中希望获得知识、陶冶情操。所以，导游人员应尽量安排参观文化古迹，游览风景名胜，着重知识性的导游讲解，即对所参观的景点，导游人员不仅要知其然还要知其所以然，要说得清、讲得明，要告诉游客面前的景观奇在哪里、美在何处。在生活方面也要妥善安排，力争让他们吃得满意、住得舒服、玩得痛快。

3. 身心动机。身心动机主要是以度假休闲、体育健身为主。对此类游客，旅游活动要安排得轻松、悠闲，不能让他们在心理上感到紧张、身体上感到劳累，住处要环境优美、宁静，还必须保证必要的医疗条件和保健活动场所。

4. 经济动机。经济动机主要以考察投资、购物为主。商务、会议游客的主要目的是与同行洽谈、交流。导游人员要多安排其与同行间的交流，住宿要安排在商务型酒店，可组织他们游览当地最具特色的旅游景点并陪同他们去购买纪念品，当好购物顾问。

总之，导游人员应了解游客的旅游动机，努力满足他们的主要要求，但也不忽视次要要求，并随时诱发他们的旅游兴趣。一个人最主要的需求得到满足能使人获得是最大的愉快，因此，满足游客的主要要求是旅游活动成功的重要标准。

（三）通过分析旅游活动各阶段的心理变化了解游客

导游人员可通过书本、同行的经验介绍来了解游客，不过，在现实的旅游活动中、在与游客相处过程中了解游客则显得更为重要。导游人员在不同旅游活动阶段分析游客的心理活动，了解他们的心理变化和情绪变化对导游工作具有特别重要的意义，因为只有了解游客的真实心理状态，才能向他们提供有针对性的导游讲解服务和旅行生活服务。

游客来到异国他乡旅游，摆脱了日常紧张的生活、繁琐的事务，希望无拘无束、自由自在地享受欢乐的旅游生活。由于生活环境和生活节奏的变化，他们的心理活动也随之发生变化，同时，在不同的游览阶段，其心理变化也各不相同。

1. 初期阶段：求安全、求新奇心理。

游客初到异地，兴奋激动，但因人生地不熟、语言不通、环境不同，故易产生孤独感、茫然感、惶恐感和不安全感，存在拘谨心理、戒备心理。这个阶段，游客求安全的心态表现得非常突出。因此，消除游客的不安全感成为导游人员本阶段的重要任务。导游人员要以礼相待，热情周到，处处维护游客的利益，时时保卫他们的人身、财产安全。当游客提出安全问题时，导游人员必须注意倾听、认真对待、妥善处理，处理问题时要果断、利索、有条不紊，努力以真诚的服务态度和实际工作素养给游客一个能信赖、可依靠的印象，从而使其获得安全感。

另外，人们外出旅游，他们的注意力和兴趣从日常生活转移，到处寻找刺激，以满足追新、求异、猎奇、增长知识的心理需求。游客到一个陌生的地方，对什么都感到新奇，什么都想看、都要问、都希望知道，即使是当地人司空见惯、不值一提的平常事对他们来说都可能是一件新鲜事。这在初期阶段表现得尤为突出，往往与不安全感并存。所以，在消除游客不安全心理的同时，导游人员可多组织些轻松愉快的参观游览活动并作生动精彩的导游讲解，耐心回答他们的问题，即使有些问题幼稚可笑导游人员也必须认真回答，以满足其探新、求异的心理。在旅游活动的初期阶段，游客对导游人员的依赖性较大。对导游人员来说，这是与游客建立良好关系的最好时机，也是建立良好活动秩序与树立自己“团队主导”形象的良好机会。导游人员应及时提醒游客准时活动、遵守群体活动秩序和团队计划，以保证旅游活动的顺利实施。

2. 中间阶段：懒散心态、求全心理。

随着时间的推移，游客之间以及游客与导游人员之间的接触增多，旅游团成员间、客导之间越来越熟悉，游客的紧张情绪渐渐缓解，进入轻松愉快的状态，精神越来越放松，行为越来越随意。一些游客开始不遵守团队纪律，时间观念、群体观念趋弱，游览活动中自由散漫，到处丢三落四，旅游团内部的矛盾逐渐增多；另外，人们往往会把旅游活动理想化，希望在异国他乡能享受到在家中不可能得到的服务，希望旅游活动的一切都是美好的、理想的，从而产生生活上、心理上的过高要求，甚至对导游人员提出不友好的要求，要求一旦得不到满足就有可能产生强烈的反应，甚至会出现过火的言行。

游客在这个阶段提出的问题范围更广泛、更深刻，有个别人还会提出一些不友好、挑衅性的问题。导游人员在本阶段的工作最为艰巨，难度最大，最容易出差错。因此，要求导游人员的精力必须高度集中，对任何事不得掉以轻心，游览活动要更有计划性，导游讲解要更生动精彩；导游人员要向游客反复强调出发时间、游览线路、集合时间和地点，积极调动他们的群体心理；要向他们多讲注意事项，多提醒他们保管好证件和物品，注意安全；要精心安排游客的生活，给特殊对象以特别关照，努力保持游客的体力和精力；全陪、地陪和领队要密切合作，遇事多商量，还要与司机配合，注意交通安全。

总之，这一阶段是对导游人员组织能力、应变能力的极大考验，也是对其导游技能、心理素质的一次重要考验，每个导游人员都应十分重视这个阶段的工作，要全力以赴，使旅游活动顺利进行，使游客获得最大的满足。

3. 结束阶段：忙于个人事务。

旅游活动后期，游客的心理波动较大，一方面归心似箭，希望买到称心如意的商品、纪念品回去送给亲友，但又怕行李超重或不好携带等；另一方面要收拾行李，希望有更多的时间用于处理个人事务。在旅游活动的结束阶段，导游人员应给游客留出充分的时间，努力向游客提供更加热情周到的服务，尤其是多提供超常服务，如帮助捆扎行李、陪同选购纪念品等；安排游览活动宜精不宜多，但要将其搞得更富感情、更有人情味；做好送行工作，必要时做一些弥补工作，解决可能解决的遗留问题，对前一段有怨言的游客要设法去沟通，力争锦上添花，尽量使每一位游客都带着美好的回忆离去。在做弥补工作时，导游人员要大方，要有代人受过的度量，要不怕麻烦，不怕丢面子。总之，导游人员要尽力挽回消极影响。

总之，在游览的不同阶段，游客有不同的心理活动和行为规律，导游人员要善于总结和把握其中的规律。当然，上述旅游活动各阶段游客的心态具有普遍性，但是，来自不同国家、不同阶层、不同性格的游客具有不同的生活情趣，他们在旅游活动各阶段的心理特征不尽相同；并且，旅游环境在变化，游客的情绪在波动，这更要求导游人员要做个有心人，在旅游活动中勤于观察，敏于思索，随时了解游客不同心态，切实把握其不同的需求，根据具体情况有的放矢地向他们提供心理服务，以求获得最佳效果。

（四）通过性格特征了解游客

在和游客相处的过程中，导游人员可通过观察游客的言行举止判断其性格，进行有针对性的交流，以求获得最佳的服务效果。从性格上看，游客可划分为以下四类：

1. 活泼型（多血质）游客。

一般表现为爱交际，易相处，喜讲话，处事果断，乐于助人，文明有礼，喜欢多变的游览项目。对这类游客，导游人员要乐于与之交朋友，但应避免与他们过多交往，以免给其他人一种亲疏有别的印象；遇事要多征求他们的意见和建议，但注意不让其左右旅游活动，打乱正常的活动日程；在长途旅行或气氛沉闷时，可适当地请他们帮助活跃气氛，协助照顾年老体弱者等。此类游客善于并乐于表达自己的观点，会将自己的感受告诉其他人，往往会成为义务宣传员。当然，当他们有不满时，也会毫无保留地告知他人。因此活泼型游客往往能影响旅游团的其他人，导游人员应与之搞好关系，在适当的场合表扬他们的工作并表示感谢，确保在离开以前解决他们的不满和抱怨。

2. 急躁型（胆汁质）游客。

该类游客性急，好动，争强好胜，情绪不稳定，易冲动，心直口快，事过就忘，比较喜欢离群活动。对这类游客导游人员要避其锋芒，不与他们争论，不激怒他们；在他们冲动时不要与之计较，想办法使其冷静下来，待他们冷静后再与其好好商量；对他们要多提供微笑服务，随时注意其安全；提供服务时尽可能快捷迅速，语言简练，回答准确，并提供时间信息，如办某项手续比较繁杂时提醒他们："需要 20 分钟，请您稍等。"

3. 稳定型（粘液质）游客。

这类游客老成持重，有分寸，能自控，易交往，但不主动与人交往，不愿麻烦他人；不轻易发表见解，一旦发表则希望得到他人的尊重；游览时他们喜欢细细欣赏，购物时爱挑选比较。导游人员要尊重这类游客，不要怠慢，更不能故意冷淡他们；要主动多接近他们，尽量满足他们的合理而可能的要求；与他们交谈要客气、诚恳，速度要慢，声调要低；讨论问题时要平心静气，认真对待他们的意见和建议。

4. 忧郁型（抑郁质）游客。

这类游客喜欢安静、独处，少言语但重感情。面对这类游客，导游人员要格外小心，尊重他们的隐私；要多亲近他们、多关心体贴他们，但不能过分地表示亲热，否则会引起他们的不满；多主动与他们谈论些愉快的话题，但不要与之高声说笑，更不要与他们开玩笑；在适当的时机向他们提供额外服务。

典型性格只能反映在少数游客身上，大部分人的性格则表现得不明显，往往兼有其他类型性格的特征。而且，在特定的环境中，人的性格往往会发生变化，有时会出现复杂的特殊表现。因此，在向游客提供服务尤其是超常服务时要因人、因时而宜，要随时观察游客的情绪变化，及时调整，力争使导游服务更具针对性，获得令游客满意的效果。

二、尊重游客

（一）了解游客受尊重的需要

游客的情况各不相同，但有一点是相同的，就是希望在旅游过程中得到受尊重的、富有人情味的接待和服务。游客这种强烈的求尊重的需求是正常合理的要求，也是起码的要求。尊重游客就是要尊重其人格和愿望，在合理而可能的情况下努力满足游客的需求。导游人员应当明白，尊重人是人际关系中的一项基本准则，对游客的尊重是通过导游人员的一言一行、一举一动以及各个服务细节表现出来的。导游人员只有充满爱心、善解人意，才能为游客提供能够打动人心的服务，才能给客人以友好亲切之感，在客人心目中树立和蔼可亲的形象。而只有当游客置身于热情友好的气氛中，自我尊重的需要得到满足时，为他提供的各种服务才有可能发挥作用。所以，互相尊重极为重要，互相尊重才能有共同的语言，才有感情上的相通，才能建立正常、友好的人际关系。

（二）使用柔性语言

为向游客提供高质量的服务，导游人员首先要注意自己的言行举止。导游人员的一言一行可能会使游客感到高兴，赢得他们的好感，但也可能刺伤他们的自尊心。因此，导游人员在服务的各个环节要注意自己的语言，多使用柔顺甜美的“柔性语言”。服务行业提倡文明服务用语，如“您好”、“请”、“谢谢”、“对不起”、“再见”、“欢迎光临”、“欢迎您再来”等。这是礼貌用语，属于柔性语言范畴，但柔性语言的范围要广得多。柔性语言表现为语气亲切，语调柔和，措辞委婉，说理自然，多用商讨口吻。这样的语言使人感到愉悦亲切，有较强的说服力，往往能达到以柔克刚的交际效果。

一般来说，应尽量避免使用否定性的语言，尽可能地不说让人听起来不舒服的反话，在不得不说的时候也要尽可能地反话正说。如在禁止抽烟的地方一位游客点了一支香烟。此时导游如果说“先生，这里不许抽烟”，游客会觉得有失面子，自尊受到伤害；如果换成“先生，前边有专门为吸烟者准备的地方”，游客则较易接受。

导游人员在与游客相处时绝不要争强好胜，不要与游客比高低、争输赢，不要为满足一时的虚荣心而做“嘴上胜利者”，而要在导游服务中贯彻“双赢原则”。当然，“争输赢”和“明辨是非”不是一码事，不能混为一谈。

【案例】某旅游团有几个喜欢“侃大山”的游客，他们常聚在房间内大声闲谈直到深夜，影响了其他游客的休息。导游人员走过去微笑着对他们说：“你们在这里畅谈旅游中的见闻和体会，使左右房间的人听得入了神，都忘了睡觉。”话音一落，这些游客便都明白了导游的用意。

（三）扬客人之长，避客人之短

心理学研究认为，人们无论在什么情况下都会不惜代价来保卫和维护自我形象，并且一有机会还要设法抬高自我形象。在现实生活中，人有两种自我形象：一个是真实的自我，即自己对自己的实际认识；另一个是理想的自我，即自己希望达到的形象，从某种意义上说也就是他人对自己的反应。在人与人的交往中，可以说人们相互之间起着一种镜子的作用，从别人对自己的反应中可以看到自己的自我形象，尽管这种自我形象不一定准确，却是每个人都非常看重的。正因为并不是每一面镜子都能准确地反映人的真实形象，也就是"真实的自我"和"镜子里的自我"并不一致，因而对于一些爱显示自己，虚荣心、炫耀感强的人来说，他把"镜子里的自我"看得比真实的自我更重要。如果一个人的两种自我想象有差距，他就会利用种种方式和机会来提高和改善自我形象。

作为导游人员要想让游客满意，或者说在游客那面镜子里想要形成很好的自我形象，那么就应该首先让游客对自己满意。一个人对自己是否满意并非完全是他自己的事。在旅游团队中，其他成员，主要是导游人员对自己的态度如何，也是决定因素之一。因为导游人员显然是游客的一面镜子，如果游客从这面镜子里看到的自我并不如别人所夸的那么好，也没有自己所想象的那么好，他就会抱怨这面镜子不好。

"扬客人之长，避客人之短"是尊重游客的一种重要做法。在旅游活动中，导游人员要妥善安排，让游客进行参与性活动，使其获得自我成就感，增强自豪感，从而在心理上获得最大的满足。在"扬客人之长"的同时，更要注意"避客人之短"，决不能对客人的短处表现出兴趣，更不能取笑客人的短处，这是一个导游人员对游客起码的尊重。导游人员所要做的就是为游客提供良好的服务，在和游客的接触中要多发现和赞美他们的长处，给他们提供机会，满足其展示自己的愿望。而不要去纠正其虚荣心。

（四）注意细节

导游人员在接待服务过程中，有时为游客所做的一件小事、说的一句话、一个细微的动作，都会给游客留下深刻印象，收到意想不到的效果。细微服务使游客感到导游人员心中有他们，时刻在关心着他们，游客会感觉受到了特别的照顾和尊重从而产生自豪感。自尊心得到满足的游客就会与导游人员积极合作，共同保证旅游活动的顺利进行。

细微之处见真情，在带团过程中导游人员要注意寻找为游客提供细微服务的机会。例如，尽量记住团内游客的姓名，在与游客交往中用尊称称呼对方，会使对方感到亲近、温暖，为自己受到导游人员的重视而产生满足感。又如，细心的导游人员能记住团内游客的生日，在旅游期间安排适当的场合和时间为游客庆贺生日，送上生日贺卡或一束鲜花，使游客为导游人员的真诚与细心而感动不已。在旅途中难免会有一些意外或意想不到的事情发生，如游客的眼镜突然坏了、提包带断了、纽扣掉了等，这些虽然都是小事，但会给游客带来许多不便。导游人员要重视这些小事，千万不要以为这只是一些私人小事，不在自己的职责范围内而视而不见，如果重视这些小事，在紧要时刻帮助游客解决，往往会产生意想不到的好效果。

提供个性化服务和细微服务的机会很多，但做起来并不容易，关键在于导游人员心中要有游客，体贴入微地为游客着想，即使小事也要积极主动地去做，用热情主动的服务换取游客的愉快和满意。

总之，尊重是相互的，也是相对的。当导游人员礼貌待客、热情服务并认真倾听游客的意见和要求时，就在心理上满足了游客的自我尊重的需求。一般情况下，满意的游客也会尊重导游人员，努力与导游人员一起搞好旅游活动。若想得到别人的尊重，首先要尊重别人、尊重自己。导游人员若违法乱纪、自轻自贱，当然也不可能旅游别人的尊重。

三、引导游客

"导游"顾名思义就是指引导游客游览，其中的"引导"既包括旅途中在游览项目和讲解方法方面的引导，又包括针对不同游客不同情况下的心理引导，以保证给游客一个美好的经历。旅游业从某种意义上说是“经历制造业”，游客有一个什么样的经历很大程度上取决于导游人员是如何加以引导的。

（一）调整游客的情绪

在游览过程，游客往往处于既紧张又兴奋的状态之中。紧张感源于周围陌生的环境，即“不知道会发生什么事”和“不知如何是好”的紧张心情，各种各样的担心举不胜举。但是，这些对于游客来说一切都是陌生的，对于导游人员来说是早已熟悉的了，因而，导游人员很可能对游客的紧张感估计不足从而忽略了他们的情绪变化。

情绪的产生跟人的心理需要有着密切的关系，它受客观条件的直接影响，也受本人性格、生活方式、文化修养、宗教信仰等因素的制约和影响。情绪是由特定的条件引起的，条件变化情绪也随之变化。因此，情绪是短暂的、不稳定的、可以改变的。导游人员要努力使自己成为游客情绪的组织者、调节者和支配者。游客情绪好、游兴浓，旅游活动就会顺利进行。为了使游客获得更多的满足感，导游人员应更多地去关心他们，帮助他们消除紧张感，化解其消极情绪，让他们带着轻松愉快的心情去享受旅游的乐趣。调节游客的情绪，首先必须了解其产生消极情绪的主、客观原因。对产生消极情绪的因素了解得越详细、越透彻，就越容易解决问题，导游人员的工作就越主动。

1. 游客消极情绪的产生因素。

（1）主观因素：主要是个人要求没有得到满足；导游人员态度不好，工作技能差；团队内人际关系不和谐；身体状况不好等。

（2）客观因素：主要是旅游资源状况不好；活动项目或行程不顺利；接待设施差；社会环境不佳；交通、通信状况不良；意外事故的发生等。

导游人员应善于从游客的言谈举止、表情变化去了解游客的情绪变化，若发现有不安、焦虑、生气、烦恼等消极情绪，要及时找出原因，并应采取措施加以消除或调整。

2. 调整游客情绪的方法。

调节游客情绪、消除其消极情绪的方法很多，导游人员要根据不同情况采用不同的方法。常用的主要有四种：

（1）补偿法：就是找出导致游客不快的原因，迅速加以弥补，从而使游客的需要得到满足，情绪好转。包括物质补偿法和精神补偿法两种。如果是接待方在服务上有不合乎标准之处，要给予物质补偿。如在住房、饮食、游览项目等方面若不符合协议书上注明的标准，应给予补偿，而且替代物一般应优于原先的内容。如果因某种原因无法满足游客的合理要求，导致他们不满时，可用精神补偿法。导游人员应实事求是地说明困难，诚恳地道歉，以求获得游客的谅解，从而消除他的消极情绪；在无可奈何的情况下，可让游客（有时还要引导他们）将不满情绪发泄出来，之后再设法向他们解释。

（2）转移注意法：是指当旅游团内出现消极现象时，导游人员设法用新的有趣的活动、新的事物和真挚的感情去刺激他们，或者用幽默风趣的语言、诱人的故事去吸引他们，从而转移他们的注意力，使之忘掉或暂时忘掉不愉快之事，恢复愉快的心情。比如，游客由于对参观什么内容意见不统一，有人因此不高兴，或者在游览中不小心碰坏了照相机，或者触景生情、产生令人伤感的回忆或联想等，导游人员除了说服、安慰游客以外，还可采用说些民间故事、讲笑话、组织唱歌、学说本地话或幽默生动的解释等方式来活跃气氛，使其注意力转移到当前有趣的活动上来，从而忘却不快，体验愉快的情绪。

（3）暗示法：是指导游人员可以充分利用有利时机，通过自己的言语、表情、手势、行为与威望影响和改变游客的心理活动的方法。由于导游人员在团队中的主导身份，加上游客身在异国他乡，其情绪特别容易受导游人员的支配或影响。比如，旅游途中突然发生了意外事故，游客恐慌忙乱、不知所措，这时如果导游人员能够镇定自若、有条不紊地指挥与组织抢救，游客情绪便很快能安定下来。

（4）分析法：是指将造成游客消极情绪的原委讲清楚，并一分为二地分析事物的两面性及其与游客得失的关系的方法。由于某种不可改变的原因造成游客不快，而又无法补偿时，导游人员应着重加以分析，讲清道理，争取游客的理解与合作，缓和或消除其否定性情绪。例如，对因某些特殊要求得不到满足而情绪不佳的游客，导游人员要从“合理”和“可能”两方面加以分析。又如，游客被迫坐火车而不是飞机从甲地到乙地，他们当然不满。此时，导游人员除说明购不到机票的原因外，可进一步一分为二地分析得失：不能尽早到乙地，失去了在乙地的部分游览时间确实可惜，但坐火车旅行可浏览沿途风光，加上沿途精彩的导游讲解，游客可享受到空中旅游享受不到的乐趣。不过，导游人员要明白，采用分析法往往是不得已之举，不要滥用，更不得强词夺理。

（二）了解游客的审美动机

由于游客的身份、背景、知识层次各不相同，导致其审美情趣、审美知觉、审美感受因人而异，也就造成了游客审美需要的多样性和审美意识的差异性。要想使游客在游览过程中得到审美满足，导游人员在接团时要根据团队的人员构成和线路安排，准确地判断出其主要审美趋向，然后再有针对性地做准备工作。

旅游审美动机泛指一种激发旅游审美行为的心理趋向，或者说是旅游审美需求过渡到旅游审美行为的心理中介。就目前国内游客主要流向来看，到文化名城和风景名胜区观光的游客占绝大多数，而且近来还形成诸如“回归自然、追求野趣”、“绿色田野”、“生态环境”和“城外风情”等观光旅游时尚。这实际上是特定的旅游审美动机，从这个方面来分类，旅游审美动机可分为如下几类。一是自然审美型，即希望在自然山水之间体验美、感悟美。自然山水的千变万化能够适应不同游客的个性审美倾向。二是人文审美型，即倾向于在传统历史文化艺术氛围中感受人类丰富的精神财富和情感遗留，不仅包括传统人文艺术欣赏，还包括具体人文环境中的文化传统欣赏，比如少数民族的节日庆典，或者旅游地的饮食、服饰、建筑、手工艺、特长产业的品味观赏等。三是社会审美型，比如城市观光过程实际上就是对异地社会的审美过程，人们与当地居民的交往关系决定了审美者的态度和审美感悟。当然，上述分类只是大概的说法，旅游审美动机尽管各有侧重，但对大多数游客来讲并不互相排斥，而是兼容并包在一起的。因此，对于不同类型的游客，导游人员要选择游览观赏的重点，同时也应充分考虑游客的多重需要，在旅游活动的安排上力求细致周到、丰富多样，以期最大限度地满足游客的不同需求，达到最佳效果。

例如，对于自然审美型的游客，在讲解中要多向他们提供自然景观的信息，以便在他们的心中形成期待的焦点，激发他们的审美想象，使他们最终身临其境时获得深切的审美感受；对于人文审美型游客，要多向他们介绍中国灿烂悠久的历史文化；对社会审美型的游客，要多提供与旅游地居民交往的机会，多向他们讲解中国的政治制度、社会形态等。

另外，要注意东西方旅游审美文化的差异性。一处好的景点或一件保留了中华民族传统的物品，不一定能引起西方游客的注意，西方游客不一定能感受到它的美，或者漫不经心地只感受到其表层的美，这是由于东西方在审美文化上存在差异，西方游客不熟悉中国的国情和中国人的审美观，不知道怎样去欣赏中国景观尤其是人文景观，他们往往从本民族的文化意识、审美习惯出发，来评判旅游地的人文景观，这当然会极大地影响审美效果。在这种情况下，导游人员就要帮助西方游客认识中国人的审美观。对于中国传统文化的旅游审美观来说，“道”是旅游审美的本源，如果能从审美对象身上得到“道”的关照，那就达到了至美至乐的境界了。“气”是旅游审美的形上追求，“气韵生动”的美学思想其根本就在于具体的艺术作品能否充分表现宇宙本性和生命。这样，中国古典美学就自然带来了注重表现、抒情、写意的特点。“和”是旅游审美的大众样态，只有摒弃了功利和现实约束，人才能达到最高的审美境界和人生境界。“意境”是旅游审美的理想境界。中国古典艺术的精神内涵在于追求和表现生命自由。“意境”就是东方人追求生命自由的精神家园。另外，还可以用类比的方式将中国的人文景观和西方文化联系起来，因势利导，借题发挥，尽可能地帮助西方游客缩短文化距离，诱发其审美的主动性，去认识和感受旅游地景观的审美价值。

（三）提高自我审美水平

艺术大师罗丹说：“美到处存在。对于我们的眼睛，不是缺乏美，而是缺乏发现。”事实确实如此，由于所处时代、环境的不同以及个人经历的不同，游客的审美情趣各不相同，因而在观赏同一种旅游资源时，不同的游客所获得的美感各不相同。如对于自然风景美，几乎人人都能看到、感受到，但所理解、领悟的程度有深有浅，这就需要导游人员进行引导和帮助，让游客自觉、全面地进行观赏，获得最大的美的享受。因此，在旅游审美活动中，导游人员起着不可或缺的作用，他是审美信息的传递者和审美行为的调解者，并且其自身也是游客的审美对象。

游客往往是从导游人员开始认识一个国际和地区，他们通过导游人员的言行举止、衣着打扮来衡量一个国家和地区的文化水准，所以导游人员要努力培养自身美，提高自己的审美水平，使自己的仪容仪表、风度、心灵、语言、情趣达到审美化的程度。

（四）掌握观赏原理

观赏同一景物，有的游客获得了美感，有的人却没有；有的人得到了最大的美的享受，有的人则感到不过如此。究其原因，除了文化修养、审美情趣和思想情绪诸因素外，还存在观景赏美的方式方法问题。一定的观赏原理对调节旅游审美行为及效果具有十分重要的作用，因为形态不同、内涵各异的景观，只有借助不同的观赏方法才会显示其内在的美，比如说有的景观需要动态观赏，有的需要静态观赏，有的需要近距离观赏，有的需要远距离观赏。作为导游人员，必须正确地引导游客去观赏景物，既要根据游客的审美情趣和时空条件作生动精彩的导游讲解，还要帮助游客用正确的方式方法去欣赏美景，只有这样，游客才能得到美的享受，导游活动才可能获得成功。观景赏美的方法很多，旅游活动中的观赏原理大致包括以下几个方面：

1. 动态观赏和静态观赏。

动、静是相对而言的。动态观赏指的是游客在游览过程中，沿着一定的风景线路移动观赏，或徒步，或乘坐交通工具，在移动过程中欣赏不同的景观，步移景异，获得空间进程的流动美。无论是山水风光还是古建园林，任何风景都不是单一的、孤立的、不变的画面形象，而是活泼的、生动的、多变的、连续的整体，随着观赏者的运动，空间形象美才逐渐展现在人的面前。我们常说“游山玩水”、“窗览风景”，正表明了审美活动处于动的状态。静态观赏是指在某一特定空间，观赏者停留片刻，作选择性的风景观赏，通过联想来欣赏美、体验美感。这种观赏形式时间长、感受较深，人们可以获得特殊的美的享受。至于何时“动观”何时“静观”，则应视具体的景观及时空条件而定。导游人员要灵活运用、动静结合，努力使游客既有动的观感，又有静的体悟。

2. 观赏距离。

距离是一种审美原理，主要有空间距离和心理距离。空间距离是指人与人或人与物之间的远近长短的间隔。空间距离或角度是一种不可或缺的观景赏美因素，距离不等或角度不同，所看到的景观、获得的美感各不相同。自然美景千姿百态、变幻无穷，一些拟人似物的奇峰巧石只有从一定的距离和特定的角度才能领略其风姿。例如在黄山半山寺望天都峰山腰，有堆巧石状似公鸡，头朝天门，振翅欲啼，人称“金鸡叫天门”；但到了龙播坡，观看同一堆石头，看到的则似五位老翁在携杖登险峰，构成了“五老上天都”的美景。这就是由于观赏角度不同造就的不同景观。作为导游人员必须非常熟悉所游览的风景名胜的情况，带团游览时要适时地指导游客从最佳距离、最佳角度，以最佳方法去观赏风景，使其获得美感。

观赏美景除掌握空间距离外，还应考虑心理距离。心理距离是指人与物之间暂时建立的一种相对超然的审美关系。适当的心理距离是审美活动的一项基本原则和显著特征，在审美过程中，游客只有真正从心理上超脱于日常生活中功利的、伦理的、社会的考虑，超然物外，独立地、自由地进入审美境界，才能尽情地享受美，真正获得观景赏美的愉悦。一个人若不能超然物外，就不可能在旅游赏美活动中获得美感。例如，恐海者不可能领略大海波光粼粼、天水相连、惊涛骇浪的美景；刚失去亲人的游客一般欣赏不了地下宫殿的宏伟、吐鲁番古墓中木乃伊的奇迹；情绪低落的人就是身处蓬莱仙境也不一定能感受到美景。常年生活在风景名胜中的人往往对周围的美景熟视无睹，“不识庐山真面貌，只缘身在此山中”说的就是这个道理。

3. 观赏时机。

观赏美景要掌握好时机，即掌握好季节、时间和气象的变化。光照、时令和气候影响着大自然中的色彩美、线条美、形象美、音响美等，所有这些美只有在一定时机才能显现出来。如清明踏青、重阳登高、春看兰花、秋赏红叶、冬观腊梅等都是自然万物的时令变化规律造就的观景赏美活动；在泰山之巅看晨曦中的旭日东升、黄昏时的晚霞夕照，美不胜收；晴天下午 4 时左右从景山顶观望故宫，错落有致、层次分明的宏伟宫殿群尽收眼底；在蓬莱，有时能观赏到海市蜃楼；在峨眉山顶有时能看到“佛光”……这些都是因时间的流逝、光照的转换造成的美景。导游人员在游览过程中要十分注意对每一个景点最佳观赏时机的把握，争取让游客欣赏到最美的景观。

（五）控制节奏

“节奏”是音乐中常用的术语，意指音乐流动中交替出现的节拍的长短、强弱与快慢。一般来说，景观的自然节奏与游客的生理、心理节奏之间达到合拍或同步状态，才能形成节奏美。景观的自然节奏指的是景观空间中的高低起伏、长短错落等形态变化，而生理、心理节奏主要指游客的呼吸、动作、心跳、思想、情趣等。游客的生理、心理节奏会直接影响他对景观的审美态度。控制节奏是指导游人员应整体把握游览活动全过程，使之符合人的生理和思维活动规律，在这种规律的指导下计划、组织导游活动以取得最佳导游效果。导游对节奏的把握与运用是导游人员综合导游技能的展现，是一种创造。这就需要导游人员因人、因时、因地调节好审美节奏，以达到最好的审美效果。把握导游过程的节奏应从以下几方面着眼。

1. 有张有弛，劳逸结合。

人的生理活动即人体本身充满了节奏与运动规律，如血液循环、呼吸起伏、脉搏跳动、睡眠等。人的生活活动一旦违反生物钟，就会感到别扭、紧张、烦躁不安。游客的旅游目的是获得精神上的享受，但如果游览过程超出了他们的生理、心理负荷，则会适得其反，因为高强度、长时间的奔波会使人劳累紧张，而同样程度的闲散又会使人无聊单调。导游活动必须把握节奏规律，做到有张有弛，有紧有松，劳逸结合。它的主要表现就是对游览活动的全程加以统筹安排，使游客感到整体旅游过程轻松、自然且充满乐趣。

另外，景点的安排在日程表中也应体现出节奏感，任何一次游览活动安排都要有一个主要景观，是各景点中最知名的，也是游客关注的焦点，其他景点尽管各有特色，但也只是“旅游套餐”中的“配菜”。因此，主、辅、次组合搭配与安排一定要符合人的心理需要，做到由浅入深、高潮迭起。如果一开场就是游览的“主菜”、“主旋律”，之后的游览就索然无味了；反之如果整个游览过程都是高潮则会让人紧张、身心疲倦。

2. 有缓有急，快慢相宜。

导游人员在带团参观、游览过程中，对行进速度的缓、急要把握有度，不能因赶时间不停催促，也不能因时间宽绰有余而慢慢吞吞，中间应有变化。至于何处快、何处慢、何处停，导游人员应作出合理安排，使快、慢、停符合游客的生理与心理需要，使之感到从容自如、轻松休闲。急行军、走马观花都无法让人赏与思。

另外，导游人员在讲解时要注意快慢适宜，音量适中。讲解速度太快，听者必须注意力高度集中，时间一长就容易疲劳；太慢则给人以断续、间隔的感觉，听者会觉得不舒服。讲解音量的大小，音调的抑、扬、顿、挫也体现着节奏。“连珠炮”固然让人别扭，“低声细语”、“如泣如诉”同样让人觉得不适。快慢有度要视现场情况而定，但必须让游客听清楚。音量与音调很难统一一个固定标准，导游人员应根据现场的环境，如人数、距离、景点的内容与景中的内涵等随机而定。

3. 导、游结合。

讲解是必不可少的，通过讲解和指点，游客可适时地、正确地观赏到美景，但在特定的地点、特定的时间让游客去凝神遐想，去领略、体悟景观之美，往往会收到更好的审美效果。游客当然不喜欢那些“金口难开”的导游人员，但也不欢迎不分场合唠叨不停的导游人员。

综上所述，导游人员要努力从审美主体的实际情况出发，力争使观赏节奏适合游客的生理负荷、心理动态和审美情趣，安排好旅游活动日程，组织好旅游审美活动，让游客感到顺乎自然、轻松自如。只有这样，游客才能获得旅游的乐趣和美的享受，进而升华旅游的内涵。

第四节　特殊游客的服务

游客来自不同国家和地区，其在年龄、职业、宗教信仰、文化背景、社会地位等方面存在很大差异。对导游人员而言，他们是游客，在为他们提供服务时，既要做到标准化又要做到个性化，如果稍有疏忽，或重点不突出，就有可能发生很多麻烦，造成不良后果。所以，导游人员要高度重视特殊游客的接待，不怕麻烦，不辞辛苦，善于总结，力争为他们提供优质的导游服务。

一、对老龄游客的服务

联合国《世界人口统计》指出，2010 年到 2050 年间，全球 60 岁以上人口将由 11%上升到 21.9%，中国由 12.3%上升到 31.1%。据预测，到 2015 年中国老年人口总量将突破 2 亿，占总人口比例超过 15%。中国将既是一个人口大国，也是一个老年人数居世界首位的老龄人口大国。老年人口数量的增加客观上要求社会能提供更多的满足老年人需要的旅游产品，近几年中国各地普遍兴起的“夕阳红之旅”就是其中之一。自古以来，中华民族就有尊敬老人的优良传统和美德。老龄游客有着独特的生理特点、身体状况和心理特征，有着自己特别的需求，导游人员在接待老龄游客时应做到：

（一）放慢速度

为老龄游客提供服务时，要切记一个“慢”字。

1. 适当放慢行走的速度。

老年人自我感觉身体不错时才会选择外出旅游，但毕竟年龄不饶人，老年人大多数腿脚不太灵活，力不从心。导游人员带团游览时一定要放慢脚步，照顾体力较弱、落在后面的老人。在上下站的移动过程中应事先考虑到老年人的特点，适当提前赶往机场或车站。

2. 放慢讲解速度。

老年人的听力和理解力都不能与年轻人同日而语，导游人员在向他们讲解时，应适当放慢速度、提高音量、吐字清晰、适当重复。

（二）耐心

老年人由于年纪大，记忆力不好，一个问题经常重复问几遍，导游人员要耐心地、不厌其烦地予以解答。老年人人生阅历丰富，知识面广，喜欢提问题，好刨根问底，导游人员应满足其知识方面的需求，而不能敷衍应付。老人行动迟缓，在日程安排和游览过程中要耐心地给予更多关照。

（三）预防事故

1. 在线路安排上应选择适合老年人特点的景点，如选择台阶少、地面较平坦、不太拥挤、危险路段少的景点，以防老年人摔倒碰伤。

2. 进入游览景点之前要反复强调集合时间、地点。每到一个景点，地陪要不怕麻烦、反复告诉老龄游客旅游路线及旅游车停车的地点（大部分景点都不是同一地点上下车）。在游览过程中，有些老年游客体力不支、感觉疲劳时，往往想先回到车上休息。他们喜欢凭经验处事，或者一些外国的老年人不愿意给别人添麻烦，于是便按原路返回，以为停车地点就是上车地点，在这种情况下易发生走失。一旦走失，老年游客孤独无助的感觉比一般游客更明显。为了防止老年人的走失及走失后的严重后果，导游人员最好给每位老人发放一张卡片，注明所住饭店名称、电话及导游人员的联系方式等，并提前嘱咐他们，一旦发现找不到团队，千万不要惊慌，不要到处乱走，而应在原地等待，或者马上与导游人员联系。

（四）关注健康

老年人的身体适应能力较差，在日程安排上导游人员一定要保证他们的健康。活动安排要留有余地，活动量不能太大，做到劳逸结合；景点选择要少而精，以细讲慢看为宜；游览中适当安排休息，尤其是午饭后，最好能安排午间休息；晚上活动安排要少、要短，尽可能让老人早回饭店休息；进餐时间、集合时间适当延长；饮食安排要做到卫生、可口、易消化吸收、以清淡为主；遇到天气变化应及时提醒增减老年游客衣服。

（五）注意细节

进入游人多的旅游景点时，一定要多次提醒老年游客提高警惕，带好自己的随身物品，保管好自己的钱物和证件；由于饮食习惯和生理上的原因，应适当增加去厕所的次数，并提前提醒他们准备好零钱，因为有些景点的厕所是收费的；导游人员应掌握一定的老年人常见病的急救常识，可能的话最好派一位随队医生；晚间看节目或用晚餐时，提醒司机将车停在有灯光、没有台阶和障碍物的地方，以免老年游客摔伤。

【案例】山东导游李小姐接待了一个某师范学院的离退休教师团。在游览过程中，李小姐不仅用心讲解，而且在生活上为老人们提供耐心、细致的服务。在游览曲阜孔府时，地面上长有很多的青苔，由于刚刚下过雨，路面很滑。李小姐不时提醒老人们当心路滑，小心脚下。每过一个门槛，都要提醒老人们门槛太高，高抬腿，并亲自搀扶他们迈过门槛。考虑到老人们对饭菜的特殊要求，李小姐提前通知餐厅一定要把肉炒熟炖透，把饭菜做得适合老人口味。有的老人提出想吃面条，她又找到餐厅经理，好言要求加了清汤面，老人们十分感激。整个行程李小姐跑前跑后，热情地为老人服务。旅游结束时，好多老人都拉着李小姐的手不愿意松开，虽然他们只相处了不到两天，但是已经有了很深的感情。

二、对儿童的服务

目前游客特别是国内游客中常有携带未成年子女旅游的情况。很多个人或家庭出游的目的之一就是为了让孩子增长见识、陶冶情操、锻炼意志。在对儿童的接待中，导游人员应注意儿童的生理、心理特点，提供有针对性的服务。

（一）重视安全

儿童活泼好动，没有足够的安全意识和自我约束能力，对儿童应特别注意其安全，尤其是人身安全，防止走失。在游览过程中，特别是在人多、热闹的地方游览时，在上下山、上下台阶时，在崎岖不平的道路上或在河、湖边行走时，导游人员应提醒家长照顾好自己的孩子，不要让他们到处乱跑，以免走散、走失，避免孩子摔倒，掉进河、湖里去。导游人员也要随时注意孩子的动向，协助家长管好孩子，防止意外事故的发生。可酌情讲些有趣的童话和小故事吸引儿童，既活跃了气氛，又避免了他们到处乱跑，保证了安全。另外，导游人员还要注意不要让可疑的生人接近孩子，以防不法分子拐骗儿童。

（二）生活关照，但要适度

儿童有其自身的生理特点，如对环境的适应力差等。导游人员在儿童的饮食起居方面要特别关心。比如，在用餐时，导游人员要事先提醒餐厅准备好儿童餐椅和餐具，以减少用餐时的不便；住宿时，按照相应的收费标准督促饭店落实儿童用具；遇到天气变化时，要及时提醒家长给孩子增减衣服等。

【案例】导游小宋带团去野生动物园，在团队里有个 8 岁的小女孩长得特别可爱。小女孩非常崇拜小宋，经常不离她的左右。小宋也很喜欢她，即使带着客人游览景点时也拉着那位小女孩，她还为小姑娘买冷饮，教她唱歌。行程结束后，小宋觉得此次带团非常顺利，在填评议单时，令她没有想到的是有很多游客给她打的分数很低，最后还是团里一位老奶奶告诉了她为何客人对她有意见。因为她自始自终都在照顾那个小女孩，别的客人有一种被忽略了的感觉。

（三）区别标准

在交通、住房、用餐等方面，对儿童的收费有不同的标准，导游人员一定要注意按相应的标准区别对待。如购买机票时按年龄来区分，而车票、船票、景区门票是按身高的不同购买相应的票种；住房和用餐方面，儿童是否单独占一床位或餐位，要按合同的标准来执行。

（四）注意细节

对有儿童的旅游团，导游人员应掌握“五不宜”的原则：第一，不宜突出了儿童，冷落了其他游客；第二，不宜给儿童买食物、买玩具；第三，即使家长同意也不宜单独把游客的孩子带出活动；第四，儿童生病，应及时建议家长请医生诊治，而不宜建议给孩子服某种药物，绝不能随意将自己随身携带的药品给儿童服用；第五，不宜因某些项目对儿童免费或优惠而视其为负担。

三、对残疾人的服务

在团队游客中，有时会有一些残疾游客，而且，可以预料，随着社会文明程度的提高，将会有越来越多的残疾人参与到旅游活动中来。他们克服各种难以想象的困难，挑战自我，实现自我，其顽强不息的生命力感染着每一个健全的人。在接待这些残疾游客时，导游人员要特别注意方式方法：既要满腔热情、细心周到，尽可能地为他们提供方便，又要注意不给他们带来压力或伤害他们的自尊心；既要及时为他们提供帮助，又要理解他们内心深处对独立的渴求，在语言行为上要以自己的爱心和细心来赢得他们的信任。对残疾游客的接待应注意以下几个方面：

（一）尊重

对残疾游客，导游人员要多尊重，要真诚热情地接待他们，满足其合理正当要求。导游人员与他们相处时要注意不要涉及有关残疾的话题，更不要问他们致残的原因，若残疾游客自己提起致残的原因时，导游人员应认真倾听，但不要深入讨论。

另外，对残疾游客最大的尊重是要把他们视为正常人。导游人员在接待残疾游客之前，应根据计划内容分析他们的需求，设计不同的接待程序，注意服务的方式，把对他们的关心和照顾做得不露痕迹。如果导游人员言语不当，过分关心、照顾，有时不仅达不到预期的效果，反而会伤害他们的自尊心，势必会引起他们的反感。

【案例】北京导游小赵带领一个旅游团游览长城，团中有一位脚有残疾的旅游者。在登长城的途中，小赵见这位残疾旅游者累得气喘吁吁，有些吃力，就走过去亲切地说：“这儿景致真美，我也有些累了，咱们坐下来休息一会儿，好好观赏观赏周围的景色，您看怎么样？”该旅游者会心地笑了笑，欣然同意。

（二）关心

尽管要处处维护残疾游客的自尊心，但他们确实需要照顾，因此从活动计划安排到生活照顾各个方面都要考虑他们的特殊需求，如选择线路时尽可能不走或少走台阶，安排餐厅和客房时尽可能将他们安排在一楼方便进出的地方等。

（三）不同情况，不同接待

1. 聋哑游客的服务。

不管在车上还是游览途中，导游人员要时刻关注和照顾他们。另外聋哑人大多要通过读口形来获取信息，为了保证他们在听不到导游员的声音时能看到口形，导游人员接待聋哑游客时要尽量安排他们在车上前排就座，应有意面向他们放慢讲解速度，并加大口形的幅度，使他们能了解更多讲解内容。

2. 视力有障碍游客的服务。

视力有障碍的游客拥有和常人一样的听觉、味觉、嗅觉、触觉等，导游人员要发挥他们这些方面的特长，尽最大努力争取使讲解的内容更为细致形象，以便让他们调动想象思维，从而从导游人员的讲解中获取美的享受。讲解时导游人员可主动站在其身边，能用手触摸的地方、物品可以尽量让他们触摸，能聆听的让他们安静地听一听，能闻的让他们闻一闻。

3. 截瘫游客的服务。

在制定活动计划时，要考虑截瘫游客是否需要轮椅，如果需要应提前通知有关部门作好准备。同时，车辆的选择也要考虑，最好使用方便轮椅上下的车。选择景点和饭店时应注意有无无障碍设计，没有的话，轮椅的进出将极为不便。

四、对女性游客的服务

在旅游团中，女性的身影越来越多。随着女性社会地位的提高、经济收入的增加，以及女性自身对个人价值的追求，其旅游的渴望越来越强烈。近几年家庭游逐渐增多、“母亲团”、“主妇团”的涌现印证了女性对旅游的需求。女性有其自身的生理特点，导游人员在为女性游客提供服务时应注意以下几点：

（一）“女士优先”原则

“女士优先”是目前世界上公认的社交原则，特别在西方国家中，这一原则在人际交往中已变成人们自觉的习惯。男性导游人员在与外国游客交往时应注意这一点，它既表明导游人员的修养、风度，更体现了对女性的尊重。在上车、上楼梯时，女士先上；而下车、下楼梯时，女士后下；必要时帮女士一把；与女士不开过多的玩笑；男士要抽烟时，若有女士在场，应征求其同意。

（二）适当购物

购物是目前比较敏感的一个话题，但游客特别是女性游客多多少少都有购物的需要，因为旅游纪念品能使旅游经历有形化，成为物化的美好回忆，可以收藏、玩赏、馈赠亲朋好友。在安排购物时，导游人员首先应摆正动机，以满足女性游客的需要为出发点，同时要掌握一定的商品知识，当好女性游客的购物参谋，使她们满意而归。

【案例】小周是杭州某旅游学校在校学生，考过导游证后，暑假在一个旅行社实习。旅行社派她接待一个来自北方的妇女旅游团。在上团之前，她在知识方面作好了充分的准备，对带好这个团非常有信心。在带团过程中，她发现只有一部分游客对她的讲解感兴趣，其他一部分总是在兴致勃勃地聊天。游客们最感兴趣的是购物。有的客人问小周怎样选择丝绸，哪里的丝绸卖得既好又便宜，杭州有哪些值得带回去送给亲朋好友的礼物，小周只能简单地回答两句，有的问题却回答不上来。因为她作为学生对这些情况不了解。总之，整个行程小周让游客感觉很失望，小周也感觉这个团没有带好，心里也在后悔自己没有在购物方面多准备准备，让游客的杭州之行留下了很多遗憾。

（三）讲解生动

相对男性来说，女性在思维上多感性思维、形象思维，因而喜欢生动形象的讲解，喜欢故事传说，针对这一特点，导游人员在解说词的组织上应适当增加这一内容，以吸引女性游客，增加她们的游兴。

（四）关注健康

女性游客在饮食、住宿方面，对卫生、健康比较关注，她们更敏感细腻，对客房的卫生更加挑剔，在饮食上不仅希望吃好，还要有利于美容、塑造身材。导游人员应适当安排，并多介绍当地利于美容与健康的食品，一定会让女性游客感到不虚此行。

五、对具有特殊身份与地位人士的服务

游客大多以个人身份出游，或休闲或度假，不过有一部分游客尽管以普通身份出现，但其本身拥有特殊的身份和社会地位，比如外国在职或曾经任职的政府高级官员、对华友好的官方或民间组织团体的负责人、社会名流、在国际国内有一定影响的各界知名人士、某些国家的皇室或贵族成员等。他们往往是在公务之余出游，但日程安排又与普通游客不同，比如：经常有中央领导人或有关负责人的接见等活动，接待规格和方法有特殊要求。做好这些人的接待工作，对扩大我国对外影响、加强中国人民与世界各国人民之间的友好往来，具有十分重要的意义。导游人员应在以下几个方面加以注意：

（一）知识要渊博，准备要充分

社会地位较高的游客，一般文化素养高、知识面也很广。他们游览时希望听到内容丰富、准确、高质量的导游讲解，希望能与导游人员作进行愉快的、高水平的交流，有问题时希望能得到正确、流利的回答。因此，导游人员要做好充分的准备，例如形象准备、心理准备、相关知识准备等，以便帮助导游人员作生动、精彩的讲解，选择合适交流的话题，并能流利地回答他们提出的问题。

（二）充满自信心

导游人员不要因为对方身份地位而胆怯不安，但心理上的准备也是必不可少的。导游人员只要认真地付出，一定能赢得这类游客的欣赏和尊重。如果导游人员心理压力大，往往会影响本人能力的发挥，反倒效果不好。

（三）多请示、汇报

按照有关规定，接待此种旅游团（者）时，根据游客的身份和地位，在接待时有不同的规格，如餐饮、住宿的标准，是否安排领导人的接见、会见，安排哪一级领导人的接见、会见、会谈等。因此，游览日程、时间变化较大，导游人员一定要灵活掌握，随时向有关领导请示、汇报，协助安排接见、会见的时间。

另外，导游人员要严格遵守“内外有别”的原则，遵守外事纪律，遇到问题随时向有关领导请示、汇报，不得擅自安排做主。

【本章小结】

导游服务是一种复杂的脑力劳动，导游人员要想带好一个团，需要有很强的组织协调和

人际交往能力。本章首先介绍了导游人员应该从形象、角色、性格三个方面进行准确的自我定位。其次，强调了导游服务集体合作共事的方法及与旅游接待单位相互协作的原则与方法。再次，突出了导游人员应从多方面了解和尊重游客，运用各种技能为其提供高质量的导游服务。最后，介绍了一些为特殊游客服务时的注意事项，强调把握好老龄游客、儿童游客、宗教界人士、残疾人、女性游客、特殊身份和地位的游客生理、心理等特点，从而有针对性地提供个性化服务，提高导游服务质量，保证旅游活动的顺利进行。

【案例分析】

张弛和李清同年从同一家外语学院毕业，在校时，李清的学习成绩比张弛好。他们同时进入一家大型国际旅行社担任导游员。张弛带团成功率高，旅游者的表扬信不断，但李清的工作成绩却不如张弛，不时会收到旅游者的投诉。李清很苦恼，老抱怨那些领队难对付，老刁难他；抱怨旅游者的要求太多、太杂，旅游者中无理取闹者太多；抱怨旅游者老提些怪问题，没法回答；而他在导游时提的问题，游客又回答不出来，弄得他很生气，责怪旅游者层次太低；他还对领导很不满意，说领导偏心，给张弛的都是好团，而分配给他的都是差团、穷团、刁团……

根据上述介绍，请回答下列问题：

1. 李清是一个称职的导游人员吗？为什么？
2. 作为导游人员，李清在哪些方面存在问题？

复习思考题：

1. 导游人员如何树立良好的形象？
2. 作为地陪人员，应如何处理与领队、全陪、旅游接待单位及游客的关系？
3. 在游览的不同阶段，游客的心理特征有哪些不同？导游人员如何正确处理？
4. 导游人员应该从哪些方面去了解游客？
5. 影响游客情绪的因素有哪些？调节游客情绪的常见方法有哪些？
6. 如何提高游客的游兴？
7. 接待老龄游客应注意什么？
8. 旅游团中有儿童时应注意什么？

第五章　导游讲解技能

【本章教学目标】

导游讲解是导游人员通过对各种旅游景观进行讲解说明，满足旅游者需要的一种信息交流活动，是导游工作的核心环节和重要组成部分。本章旨在强化学生对导游讲解的认知，通过对导游语言、具体方法等内容的介绍，提升导游讲解的技能水平，为塑造导游人员职业素质、优化导游人员服务质量提供帮助。

第一节　导游语言

无论做什么事情，讲究不讲究技巧，效果是大不相同的。导游语言也不例外，如在旅游车上同是导游员提醒游客到达目的地的两句话：

- 喂！醒醒，到少林寺了。
- 轻轻敲醒沉睡的心灵，慢慢张开您的眼睛，在您的前方就是千年古刹少林寺！

如果你是游客会喜欢哪一种提醒的语言？不用说，大家会选择第二句。

又如同是一句欢迎游客的话，两种表达就会有区别：

- 我和司机欢迎你们来安阳。
- 中国有句古话“有朋自远方来，不亦乐乎”，我和王师傅正怀着这样的心情期盼你们到安阳观光旅游。

第二句话不仅表明了目的，而且用优美的语言增强了导游员表达的情感，所以我们说：“讲话能达意而具有美感，这就成了艺术”。

“艺术”这个词在古汉语中只是一个单音词“艺”，在甲骨文中是个会意字。“艺”在造字之初的原始意义是“种植”，引申为“种植方法”，再引申为“技艺，技巧”。导游语言艺术是指人们驾驭导游语言的能力和技巧，同时也指精心设计的导游语言给人带来的美的享受。

一、导游语言的概念

关于导游语言的概念，我们可以从广义和狭义两方面来理解。

从广义上说，导游语言是导游人员在导游服务过程中必须熟练掌握和运用的所有具有一定意义并能引起互动的一种符号。从广义概念我们可以了解到，凡是能传递信息或表达情感的任何语言，除了口头语言，还包括书面语言、体态语言等多种形式都可以算是导游语言的范畴。符号则是语言学意义上指代含有一定意义的媒介物。

从狭义上说，导游语言是导游员对旅游者进行导游讲解、传播文化、与旅游者交流思想、实现沟通的具有表达能力的生动形象的口头语言。

导游服务工作的特点决定了导游语言具有“快、急、杂、难”的特性。

二、导游语言的基本要求

导游语言具有传播知识、沟通思想、交流感情的功能，是知识性、思想性、趣味性的结合体。导游人员在运用导游语言时必须做到准确、清楚、生动、灵活，四者相辅相成，缺一不可，否则就达不到良好的效果。

（一）准确

导游语言的准确性是指导游人员的语言必须以客观事实为依据，在讲解时使用规范化的语言，内容准确无误，逻辑性强。具体包括以下几个方面：

1．内容准确无误，有据可查。

对所讲解景点的背景材料如历史沿革、数据、地质构造等必须准确，要有根据、有出处，不能胡编乱造。即使是故事传说、民间传奇也要有据可查，不能道听途说，信口开河。若遇到说法不一的地方可忽略不讲，或选择有代表性的意见介绍给旅游者，与他们共同探讨，请他们根据自己的理解来作出判断。内容不准确是导游讲解中的“硬伤”，特别容易引起旅游者对导游人员的轻视和不信任。

2．语音、语调、语法要准确。

导游讲解是以语言为工具向旅游者传递信息的，在传递的过程中，假如语音语调有误，语法不当、就会使信息失真，沟通不畅，甚至因旅游者听不懂而达不到运用语言的目的。尤其是导游人员在使用外语导游时，由于不是自己的母语，要特别注意语音语法知识，以免说错，使客人听不懂或引起误解。因此，导游人员要练好自己所使用的语种，不管是外语、地方方言还是普通话，语音、语调不仅要规范，与自己所表达的思想感情、积极的服务态度相符合，而且要与听者的人数、讲话的场合相协调，既要适度正确，又要富于变化。

另外，遣词造句准确、词语组合恰当也是语言运用的关键，要按照语法规律和语言习惯进行良好的组合搭配，注意褒贬和分寸感。

3．观点正确、鲜明。

导游语言作为表达思想的工具，其所传递的内容具有一定的社会性，会产生一定的社会效应。导游人员在运用语言表达思想时，首先要有鲜明正确的观点和立场，使旅游者对当地有一个全面、客观、公正的了解，而不能含糊其辞。要坚持“内外有别”的原则，自觉运用国家的法律法规和行业纪律约束自己，不得迎合个别旅游者的低级趣味以及在讲解中掺杂格调低下的内容，不开政治性的玩笑。

（二）清楚

导游语言的清楚性是指在讲解时要条理分明、脉络清晰、符合逻辑，把所讲的内容一层一层地交代清楚。导游人员应注意在思维和语言表达上符合逻辑规律，层次分明，对自己所要表达的内容仔细斟酌。想告诉游客什么、想让游客得到什么，自己心中要有数，不能“东一榔头西一棒子”，想起什么说什么，看见什么说什么，层次不清，杂乱无章。讲解时，应根据思维规律将所讲内容有机地组织起来，先讲什么，后讲什么，层层递进，主体明确，重点突出。同时还应做到语言干净利索，不拖泥带水，不结结巴巴，使用常用而又形象的词语、简短而朴实的句子，切忌使用生僻的词语、冗长的书面语。如下面一段介绍开封的导游词：

“开封市位于河南省中部，古称汴梁，为我国八大古都之一。先后有战国时期的魏，五代时期的后梁、后晋、后汉、后周，北宋和金定都于此，素有‘七朝都会’、‘自古帝王州’之称。开封之名源于春秋，当时，郑国君主郑庄公选择在这里修筑储粮仓城，取‘启拓封疆’之意，定名为‘启封’。到了汉景帝时，为避汉景帝刘启之名讳，就将‘启封’更名为开封，这便是‘开封’的由来。开封在北宋时最为繁盛，作为宋朝国都长达168年，历经九代帝王，人口多达150余万，是当时世界上最繁荣的大都会之一。当时，东京城周阔30余公里，由外城、内城、皇城三座城池组成。

开封境内河网稠密，湖泊众多，素有‘北方水城’之称。由于历史上屡次被水淹没，留下了多处地下古城。市区被古城所围绕，部分街道依稀可见宋时风貌。张择端的巨幅画卷《清明上河图》和‘琪树明霞五凤楼，夷门自古帝王州’的诗句都描绘了当时开封的辉煌。北宋时，科技发达，经济繁荣，创造了影响深远的宋文化。历史名人有刚正不阿的包拯、屡建战功的杨家将等，他们的丰功伟绩和故事传说早已成为民族文化遗产，为世人传颂。”

这一段导游词主题明确，层次清晰。开封作为历史文化名城，可讲的内容很多，旅游资源非常丰厚，怎样用有限的语言给游客一个突出的印象，让游客游完开封以后不至于和其他几个古都相混淆？作者突出了一个“宋”字，内容的延伸由此有了脉络，导游语言也显得十分明晰。

（三）生动

正确、清楚的导游语言能传递给游客准确的信息，但只有这两点显然是不够的。旅游活动是一个寻找美、发现美、享受美的过程，在这个过程中，应该有一种轻松、愉快的气氛。同样的话，用不同的说法会产生不同的效果。俗话说“看景不如听景”，要想产生良好的听觉效果，就要增加导游语言的趣味性和感染力，用充满活力的语言去打动旅游者，引起他们的共鸣，然后通过联想或想象去感知和理解事物的内在审美价值，从中得到美的享受。在导游语言的生动性方面应注意以下几点：

1．把握语音、语调。

任何语言都是用一定的语音、语调来传达情感的，导游人员如果在语言表达上平淡无味，像和尚念经般单调、呆板，必然会使游客兴趣索然，即使是好的、有价值的景点也会毫无印象。相反，生动形象、妙趣横生的导游语言不仅吸引人，而且会起到情景交融的作用。

2．使用形象化的语言。

在语言的形象化方面，修辞是必不可少的。常用的修辞方法有比喻、比拟、夸张等，通过这些修辞方法的运用，能形象地描绘大自然的美景，给旅游者以真实感和亲切感。

3．适当的幽默。

“幽默”一词，古而有之，在《楚辞·九章·怀沙》中有“孔静幽默”，是“寂寞无声”的意思。现代汉语的“幽默”是外来语，是英语“humour”的音译（林语堂）。幽默的含义众说纷纭，但有一点是肯定的，即幽默是一个人才学的表现，是一个人对客观环境所表现出豁达、超然的生活态度。幽默在导游中的作用是十分奇妙的，它可以化平淡为有趣、化沉闷为笑声、化干戈为玉帛、化腐朽为神奇。

具体作用有如下四点；

（1）融洽关系。

在导游活动中，导游人员的幽默不在于理智，而在于情绪。真正的幽默是从内心涌出的。导游人员与旅游者大都是初次接触，互相比较生疏。为了融洽关系，给他们以信赖感和亲近感，导游人员就主动与旅游者交谈，但有时讲了一大堆客气话仍消除不了客人“敬而远之”

的陌生感，而有时只讲几句幽默风趣的话却能收到良好的效果。例如：一位导游人员在初次与旅游者见面时作自我介绍说："初次为大家服务，我感到十分荣幸。我姓马，'老马识途'的马。今天，各位到我们这儿旅游，请放心好了，有我一马当先，什么事情都会马到成功！……"客人们都乐了，初次见面的拘谨感一扫而光，关系一下变得融洽起来。

（2）调节情绪。

在导游过程中，导游人员如果把幽默作为一种兴奋剂，那么旅游者低落、冷淡、不安的情绪就会得到有效的调节。例如：一架客机失事后的第二天，一批旅游者将飞往那架飞机失事的所在地，客人们都有一种恐惧、不安的情绪。候机时，大家都沉默寡言。这时，导游人员微笑着对大家说："请各位放心。我是大家的'护身符'，今天陪大家一同前往，保证一切顺利。请允许我在此向大家透露一个信息，我干了十多年导游，坐过几十次飞机，还没有一次从天而降的经历。"客人们一听都笑了。可见，幽默而机智的宽慰比生硬、笨拙的劝说有效得多，一下就使客人增添了精神力量。

在导游讲解时，幽默还能增添游兴。如一位导游人员陪同一批美国旅游者游长江三峡，在介绍神女峰时幽默地说："瞧，那就是神女峰。神女一般来说是羞于见外国人的，尤其是美国人。今天，她被各位朋友真诚的向往和纯洁的友谊所感动，特意现身与大家见面。上帝保佑，你们真幸运啊！"客人听了都十分高兴。

（3）摆脱困境。

在导游过程中，导游人员难免会遇到一些使人局促、尴尬的窘境。如果随机应变、恰到好处地运用幽默语言，有助于轻松解脱困境。例如，一个旅行团队要回国了，在道别时，他们请陪同的导游人员讲话，导游人员表示只讲两句，可一下讲了十来分钟。一位客人半开玩笑地说："先生，你说只讲两句，怎么讲了这么多？"一时，宾主都颇尴尬。但这时导游人员反应很快，他笑着说："开头一句，结尾一句，中间忽略不计，一共不是两句么？"幽默、机智的"滑头"话把自己从困境中解脱出来，客人们也都笑了。

（4）寓教于乐。

获得知识，受到教益，这是游客较普遍的旅游愿望。在导游过程中，导游人员用幽默的语言进行讲解，则能起到寓教于乐的作用。例如：一位导游人员在向一批日本旅游者讲游长城的注意事项时说："长城地势险要，要防止摔倒。希望不要在城墙上作奔跑式的跳跃运动。另外，也不要头也不回一股脑地往前走，一直走下去可就是丝绸之路了。有人走了两年才走到头，特别辛苦。"客人们听了都哈哈大笑起来。如果这位导游板着脸严肃认真地宣布第一要如何，第二是如何，游客也许会置若罔闻，很难听得进去。幽默则使旅游者乐于听，也易于接受。总之，幽默在某种程度上讲是一种力量。当幽默运用适当时，它就能给人以知识、信心和启发，使人乐观向上。

正确使用幽默语言既需要一定的天赋，也需要一定的训练和指导，而且使用幽默也是有禁忌的：

（1）勿取笑他人。决不可取笑他人，尤其是心理或生理上有缺陷的人。

（2）首先不要在客人心情不佳时讲缺乏同情心的幽默笑话，会被误认为幸灾乐祸，或起到火上浇油的作用。其次要顾及对象的文化层次。

（3）不要重复、预先交底或自己先笑。

（4）禁止黄色、黑色的幽默。

（四）灵活

导游语言的灵活性是指在导游讲解时要有针对性，要因人、因时、因地而异，不能千篇一律，应根据不同的对象决定讲解的内容、顺序、语言的方式、音量的大小，等等。要做到这一点，就要首先了解旅游者的背景，做好准备工作，包括知识准备和心理准备，根据客人的年龄、职业、爱好、文化程度、宗教信仰等，选择适当的讲解方法和内容，使特定景点的讲解适应不同旅游者的文化修养和审美情趣。景点可能是固定不变的，但人是可变的，不同的人有不同的需求。比如，同样是少林寺，在向西方游客讲解时和面对国内游客时，一定是不一样的，不同游客的需求也一定有所不同，因而要避免“千人一词”、“千团一词”。毫无灵活性的呆板解说只会使游客产生厌烦情绪，同时使景点的文化内涵和魅力大大打折。

三、导游语言的传播

（一）导游语言传播畅通的条件

导游语言想要实现准确无误地传递信息、交流思想，必须实现传播途径的畅通无阻，其先决条件就是导游人员与旅游者之间必须具有“共识领域”，即双方具有相同或类似的经验范围，如共同的语言、相近的知识面等内容。从服务的提供者这一角度来看，导游人员应主动揣摩旅游者的背景与习惯，和旅游者拥有尽可能多的共识领域，这样才能实现有效沟通。双方如果没有共识领域，或语言不通，或看问题的角度存在巨大分歧，将无法实现交流的畅通。

导游人员作为语言传播的主导者，要与旅游者建立共识领域，这就要求导游人员苦练基本功，掌握良好的导游基础知识：首先，必须熟练掌握客源地的语言，让游客能听懂你的话，这是前提；其次，应具备有关客源地的多方面知识内容，尽可能靠拢游客的知识背景。这样一来，导游人员才能最大限度地建立起和游客较为接近的共识领域，实现有效沟通。

（二）导游语言的跨文化传播

导游服务具有涉外性和跨文化性，游客外出旅游的重要目的之一便是体验异乡风情，了解异地文化。旅游者在饱览旅游目的地民族风情、生活习惯、地方传统的同时，也会自然而然地表现出自身的文化特质，这种不同文化背景之下的信息交流和传播，便是跨文化传播。

而导游人员在向游客提供服务时，可以运用导游语言这一工具、共识领域这一平台，搭建起跨文化传播的桥梁，使游客能够较为深入地了解旅游目的地同自己家乡不一样的文化内涵，更加深刻地体现旅游的价值。当然，这就要求导游人员在理解对方信仰、生活方式、道德规范、价值观念的基础上实现跨文化传播，向游客提供极具人文关怀的个性化服务，从而促进各地区、各民族人民之间文化的交流。

第二节　口头语言

在导游语言中，口头语言使用频率最高，它是以听说为主要形式的语言。在语言学中，口头语言比较规范的构成应包括语音、词汇、语义和语法。但在日常生活中，较注重语音和语义，而其他要素往往被忽略。通俗地说，口语语言就是说话，但要把话说得好、说得巧、说得令人信服，并不是一件容易的事。只有掌握了口头语言的特点和规律，掌握一定的表达技巧，才能使口头语表达具有感染力和说服力。

一、口头语言的基本要求

（一）准确恰当

口头语言的表达效果如何，很大程度上取决于发音和遣词用语的准确性。不管是外语还是中文普通话、地方方言、少数民族语言，首先发音要准确。其次，讲解的内容也要以事实为依据，准确地反映客观事实，不能空洞无物，言过其实，胡乱吹侃。

一些导游员在讲解当地景点时，为了吸引眼球、赚取噱头，经常用“世界最……”、“中国最……”、“……独有”、“……第一”等极致字眼来描述。如果是真的当然无可厚非，但是事实上还有相当一部分属于毫无根据的信口开河，这样就违背了真实性的原则，容易引起游客的反感。这就要求导游人员以严肃认真的态度来字斟句酌，以恰当的措辞、适合的搭配来介绍景点的价值。

（二）鲜明生动

由于口头语言是及时传送的，因此其内容一定要鲜明生动，这样才能打动听众。为达到这一效果，导游语言要求词语选用丰富多彩，句式组合灵活多样，并恰如其分地运用比拟、夸张、借代、比喻、映衬、象征等多种修辞手法。只有美化了的语言才能把所讲的内容如故事传说、名人轶事、自然风物等讲得有声有色、活龙活现，才能以强烈的艺术魅力来吸引旅游者领会导游人员的意图，并体验所创造的意境。

例 1：一位导游在介绍河南段黄河时，这样说：“黄河流经河南 700 多公里，其间从中游到下游，既有三门峡水库的碧波荡漾，又有郑州黄河游览区的波澜壮阔，更有开封高出地面 14 米的悬河奇观。黄河小浪底水利枢纽工程已成为长江以北最大的水面，宽 3 公里，长 132 公里，出现高峡平湖的壮丽奇观。近年来开辟的‘大黄河游’和‘黄河漂流’，被游客誉为充满野趣和史诗般的辉煌。”

例 2：另一位导游同样介绍黄河：“黄河流经河南 700 多公里，主要有三门峡水库、郑州黄河游览区、开封悬河等景观。”

上述两个例子，例 1 使用形象生动的语言介绍黄河在河南段的特色，具有较强的感染力，能产生打动人心的效果，令旅游者产生马上要去游览的冲动；例 2 则平铺直叙，只是传递了信息，却无法引出想象，感染不了旅游者。

（三）通俗易懂

口头语言不像书面文字那样可以反复阅读，旅游者当时听得明白才能理解，因而要用浅白易懂的大众化的词语和句式。大众化看似平淡，但要灵活自如地驾驭也绝非易事。导游人员的解说词多源于书面语言，在讲解中把它转化为口头语言的基本方法有：

1．改书面词语为通俗词语。

如有的导游人员介绍包公祠时，这样说：“包公祠坐落在古城开封的西南隅”，其中的“隅”字，现在在口语中已基本不用，为什么不用“角”这个大家都明白的字，而要用“隅”这样文绉绉的说法？讲解时要尽量使用浅白的口语。

2．改长句子为短句子。

口语化的句子一般较短小，虽然也有长句子，但一般要在中间拉开距离，分出几个小句子来，因为句子太长就容易造成理解上的困难。

以包公湖的讲解为例。原文为：“这里有一片美丽的湖泊，叫包公湖，相传 1000 年前北宋首都开封的市政府开封府就被埋在湖面 9 米以下。为纪念中国历史上的著名清官包拯而建的包公祠就位于包公湖畔。”改为口头语：“这里有一片美丽的湖泊，叫包公湖。开封府就埋在湖面以下，深达 9 米，它是 1000 年前宋代管理京城的机构。为了纪念包拯这位历史上著名的清官，我们修建了包公祠，就坐落在包公湖畔。”这样一改，内容上没有变，但旅游者听起来就轻松多了。

（四）优雅文明

导游员在进行讲解时，总是希望把美传递给旅游者。当然这里所指的美是多方面的，其中就包括语言美。

我国老一辈的导游人员在总结自己的工作感受时，谈到自己对语言方面的要求，便是“信，达，雅”。其中的“雅”指的就是导游语言要优雅文明。现在一些年轻的导游人员往往不太注意语言的优雅，在讲解时不知不觉会冒出一些不文明的词语，给旅游者留下粗俗的印象。有的甚至使用旅游者忌讳的语句，甚至低俗内容，最终受损的除了导游人员的个人形象外还有旅游业的行业形象和我国的整体形象。因而导游人员在语言上一定要避免低级庸俗、格调低下。

二、口头语言的表达形式

（一）独白式

这是一种导游员讲旅游者听的单向语言传递方式，在导游讲解过程中使用最为普遍。它的特点是目的性强，对象明确，表达充分，如致欢迎辞、景点概况介绍等。

下面举两个例子：

例 1：各位老师，早上好!说实话，现在面对大家我有点紧张。其实，我平时也不是这样，这次主要是因为面对着这么多的大学老师，心里有点发虚。要知道，为了接待好咱们这个团，旅行社曾经先后安排了好几个导游，但他们都不敢来，怕讲不好让各位笑话。而我呢也是硬着头皮站在这里，虽然我是不是最优秀的不好说，还要请各位老师评判，但可以肯定的是我是胆子最大的，也算是“蜀中无大将，廖化做先锋”吧。但有一点，请各位老师放心，我一定会好好努力，珍惜这次向各位老师、专家学习的好机会，在工作中不断充实自己。您呢，也就把我的导游讲解当作是检查学生的功课，有什么不足请多多指导。

例 2：各位游客，早上好！今天我们将要参观浏览的景点是被誉为“中国第一水乡”的周庄。民间曾有“上有天堂，下有苏杭，中间有一个周庄”的说法。周庄四面环水，景色宜人，环境优雅。著名画家吴冠中曾高度评价周庄说：“黄山集中国山川之美，周庄集中国水乡之美。”那么周庄有哪些引人入胜之处呢？下面就请大家跟我一起走进周庄，去领略那“小桥，流水，人家”的水乡特色吧！

以上是口语导游独白式的两个实例。例 1 是一位地陪导游对教师旅游团所致的欢迎辞，例 2 是江南水乡周庄导游员的一段讲解。从这两段讲解词中我们不难看出独白式口头语言的特点。

1．目的性强。

导游员一席话，例 1 是为了联络感情，例 2 是为了介绍情况。

2．对象明确。

尽管导游人员在进行独白，但话是说给旅游者听的。如果没有接收对象，那么导游人员的讲解只能理解为自言自语，毫无意义。

3．表达充分完整。

因为运用独白式进行语言传递通常都有预先准备的过程。对要接待的团队的基本情况、浏览的景点已经了解后，导游员可以有针对性地查阅资料、选择内容，在独白时间内把自己所要传递的主要信息完整、有层次地表述出来。

（二）对话式

对话式是一种导游员和旅游者之间的双向语言传递方式，是导游员与一个或数个旅游者之间的交谈，可以是问答，也可以是商讨。

例：

导游员："各位知道天津什么风味小吃最有名气吗？"

游客："知道，叫'狗不理'包子。"

导游员："哪位知道它的来历吗？"

游客："知道一点儿，好像'狗不理'是一个人的名字。"

导游员："您说的很对，一百多年前，天津一家包子铺有个小学徒本名叫高贵友，乳名叫狗不理。他做的包子味道特别鲜美……"

从以上的对话可看出……口头语言的以下特点：

1．应变性强。导游人员和旅游者之间的对话可以是导游员问，旅游者答。像上述这个例子，也可以是旅游者问，导游人员答。这就需要导游人员临场发挥，具有一定的应变能力，因为客人的问题可能超出设想的范围。

2．依赖性高。双向交流对话式对语言环境有较强的依赖性。也就是说需要对话双方共处同一语境，有一定的共识，这样对话才能进行下去，实现信息的双向交流。不过这也要求导游人员在选择话题时要慎重，应选择旅游者感兴趣的话题。

3．反馈及时。在对话的过程中，导游人员作为信息传递的一方，通过观察旅游者的表情、反应，来判断他们对这一话题是否感兴趣，能否理解导游员的意图，根据反馈的信息或继续话题，或转换话题，及时加以调整。

三、口头语言的表达技巧

（一）调节音量

音量是指说话时声音的强弱程度。在导游讲解或与旅游者对话过程中，如何调节好自己的音量，是语言表达的重要技巧。导游人员可从以下两个方面加以注意：

1．根据游客人数的多少和讲解的地点、场合来调节音量。

游客多时，声音要高一些；游客少时，音量可小一些。在室内进行讲解或周边环境相对比较安静时，可将音量放低一些，反之则要使音量高一些。

另外，导游人员要在工作中不断总结经验，达到最佳的收听效果，如讲解时的站位就非常有讲究。导游人员应面向游客，将游客聚拢为一个半圆形，这样比较有利于声音的有效传播。

2．根据讲解的内容来调节音量。

对于一些重要的信息、关键词等需要强调的内容，就要求导游人员加大音量。

例如，在交待集合时间时："请大家注意，我们下午 5 点 30 分准时集合返程。"其中，"5

点 30 分”这一关键信息就需要加大音量，以提醒游客注意。

又如，为增强语言的表达效果，也可用高低不同的声音来营造气氛：“一天夜里，天黑得伸手不见五指，山林里一片死寂……突然，战鼓擂动，伏兵四起……”为吸引游客，前半部分可压低声音，从“突然”开始提高音量，跌宕起伏的情节呼之欲出。

（二）掌握语调

语调即说话的腔调，是指讲话时句子里语音升降高低的配置。任何语言都少不了用起伏多变的语调来传达情感、渲染氛围。不同的语调分别表示不同的语气和情感。前苏联教育家马卡连柯说过：“只有在学会用 15～20 种声调说‘到这里来’的时候，只有学会在脸色、姿态和声音的运用上能做出 20 种风格韵调的时候，我就变成一个真正有技巧的人了。”

语调一般分为升调、平调和降调三种。

1．升调。

表示兴奋、激动、惊叹、疑问等情感状态。

例如：“大家看这满园的牡丹花，异彩纷呈争奇斗艳，似乎正在热烈欢迎您的到来！”

2．平调。

表示平静、庄重、冷漠等情感状态。

例如：“少林寺始建于北魏太和年间，是孝文帝为安顿印度僧人跋陀而建，因其坐落于少室山的密林丛中，故得名少林寺。”

3．降调。

表示肯定、赞许、期待、悲伤、厌恶等感情状态。

例如：“今天在龙门石窟的游览到此结束，谢谢大家。”

语调被称为“声音的表情”，有时同一句话不同语调就赋予了它不同的含义。例如：“咱们在锦江饭店用晚餐。”“咱们在锦江饭店用晚餐？”同样的一句话，但是前一句平调表肯定陈述，后一句升调表疑问。

尽管每个人的声音都有自己的特点，但每个人都可以赋予自己的声音高低起伏的不同声调。对于导游人员而言，就是运用抑扬顿挫的语调，使导游讲解具有音乐剧般的节奏感，有序曲、有发展、有高潮、有结尾、有落幕，吸引游客进入讲解情节。

（三）控制语速

语速是指说话时语流速度的快慢。导游人员的语速不能过快，过快会使游客跟不上导游人员的思维，或不能有效接收，印象不深；过慢的语速则会使游客感到拖沓，并产生厌烦心理；一成不变的语速缺乏感情色彩，让人昏昏欲睡。

一般情况下，导游讲解较为理想的语速应控制在每分钟 200 字左右。但是，导游人员还是要根据讲解内容或讲解对象等因素随时进行语速的调节。例如，讲到需要强调、想引起游客注意的内容时，可以适当放慢语速；对于众所周知、不太重要的事物，则可以加快语速。又如，对待年轻游客，由于其接受能力强，讲解语速可稍快；对待老年游客，由于其反应相对较慢，语速便要稍稍减缓。

（四）注意停顿

停顿是说话时语音上的间歇或暂时中断。在导游讲解中适当地停顿，既是正确表达语义所需要的，也是旅游者完成心理反应的一个前提。合理的停顿可以突出说话时的节奏感，更好地吸引旅游者。

导游讲解中的停顿主要有以下几种：

1．语义停顿。

口语表达时，在句与句之间，说完一层意思、一个段落，都应有适当的停顿。语义上的停顿在书面语中是标点符号，而在口语中把标点符号读出来就是停顿。如果该停顿时不停顿，语义可能完全改变。

2．暗示省略停顿。

暗示省略停顿是导游人员不直接肯定或否定，只用停顿来暗示，让旅游者自己判断。最常用的是在讲到自然景观时，为了加深旅游者的印象，导游人员往往用停顿加以引导。

例如："大家请看，前方映入眼帘的景观便是'西天取经'了。/ 请大家顺着我手指的方向，那边矗立的山峰像不像一只猴子？/ 那猪八戒、唐僧和沙和尚在哪里呢？/ 对，就是它后边的三座山峰了，那您能把它们一一对照吗？/ 对了，各位朋友的眼光真不错。这师徒四人正跋涉在取经路上，但愿前方不要再遇到妖魔鬼怪啦。"

经过导游员的暗示，旅游者觉得越看越像，不由得对大自然的巧夺天工叹为观止。导游员讲解时，这种暗示省略停顿引导了旅游者的欣赏参与，无形中也提高了导游质量。

3．等待反应停顿。

旅游者在得到信息后，其心理反应需有一个过程，只有经过导游人员的停顿后，这个过程才能完成；否则，导游人员的讲解如果像机关枪扫射一样，旅游者只能被动接受、囫囵吞枣，不能在心中留下深刻的印象，讲解也就不能产生打动人心的效果。

一位埃及导游讲到尼罗河时这样说："现在，这里仍保留着用人祭祀河神的习俗。他们每年都要举行一次仪式，众人将一位美丽的少女投进河水之中。"导游员讲到这里，停顿下来，旅游者的脸上写满了惊异和不解——难道真的还有这样野蛮的习俗？停了一会儿，导游员才说道："不过，这位姑娘是用塑料做的。"旅游者这才松了一口气。

4．强调语气停顿。

为了强调重点内容，引起旅游者注意，停顿也是行之有效的方法。在讲到重要内容的时候沉默一会儿，让听众的思维活跃起来，一方面能加深游客印象，同时又可提高游客游兴。

（五）活用修辞

修辞的主要方法有以下几种：

1．比喻。

比喻即打比方，就是用相似的事物来对比想要表达的内容。所谓相似包括外在的和内在的，如形式、颜色、气味、声音、性质、作用、感觉等。比喻是最常用的修辞方法，它可以使抽象具体化，使人物、景观更加鲜明。正如刘勰在《文心雕龙》中所说："或喻于声，或方于貌，或拟于心，或譬于事。"

（1）使抽象变形象的比喻。如："苗家姑娘特别喜欢唱歌，她们的歌声就像百灵鸟的声音一样清亮动听。"歌声在这里是一种抽象的概念，通过比喻就形象化了。

（2）使人（物）形象鲜明的比喻。如："相传八仙之一的何仙姑，长得十分有姿色，她最喜欢穿绿色的衣裙，亭亭玉立，就像一株吐艳的荷花。"

（3）使景物形象化的比喻。如："从岳阳楼观赏洞庭风光，你就会觉得，洞庭湖就像一只偌大的银盘，远处的君山就像一只镶嵌在其中的青螺……"

（4）丰富想象的比喻。如果说想象是翅膀，那么精彩的比喻就是翅膀的羽毛。请看一段描写镜泊湖吊水楼瀑布的文字导游："在浓阴蔽日的密林中走不多远，你就可以看见气势磅礴的大瀑布，它像轰雷、骤雨、飞珠、崩玉，雪浪花似的泡沫，跳荡着、咆哮着，溅起的水珠儿，蘑菇云似地冲向天空，然后化作轻纱般的薄雾，在阳光照射的特定角度下，你可看见彩虹般的景色。"这些比喻，给人以无穷的遐想，给人以身临其境的美感。

（5）使语言简洁明快的比喻。如："莲蓬的形状是个圆锥体，底朝上，尖端和茎子连接着，顶上有许多小窟窿。"这段话如果用比喻就可简化为："莲蓬的形状就像一个喷壶嘴。"既简练明快，又具体形象。

在运用比喻时，必须注意几点：

（1）要就熟取喻，就近取喻。要选熟悉的、通俗的事物来比喻陌生的事物或深奥的道理。也就是"以易喻难"，使人容易理解，如果"以难喻易"或"以难喻难"就失去了比喻的意义，反而越比越糊涂。

（2）要以异显同，即本体与喻体有本质的不同，但又有相似点。例如："城隍庙就像你们东京的浅草一样。"虽然有"像"，但不是比喻，而是比较，比较的前后是同类事物，而比喻的前后不是同类事物。

（3）力求新颖，不落俗套。自古以来，把西湖比喻为"玻璃"、"镜"、"明月"等的人不少，但第一个把西湖比喻为春秋时代越国绝代佳人西施的是宋代大诗人苏东坡，他以"若把西湖比西子，淡妆浓抹总相宜"的诗句形象地概括了西子与西湖的美质。此外，西湖、西施又都有一个"西"字益增情趣。由此可见，新颖的比喻给人的艺术感染力是十分强烈的。

2．比拟。

比拟又称假拟，是根据想象把物拟作人，把人拟作物，或者把甲物拟作乙物的修辞方法。在导游语言艺术中，最常用的是拟人。

（1）使情景交融的比拟。如："看，山上的迎客松正在微笑着，向我们伸出了热情的手，欢迎各位远道而来的客人呢。"迎客松是植物，赋予人的思想感情之后，会"微笑"，会"伸出热情的手"，这样就增添了形象性。

（2）烘托气氛的比拟。如："舜帝南巡时，他的两个妃子娥皇、女英追踪到了洞庭山。在这里，她们得到了舜帝死于苍梧的消息，顿时，两个妃子悲痛欲绝，泪水顿作倾盆雨，满山的翠竹也和她们一起发出了阵阵揪心的呜咽声……"这里把"翠竹"人格化，烘托出悲痛的气氛，使人为之心动。

运用比拟时，必须注意三点：

（1）要符合事物特征。如："傍晚时分，你们可以看到'金蝉操琴蝴蝶舞，青蛙烟娼打锣鼓'的情景。"这里所说的都符合"金蝉"、"蝴蝶"、"青蛙"的特征，如果改用"蝴蝶操琴青蛙舞"就成笑话了。

（2）表达要恰当、贴切。如："将军岩矗立在这里，庄严地俯视着脚下起伏的山峦，像在检阅千军万马。"如果这样说："将军岩亭亭玉立地站在那里，似在翘盼丈夫的归来。"这就显得不伦不类了。

（3）要注意语体特点。拟人的手法在讲解景观及其故事传说时常用，但在类似简介的说明文体中一般不用。

3．夸张。

夸张，是指在客观真实的基础上，对事物进行夸大或缩小的描述。在导游语言艺术中，夸张可以强调事物的特征，鲜明地表现出导游人员的情感，引起人的共鸣。正如高尔基所说的："夸大的好东西，使它显得更好；夸大有害类的东西，使人望而生厌。"同时，夸张还能唤起人丰富的想象。如："瞧，这湘绣被面上的芙蓉花，似能散发一种浓郁的芬芳，招引着一只只纷飞的蜜蜂和蝴蝶。"这里用夸张的手法形容湘绣技巧的高超，引起人们美好的想象。

夸张的表现形式主要有如下几种：

（1）通过比喻形式进行夸张。例如："喝了龟蛇酒可延年益寿，几盅下肚就会产生飘然若仙的感觉。"这里用"飘然若仙"来夸张地讲述龟蛇酒的功效，使人对龟蛇酒产生一种神秘感。

（2）通过比拟进行夸张。如："海水湛蓝湛蓝的，蓝得使人见了恨不得变成一条鱼，钻进波浪里尽情嬉戏。"

（3）通过神化进行夸张。如："三国时期，张飞和关羽曾在这礁晓峰下棋，忽然上有一巨石落下，关公抬头看见，顺势将手中一颗棋子扔过去，把即将下落的巨石阻在半腰。张飞见了大声喝彩，不料喝彩的声浪把边上另一块巨石冲断了一半。现在，就在他们下棋的石桌边，还有一块'喝断石'。"

在运用夸张的修辞手法时，必须注意两点：一是要以客观实际为基础，给人以真实感。如："七仙姑的泪水就像泉水从脸上流了下来。"这类脱离实际的夸张只能给人以虚假、浮夸之感。刘勰在《文心雕龙·夸饰》中说过"夸而有节"，也就是说，夸张要掌握分寸，不能毫无根据地乱说。二是要明确，显豁。夸张的奥妙在于不似真实，胜似真实。

4．引用。

引用是指在自己的语言中用别人现成的语句、材料来说明问题。在导游语言中，引用名人名言、中外典故、成语、歇后语、谚语、诗词等，可以使语言的内涵延伸，表达力增强。引用分为明引、暗引、意引三种。

（1）明引，即直接引用原话、原文。例如："宋代欧阳修对洛阳牡丹情有独钟。他的'洛阳地脉花最宜，牡丹尤为天下奇'诗句道出了洛阳牡丹得天独厚的自然条件。"

（2）暗引，即把别人的话直接组织在自己的语句中，不注明出处，直接为己所用。例如："张衡博学多能，才华横溢，被誉为'世界文化名人，中国科学泰斗'。"

（3）意引，即只引用原话的意思，而不引原话的词句，也就是说引用的不是原文，而是原意。例如："菊花有很高的药用价值，《神农本草经》把它列为上品，认为菊花可以利气轻身、延年益寿、增强体质。"

在使用引用手法时，应注意尊重原文原意，不能断章取义、随意删改。

四、克服不良的口语习惯

在每个人的语言表达中，多多少少都会有一些不好的口语习惯。而对于导游人员这样一个主要靠"说"的职业，更要注意克服不良的口语习惯，努力培养自己良好的口语表达习惯。

（一）口头语言书面化，晦涩难懂

口语与书面语不尽相同，口语讲求简洁，而书面语则讲求词藻。如果导游人员在讲解时机械地背诵导游词，特意地用修饰语、倒装句、专用术语，或用晦涩冷僻的词语，游客不仅听不进去，而且无法消化。还有的导游员为了卖弄知识，故意引用一些古文诗词，引用之后又不解释，故作高深。造成口语晦涩难懂的原因，除了导游人员的工作态度之外，不懂口语的特性也是其重要因素之一。

因此，必须弄清口语与书面语的不同之处：

第一，书面语是无声的，不能表达每个语句语音上的灵活变化。口语的声音有轻有重，有高有低，有快有慢，抑扬顿挫，丰富多变，声音能起到很好的表情达意的作用。

第二，口语除语音语气之外，还有面部表情、手势、姿态等态势语言作铺助，帮助表情达意。口语说得不连贯、不周密，对方一般能听懂，无需像书面语那样周全而规范。

第三，语言环境可以使口语大量简略，加长了定语等修饰，反而造成听觉上的困难，也不便于语义表达。

（二）习惯性小毛病

导游人员的口语应尽量避免晦涩难懂的书面化倾向，但也要防止另外一种倾向，即惯用口头禅。讲解时使用口头禅会妨碍整个内容的连贯性，游客听起来也很不舒服。

例如："这个，这个普济寺最早的名字叫、叫这个这个……不肯去，不肯去庵，呃，这个为什么叫这个，这个名字呢？这里有个传说，嗯……这个这个传说是，五代梁贞年间，有个和尚，叫这个这人……慧锷的，对，这个这个和尚是日本来的，到中国山西的这个这个五台山……"

这种"这个这个"的讲解会使人听起来焦躁不安，而且很难听懂讲解的真实内容。

造成这种不良口语习惯的原因主要有二：一是思维出现障碍，便用废话填空，说一段话时由于想的跟不上说的，大脑出现"短路"不自觉地便重复一些字词，如"这个这个"、"嗯"、"基本上"、"原来呢"、"结果呢"、"反正"、"呃"等，这些词不表达任何意义，只是用来延长思维的时间；二是用重复的方法填空。由于临时组织语言，或考虑其他因素（如是否得体等），边想边说就容易"卡壳"。如果对讲解内容熟悉，自然不易出现这种情况；如果不熟悉，短时间内要回答游客的问题，就要临时调动平时所积累的知识并组织语言来加以表达，在这种情况下，就容易出现习惯的不良口语。

（三）含糊不清

1．内容上含糊不清。

导游员在讲解时，首先必须对讲解的内容胸有成竹，讲解时才能有条不紊、词语贴切。如果对事物理解不准确，望文生义，说起话来就会含糊不清，使人产生误解。

还有的导游人员说话含糊，主要是对讲解的内容不熟悉，缺乏自信心。讲解时，常用一些"大概"、"可能"、"好像"之类的模糊语言，而游客要求得到肯定回答，希望了解确切的知识，不愿听含糊不清、模棱两可的话。只有熟悉讲解对象，注意使用准确、肯定的言词，才能赢得游客的信任。

2．表达上含糊不清。

导游人员的讲解应该内容紧凑、简洁明快。有的导游讲解时，生怕游客不理解，反反复复、颠来倒去地解释、说明，尽管其动机是好的，但啰嗦的话语往往会把听者的耐心都耗尽。

还有的导游人员想用一些哗众取宠的话来吸引人，讲解时故意用一些琐碎的话作铺垫，用不必要的旁征博引来东拉西扯，结果要么辞不达意，要么离题太远，使人感到啰嗦。

说话啰嗦的人其言语内容实质性的东西少。游客固然不喜欢那种寡言少语的导游员，但对那种啰啰嗦嗦的导游员同样也不会有什么好感。

第三节 体态语言在导游服务中的运用

在上一节中，我们一直在探讨口头语言。实际上，在导游讲解中，导游人员在动口的同时还需要表情、手势、眼神、站姿等体态语言的辅助，从而达到锦上添花的讲解效果。本节我们将对体态语言进行讨论。

一、体态语言的种类

体态语言是指以人的表情、姿态、动作等来表达思想、传递信息的一种无声语言，又称态势语言、肢体语言、人体语言、动作语言等。

体态语言不仅可以传递有声语言无法传递的信息，还可以起到补充和强化有声语言的作用，一个善意的眼神和微笑可以取得多少语言都无法达到的效果；而在不便说或不愿说的时候，一个抱歉的眼神能巧妙传递语言无法传递的信息。

体态语言主要包括表情语、姿态语、手势语、服饰语、界域语等。

二、体态语言的运用技巧

（一）表情语

它是通过眉、目、鼻、口的动作而引起面部肌肉的舒张和收缩来表现思想情感的。导游员的面部表情应该使人感到容易亲近，要给客人留下一种自然、平和的感觉，应该具有同步感（面部表情与口语表达的情感同步）、鲜明感（明朗化）、真实感（表里如一）、分寸感（适度）。下面，将对导游工作中较为重要的目光语和微笑语略作说明。

1．目光语。

目光语是通过视线接触传递信息的。人们常说“眼睛是心灵的窗户”，通过眼睛人们可以观察到对方心灵深处的各种情感。在汉语中，对于目光的描述有很多，如“正视”、“逼视”、“仰视”、“端详”、“窥视”、“鄙视”、“俯视”、“怒视”、“凝视”等，字眼上的细微变化却传达了千差万别的思想意识。因而，相对于其他体态语言，目光语更微妙、更富有表现力。导游服务中，导游员的目光语应注意以下几点：

（1）目光注视的方式。

导游人员的视线一般应以正视和环视为宜，即多以平行的视线接触旅游者，传达的信息是平等、自信、坦诚、认真、理智、庄重。

与个别旅游者交谈时，用正视表示尊重和庄重；面对全团成员致辞与讲解时要用正视与环视相结合的方式，目光长时间停留在个别人或少数人身上，或长时间不看客人都是失礼的行为。因而要照顾到处于前排、后排、左侧、右侧的所有人，让处在每个位置上的旅游者都感到受重视；造就一种友好和谐、服务周到的良好气氛。

（2）目光注视的部位。

在社交领域，目光注视主要有近亲密注视、远亲密注视和社交注视三种。前两种分别把视线停留在对方双眼与胸部之间和双眼与腹部之间，这两种适合于亲人与恋人。而导游服务则属于典型的社交活动，所以其目光注视属于典型的社交注视范畴，即把视线停留在对方眼睛与嘴唇之间的区域，利于传递礼貌、友好信息。

（3）目光注视的时间。

初次见面时，要用目光正视对方片刻，面带微笑，显示出喜悦，热情的心情。在交谈过程中，视线接触对方面部的时间应占全部时间的40%左右。导游人员连续注视交谈对象的时间不宜过长，超过60%会引起客人的反感或误解；当然，也不宜过短，少于20%会使游客觉得导游人员心不在焉，感觉自身不被重视。对初见面的人还应微微点头，表示出尊敬和礼貌。另外，交谈过程中应始终保持目光接触，以示对话题很感兴趣；随着话题、内容的变换，要作出及时恰当的眼神回应。

2．微笑语。

微笑是通过不出声的笑、即面部略带笑意来进行信息的传递，被人们称为“世界通用语”。

在导游工作中，微笑是友好、礼貌的表示，具体作用有：

（1）初次见面时，微笑能迅速有效地缩短导游同游客的心理距离，使彼此消除陌生感，获取信息。

（2）在游览过程中，微笑能帮助导游人员克服困难，说服游客接受自己的意见，缓解尴尬，淡化不愉快的氛围。

（3）微笑不仅可以美化人的外形，而且可以陶冶一个人的心灵，发自内心的微笑是一个游员亲和力的重要体现，是塑造导游员良好形象必不可少的手段。

（二）姿态语

姿态语是指用身体姿势来反映人们的心理状态、传递信息，不同的姿态传递不同的信息。

在导游活动中所涉及的身体姿势主要有站姿、坐姿和走姿。

1．站姿。

导游人员的站姿应给客人一种谦恭、彬彬有礼的感觉。

要做到站姿良好，必须将身体重心置于双脚，上身挺直，两臂自然下垂，挺腰收腹，两手相握置于身前或身后，双膝并拢或分开与肩同宽。如果导游人员是在车辆行驶过程中，重心不稳的情况下进行站姿讲解，可稍稍靠紧车辆护栏，手握扶手，以保持身体平衡，但上身仍要保持挺直，精神饱满。

导游人员应避免双手叉于腰间或双臂抱于胸前的站姿，因这类姿势传递的是傲慢无礼、漫不经心或倦怠的信息。还要避免歪头、斜肩、曲背等现象，否者不仅缺乏美感，而且影响导游员的语言穿透力与说服力。

总之，导游人员的站姿应做到头正、肩平、胸挺、背直、平稳，这样才能显示导游人员的积极健康的工作状态，并且有效加强其服务效果。

2．坐姿。

导游人员的坐姿要给旅游者一种温文尔雅的感觉，以表示对客人的尊重。

坐时上体要自然挺直，男性要微微分开双腿，能显示其豁达、稳重；女性一般双膝并拢，可显示其庄重、矜持。歪七扭八或跷起二郎腿是坐姿的大忌，因其传递的是粗俗无礼的信息。

3．走姿。

导游人员带团游览的过程是一个动态、流动的过程，在这个过程中，导游人员和旅游者不断在走，导游人员应注意走姿的大方、得体和灵活，要给人以动态美。

走路时要保持上身的自然挺拔，身体重心略微前倾，抬头，肩放松，收腹挺胸，手臂放松，手指自然弯曲，两臂自然摆动，摆幅不超过30度。在景点或市内要注意靠右行，保持团队的有条不紊；导游人员应注意眼观六路，多观察旅游者是否跟得上，团队中是否有人掉队甚至走失。另外在行走时，导游人员不要把手插在裤袋里，显得过分自然随便，更不要自顾自闷头走路。

（三）手势语

它是通过手及手指动作来传递信息的，有助于增强口头语言表情达意的情感色彩，有时还能表达口语中难以表述的内容，包括握手、招手和手指动作等。

1．握手语。

握手是交际双方相互伸右手彼此相握以传递信息的手势语，它包含在初次见面时表示欢迎，告别时表示欢送，对成功者表示祝贺，对失败者表示理解，对信心不足者表示鼓励，对支持者表示感谢等多种语义。

（1）握手要领。

与人握手时，上身应稍微前倾，立正，面带微笑，目视对方；握手时要摘帽和脱手套，女士和身份高者可例外；握手时不要将自己的左手插在裤袋里，不要边握手边拍人家肩头，不要眼看着其他人或与其他人打招呼，更不要低头哈腰；无特殊原因不要用左手握手；多人在一起时要避免交叉握手。

（2）握手顺序。

男女之间，男方要等女方先伸手后才能握手，如女方不伸手且无握手之意，男士可点头或鞠躬致意；宾主之间主人应先向客人伸手，以表示欢迎；长辈与晚辈之间，晚辈要等长辈先伸手；上下级之间，下级要等上级先伸手以示尊重。

（3）握手时间。

握手时间的长短可根据握手双方的关系亲密程度灵活掌握。初次见面一般不应超过 3 秒钟，老朋友或关系亲近的人则可以边握手边问候。

（4）握手力度。

握手力度以不握疼对方为最大限度。在一般情况下，握手不必用力，握一下即可。男士与女士握手不能握得太紧，西方人往往只握一下女士的手指部分，但老朋友可例外。

导游人员在与游客初次见面时，可以握手表示欢迎，但只握一下即可，不必用力。对年龄或身份较高的游客，身体应稍微前倾或向前跨出一小步双手握住对方的手以示尊重和欢迎。在机场或车站与游客告别时，导游人员和游客之间已建立起较深厚的友谊，握手时可适当紧握对方的手并微笑着说些祝愿的话语。对于给予过导游人员大力支持和充分理解的海外游客及友好人士等更可加大些力度，延长握手时间，或双手紧握并说些祝福感谢的话语以表示相互之间的深厚情谊。

2．手指语。

手指语是一种较为复杂的伴随语言，是通过手指的各种动作来传递不同信息的手势语。由于文化传统和生活习俗的差异，在不同的国家、不同的民族中手指动作的语义也有较大区别。导游人员在接待工作中要根据游客所在国和民族的特点选用恰当的手指语，以免引起误会和尴尬。

例如：竖起大拇指，在世界上许多国家包括中国都表示“好”，用来称赞对方高明、了不起、干得好；但在有些国家还有另外的意思——在韩国表示“首领”、“部长”、“队长”或“自己的父亲”，在日本表示“最高”、“男人”或“您的父亲”，在美国、英国、法国、澳大利亚等国则表示“请求搭车”，在希腊表示“叫对方滚开”。

伸出食指，在新加坡表示“最重要”，在缅甸表示“拜托”、“请求”，在美国表示“让对方稍等”，而在澳大利亚则是“请再来一杯啤酒”的意思。

伸出小指，在菲律宾表示“小个子”，在日本表示“恋人”、“女人”，在印度和缅甸表示“要去厕所”，在美国和尼日利亚则是“打赌”的意思。

伸出食指往下弯曲，在中国表示数字“九”，在墨西哥表示“钱”，在日本表示“偷窃”，在东南亚一带则是“死亡”的意思。

用拇指与食指尖形成一个圆圈并手心向前，这是美国人爱用的“OK”手势，在中国表示数字“零”，在日本则表示“金钱”，而希腊人、巴西人和阿拉伯人用这个手势表示“诅咒”。

伸出食指和中指构成英语字母“V”，西方人常用此手势来预祝或庆贺胜利，但应注意把手心对着观众，如把手背对着观众做这一手势则被视为下流的动作。

在导游服务中，导游人员要特别注意不能用手指指点游客，这在西方国家是很不礼貌的动作，譬如导游人员在清点人数时用食指来点数，就会引起游客的反感。

3．讲解时的手势。

在导游讲解中，手势不仅能强调或解释讲解的内容，而且还能生动地表达口头语言所无法表达的内容，使导游讲解生动形象。导游讲解中的手势有以下三种：

（1）情意手势。

是用来表达导游讲解情感的一种手势。

例如，在讲到“我们在中国的社会主义现代化建设一定会取得成功”时，导游人员用手握拳有力地挥动一下，既可渲染气氛，也有助于情感的表达。

（2）指示手势。

是用来指示具体对象的一种手势。

例如，导游人员讲到黄鹤楼一楼楹联“爽气西来，云雾扫开天地撼；大江东去，波涛洗尽古今愁”时，可用指示手势来一字一字地加以说明。

（3）象形手势。

是用来模拟物体或景物形状的一种手势。

例如，当讲到“有这么大的鱼”时，可用两手食指比一比；当讲到“5 千克重的大西瓜”时，可用手比成一个球形状；当讲到“上有天堂，下有苏杭”时，也可用手的模拟动作来形容。

导游讲解时，在什么情况下用何手势，都应视讲解的内容而定。但在手势的运用上必须注意以下几点要求：

（1）准确严密。由于不同国家、不同民族的文化传统和生活习俗不同，同样的手指动作可能表示不同的或者相反的语义。这就要求导游员在接待旅游者时要提前了解客人所在国及民族的手指语及相关的风俗习惯。

（2）恰如其分。主要指导游员运用手势的频率和幅度而言。导游员从头至尾没有任何动作固然显得呆板，但是动作太多又会喧宾夺主，影响有声语言的表达效果，并且让客人眼花缭乱、心烦气躁。所以要掌握好一个“度”。手势的幅度根据受众的多少和场面决定。人数多、场面大动作幅度可大些，如果太小，后面的受众就接受不到导游员发出的信息。

（3）自然和谐。要做到手势的自然和谐应从以下三方面考虑。首先，手势的方向性。手势向上向前表示积极、赞美、高兴，而向下、向后则表示消极、指责、悲痛。其次，手势的区域性。指手势在人体周围运动或停留的范围，人体部位分上区（肩以上）、中区（腰肩之间）和下区（腰以下）。一般上区多用于抒发激动的心情，表达一些积极、赞美、高兴的内容；中区多用于心情平静时，或叙述或议论；下区多用于表达自己对某一观点、某一人或事物的藐视和痛恨等。

（四）服饰语

服饰语是通过服装和饰品来传递信息的一种体态语言。服装业有一句名言："服装造就一个人。"哲人说："服装是人体的自我延伸。"

1．色彩是第一要素。

服饰能显示一个人的修养、气质、爱好、精神状态、文化层次及生活习惯。它有很多构成要素，如色彩、款式、质地等，其中色彩是第一要素。

不同颜色代表不同意义，不同颜色的服装穿在不同的人身上会产生不同的效果。服装色彩的巧妙运用能收到令人满意的效果。

例如，浅色有扩张作用，瘦削的人穿浅色服装可产生丰腴的效果；深色给人以收缩感，适宜较胖的人穿着。

一般来说，黑、白、灰是配色中的安全色，它们最容易与其他色彩搭配并取得良好的效果。对导游人员来说较理想的配色是：绿色——黄色，粉红——浅蓝，浅绿——黑色，深蓝——灰色，黄褐——白色，橄榄绿——驼灰。

色彩本身还具有浓厚的感情成分，深色让人感觉庄重深沉，浅色给人以轻松舒展之感，白色纯洁，蓝色恬静，红色热情，黄色明亮，导游人员可根据不同的场合选用不同色彩的服装。

2．"TPO"原则。

导游人员的着装除了配色原则之外，还应遵循"TPO"原则。

"TPO"是英文"time"（时间）、"place"（地点）、"occasion"（场合）三个单词的缩写。"TPO"原则是指人们的穿着打扮要兼顾时间、地点、场合并与之相适应。

在时间上，导游人员的着装要考虑季节和日期；在地点上，要考虑地理位置、自然条件及生活习俗，如爬山时女导游员就不适合穿较窄的裙子；在场合上，导游人员的着装要注意区分上班、社交、休闲等不同场合。

上班着装要整洁、大方、高雅，让服装与自己的年龄、职业、肤色、性格相符合；休闲时要穿得既舒适又得体。在游览的过程中，休闲装比较合适，但在社交场合如出席宴会，穿着则要庄重典雅。

3．整洁、得体。

导游人员的着装除了注意色彩搭配和符合"TPO"原则之外，还应做到干净整洁、符合规范，不可标新立异、着奇装异服。

4．饰物。

饰物除有装饰作用外，还有一定的象征意义。比如戒指是成年男女婚姻状况的标志。在西方，人们把结婚戒指戴在左手的无名指上，这是因为古罗马人相信在人的左手无名指上有一条静脉血管直通心脏，把结婚戒指戴在这里可以获得真挚、永恒的爱情。

戒指的佩带是一种无声的语言，导游人员在带团时，应能从旅游者的戒指上了解相应的信息。

当然，现代社会中戒指已渐渐脱离了原来的含义而变成一种装饰品，不过，在社交场合，导游人员还是应注意身份与饰品的搭配。

除戒指之外，还有耳环、项链、胸针等饰物。对导游人员来说，在工作状态不应佩戴过多饰品，假如必须佩戴，也应含而不露，切忌花枝招展。

（五）界域语

界域语是交往者之间的空间距离所传递的信息。在心理学中，空间的存在具有特殊的意义，好比每个人都有自己心理上的个体空间，它像一个无形的安全区一样，自己在这个安全区中会获得安全感。在人际交往中，这个安全区主要由身体周围的空间组成，如果别人擅自闯入，自己就会觉得不安全。例如一个旅游者正在一块石头后面给自己的恋人打电话，如果导游员走近，他就会下意识地转过身去，压低声音，因为别人闯进了他的安全区。

界域语可分为三类，即亲热界域语、个人界域语、社交界域语。

亲热界域语是接触性界域语，即双方有身体上的接触，如拥抱、亲吻等，导游人员通常不用，假如出于尊重对方习俗非用不可也应慎重，应符合游客的习俗礼仪。

个人界域语是接近性界域语，距离一般为 1 米左右，语义为“亲切、友好”，如促膝交谈、围坐聊天等。

社交界域语是交际性界域语，距离一般为 2 米左右，语义为“严肃、庄重”，如商务谈判、导游讲解等。

导游人员在带团过程中比较常用的是个人界域语和社交界域语，应避免使用亲热界域语。无论是讲解服务还是生活服务，要注意给旅游者留出充足的个人空间，避免侵犯他们的隐私，这既是一种修养，更是对旅游者的一种尊重。

第四节　交际语言在导游服务中的运用

交际，是人与人之间的往来接触。在导游服务中，导游人员主要是同游客和相关接待单位有关人员进行接触，而接触过程中，语言是最基本、最重要的工具，语言表达方式、方法和技巧对接触效果都会产生影响。因此，为了同游客（主要接触对象）及相关接待单位友好相处，导游人员应不断提高自己的导游交际语言技能。

一、交际语言的种类

导游交际语言包含的内容种类很多，如导游人员同游客见面时的问候寒暄、接待过程中的交谈、致辞（欢迎辞、欢送辞），还有在带领游客参观游览的过程中，导游人员对游客进行劝服、提醒、拒绝、道歉的语言等。

本节主要介绍称谓、交谈、劝说、提醒、回绝、道歉等导游交际语言。

二、交际语言的运用技巧

（一）称谓的语言技巧

一般情况下，导游人员对游客的称谓经常使用三种方式。

1．交际关系型。

交际关系型的称谓主要是强调导游人员与游客在导游交际中的角色关系。如“各位游客”、“诸位游客”、“各位团友”、“各位嘉宾”等，这类称谓角色定位准确，宾主关系明确，既公事公办，又大方平和，特别是其中的“游客”称谓是导游语言中使用频率最高的一种。

2．套用尊称型。

套用尊称是在各种场合都比较适用，对各个阶层、各种身份也比较合适的社交通称。如“女士们、先生们”、“各位女士、各位先生”等，这类称谓尊称意味浓厚，适用范围广泛，回旋余地较大。但套用尊称一般对境外游客较为适用，对国内游客有点太正规，不符合我国传统习惯。

3．亲密关系型。

多用于比较密切的人际关系之间的称谓。如“各位朋友”、“朋友们”等，这类称谓热情友好，亲和力强，注重强化平等亲密的交际关系，易于消除游客的陌生感，建议在和游客熟悉后再用此称谓。

在旅游活动中，对游客的称谓总的原则应把握三点：一要得体，二要尊重，三要通用。

（二）交谈的语言技巧

在导游交际过程中，虽然导游讲解占据主要的地位，但往往还有大量的时间可与游客自由交谈。这种情况下的交谈对导游人员与游客的沟通、了解游客情况非常关键，因此在与游客自由交谈时要注意讲究聊天的技巧。

聊天是交谈的主要形式。聊天是至少两人共同参与的双向或多向的交际活动，是人与人交往中最基本、最常见的现象。导游交际中的聊天与一般社交场合的聊天一样，话题往往是随意的，而且可以不时转换，内容也是海阔天空、无所不可的。但不同的是，导游人员与游客的聊天意图是明确的，是从协调双方关系、缩短双方心理距离、建立良好的交际基础为基本目的的。因此，导游人员与游客聊天时主要是从对方感兴趣的或对方关心的话题切入。如对旅游目的地的提前了解，女性游客对时装、美容、小孩的关注，老年游客对身体健康、怀旧的兴趣等。

聊天是双方自觉自愿、平等交流、随和开放的行为，导游人员应注意创造聊天的条件，营造聊天的氛围，根据游客的心理特征、语言习惯、文化水平、脾气秉性等各种因素，随机应变地引导聊天的过程，使交谈气氛融洽，交流愉快，达到与游客互相理解、有效沟通的目的。

（三）劝说的语言技巧

在导游服务过程中，导游人员常常会面临各种问题，需要对游客进行劝服，如：旅游活动日程被迫改变需要劝说游客接受，对游客的某些越轨行为需要进行劝说等。劝服一要以事实为基础，即根据事实讲明道理；二要讲究方式、方法，使游客易于接受。

1．诱导式劝说。

诱导式劝说即循循善诱，通过有意识、有步骤的引导，澄清事实，讲清利弊得失，使游客逐渐信服。

例如，某旅游团原计划自郑州飞往深圳，因未订上机票只能改乘火车，游客对此意见很大。这时导游人员首先要十分诚恳地向游客致歉，然后耐心地向游客说明原委并分析利弊。导游人员说：“没有买上机票延误了大家的旅游行程，我很抱歉，对于大家急于赴深圳的心情我很理解。但是如果乘飞机去深圳还得等两天以后，这样你们在深圳只能停留一天，甚至一天还不到；如果现在乘火车，大家可在深圳停留两天，可以游览深圳的一些主要景点。另外，大家一路旅途都非常辛苦，乘火车一方面可以观赏沿途的自然风光，一方面也可以得到较好的休息。”导游人员的这席话使游客激动的情绪开始平静了下来，一些游客表示愿意乘坐火车，另一些游客在他们的影响下也表示认可。

对这类问题的劝服，导游人员一是要态度诚恳，使游客感到导游人员是站在游客的立场上帮助他们考虑问题；二是要善于引导，巧妙地使用语言分析其利弊得失，使游客感到上策不行取其次也是最好的选择。

2. 迂回式劝说。

迂回式劝说是指不对游客进行正面、直接的说服，而采用间接或旁敲侧击的方式进行劝说，即通常所说的“兜圈子”。这种劝说方式的好处是不伤害游客的自尊心，而又使游客较易接受。

例如，某旅游团有一位游客在游览中喜欢离团独自活动，出于安全考虑和旅游团活动的整体性，导游人员走过去对他说：“××先生，大家现在游览休息一会儿，很希望您过来给大家讲讲您在这个景点游览中的新发现，作为我导游讲解的补充。”这位游客听了会心一笑，自动地走了过来。

在这里，导游人员没有直接把该游客喊过来，因为那样多少带有命令的口气，而是采用间接的、含蓄的方式，用巧妙的语言使游客领悟到导游员话中的含义，游客的自尊心也没有受到伤害。

3. 暗示式劝说。

暗示式劝说是指导游人员不明确表示自己的意思，而采用含蓄的语言或示意的举动使人领悟的劝说。

例如，有一位游客在旅游车内抽烟，使得车内空气混浊。导游人员不便当着其他游客的面伤了这位游客的自尊，在其面向导游人员又欲抽烟时，导游人员向他摇了摇头（或捂着鼻子轻轻咳嗽两声），使游客熄灭了香烟。这里导游人员运用了副语言——摇头、捂鼻子咳嗽，暗示在车内“请勿吸烟”，使游客产生了自觉的反应。

总之，劝服的方式要因人而异、因事而异，要根据游客的不同性格、不同心理或事情的性质和程度，分别采用不同的方法。

（四）提醒的语言技巧

在导游服务中，导游人员经常会碰到少数游客由于个性或生活习惯的原因表现出群体意识较差或丢三落四的行为，如迟到、离团独自活动、走失、遗忘物品等。对这类游客，导游人员应从关心游客安全和旅游团集体活动的要求出发给予特别关照，在语言上要适时地予以提醒。

提醒的语言方式很多，除了直截了当的命令式（这种方式切忌使用）之外，还有其他的委婉方式。由于导游人员处在为游客服务的位置，导游人员对游客首先应尊重，其次要有服务意识，对游客的安全负责，需要提醒游客某些行为时应使用委婉的语言。导游人员提醒的语言要富有情感，要体现对游客的关心，使提醒能在愉悦的气氛中被游客所接受。提醒的语言方式具体有：

1. 敬语式提醒。

敬语式提醒是导游人员使用恭敬口吻的词语，对游客直接进行的提醒方式，如“请”、“对不起”等。导游人员在对游客的某些行为进行提醒时应多使用敬语，这样会使游客易于接受，如“请大家安静一下”、“对不起，您又迟到了”。这样的提醒比“喂，你们安静一下”、“以后不能再迟到了”等命令式语言要好得多。

2. 协商式提醒。

协商式提醒是导游人员以商量的口气间接地对游客进行的提醒方式，以取得游客的认同。协商将导游人员与游客置于平等的位置上，导游人员主动同游客进行协商，是对游客尊重的表现。

一般说来，在协商的情况下，游客是会主动配合的。

例如，某游客常常迟到，导游人员和蔼地说：“您看，大家已在车上等您一会儿了，以后是不是可以提前作好出发的准备。”又如，某游客在游览中经常离团独自活动，导游人员很关切地询问他：“××先生，我不知道在游览中您对哪些方面比较感兴趣，您能否告诉我，我好在以后的导游讲解中予以结合。”

3. 幽默式提醒。

幽默式提醒是指导游人员用有趣、可笑而意味深长的词语对游客进行的提醒方式。导游人员运用幽默的语言进行提醒，既可使游客获得精神上的快感，又可使游客在欢愉的气氛中受到启示。

例如，导游人员在带领游客游览长城时，提醒游客注意安全并按时返回时说：“长城地势陡峭，大家注意防止摔倒。另外，也不要头也不回一古脑儿地往前走，一直走下去就是丝绸之路了，有人走了两年才走到，特别辛苦。”又如，几位年轻游客在浏览时纷纷爬到一尊大石象的背上照相，导游人员见了连忙上前提醒他们：“希望大家不要欺负这头忠厚老实的大象！”这比一脸严肃地说“你们这样做是损坏文物，是要罚款的”效果好得多。

（五）回绝的语言技巧

回绝即对别人的意见、要求予以拒绝。在导游服务中，导游人员常常会碰到游客提出的各种各样的问题和要求，除了一些通常的问题和一些合理的但经过努力可以办到的要求可予以解释或满足外，也有一些问题和要求是不合理的或不可能办到的，对这类问题或要求导游人员需要回绝。但是，囿于导游人员同游客之间主客关系的束缚，导游人员不便于直接回答“不”，这时导游人员必须运用回绝的语言表达方式和技巧。

1. 柔和式回绝。

柔和式回绝是导游人员采用温和的语言进行推托的回绝方式。采取这种方式回绝游客的要求，不会使游客感到太失望，避免了导游人员与游客之间的对立状态。

例如，某领队向导游人员提出是否可把日程安排得紧一些，以便增加一两个旅游项目。导游人员明知道这是计划外的要求不可能予以满足，于采取了委婉的拒绝方式：“您的意见很好，大家希望在有限的时间内多看看的心情我也理解，如果有时间能安排的话我会尽力的。”这位导游人员没有明确回绝领队的要求，而是借助客观原因（时间原因）、采用模糊的语言暗示了拒绝之意。

又如，一位美国游客邀请某导游人员到其公司里去工作，这位导游人员回答说：“谢谢您的一片好意，我还没有这种思想准备，也许我的根扎在中国的土地上太深了，一时拔不出来啊！”这位导游人员并未直接、生硬地回绝，然而却委婉地谢绝了游客的提议。

上述这类回绝在方式上是柔和的、谦恭的，采用的是拖延策略，取得了较好的效果。

2．迂回式回绝。

迂回式回绝是指导游人员对游客的发问或要求不正面表示意见，而是绕过问题从侧面予以回应或回绝。

例如，一次某导游人员在同游客交谈时谈到了西藏，这时一位美国游客突然发问："你们1959年进攻西藏是否合法？"该导游人员想了想说："你认为你们在19世纪60年代初期派兵进攻密西西比河南方的奴隶主是否合法？"美国游客一时语塞。

对这类政治性很强的问题一时难以讲清楚，采取这种迂回式的反问方式予以回绝也是一种选择。

3．引申式回绝。

引申式回绝是导游人员根据游客话语中的某些词语加以引申而产生新意的回绝方式。

4．诱导式回绝。

诱导式回绝是指导游人员针对游客提出的问题进行逐层剖析，引导游客对自己的问题进行自我否定的回应方式。

例如，有位法国游客问导游人员："有人说，西藏应是一个独立的国家，对此你是怎样看的？"这位导游人员反问他："您知道西藏政教领袖班禅、达赖的名字是怎么来的吗？"该游客摇摇头说："不知道。"导游人员接着说："我告诉您吧，他们的名字是清朝皇帝册封的，可见西藏早就是中国的一部分。正如布列塔尼是法国的一部分一样，您能因为那里的居民有许多自己的风俗就说它是一个独立的国家吗？"这位法国游客摇摇头笑了。

总之，导游人员无论用哪种回绝方式，其关键都在于尽量减少游客的不快。导游人员应根据游客的情况、问题的性质、要求合理与否，分别采用不同的回绝方式和语言表达技巧。

（六）道歉的语言技巧

在导游服务中，因为导游人员说话的不慎、工作中的某些过失或相关接待单位服务上的欠缺，会引起游客的不快和不满，造成游客同导游人员之间关系的紧张。不管造成游客不愉快的原因是主观的还是客观的，也不论责任在导游人员自身还是在旅行社方面亦或相关接待单位，导游人员都应妥善处置，需要采用恰当的语言表达方式向游客致歉或认错，以消除游客的误会和不满情绪，求得游客的谅解，缓和紧张关系。

1．微笑式道歉。

微笑是一种润滑剂，微笑不仅可以对导游人员和游客之间产生的紧张气氛起缓和作用，而且微笑也是向游客传递歉意信息的载体。

例如，某导游人员回答游客关于长城的提问时，将长城说成建于秦朝，其他游客纠正后，导游人员觉察到这样简单地回答是错误的，于是对这位游客抱歉地一笑。

2．迂回式道歉。

迂回式道歉是指导游人员在不便于直接、公开地向游客致歉时，而采用其他的方式求得游客谅解的方式。

例如，某导游人员在导游服务中过多地接触和关照部分游客，引起了另一些游客的不悦，导游人员觉察后，便主动地多接触这些游客，并给予关照和帮助，逐渐使这部分游客冰释前嫌。在这里，导游人员运用体态语言表示了歉意。

又如，某旅游团就下榻饭店早餐的品种单调问题向导游人员表示不满，提出要换住其他饭店。导游人员经与该饭店协商后，增加了早餐的品种，得到了游客的谅解。

导游人员除了采用迂回道歉方式改进导游服务外，还可请示旅行社或同相关接待单位协商后，采用向游客赠送纪念品、加菜或免费提供其他服务项目等方式向游客道歉。

3．自责式道歉。

由于旅游供给方的过错，使游客的利益受到较大损害而引起强烈不满时，即使代人受过，导游人员也要勇于自责，以缓和游客的不满情绪。

例如，某导游人员接待了一个法国旅游团，该团从北京至郑州入住饭店后发现团长夫人的一只行李箱不见了，团长夫人非常气愤。至次日零时，该件行李还未找到，所有团员均未睡觉，都在静静地等着。在这种情况下，陪同的导游人员一面劝说游客早点休息，一面自责地对团长夫妇说："十分对不起，这件事发生在我们国家是一件很不光彩的事，对此我心里也很不安，不过还是请您们早点休息，我们当地的工作人员还在继续寻找，我们一定会尽力的。"不管这位团长夫人的行李最终是否找到，但导游人员这种勇于自责的道歉一方面体现了导游人员帮助客人解决问题的诚意，另一方面也是对客人的一种慰藉。

不管采用何种道歉方式，道歉首先必须是诚恳的；其次，道歉必须是及时的，并且知错必改，这样才能够赢得游客的信赖；最后，道歉要把握好分寸，不能因为游客某些不快就道歉，要分清深感遗憾与道歉的界限。

第五节　导游讲解常用的方法

每一位导游人员在工作实践中都会摸索出适合自己个性特点的语言风格和讲解方法，同时针对客人的背景因人而异、有的放矢地进行讲解。长期以来，我国的导游工作者总结出了很多讲解方法和技巧，本节归纳出以下比较常用的几种方法，进行分别介绍。

需要注意的是，这些导游讲解方法是固定的、一成不变的，而导游人员在实际工作中则要学会融会贯通，为我所用。

一、简单概括法

简单概括法是导游人员常用的一种方法，是指用简洁明了的语言，对一个参观游览项目作一次性的介绍。

需要注意的是，它既不是城市概况，也不同于沿途导游，而是导游人员为帮助游客更好地理解景观而作的一种叙述。一般用于到达景区后、开始游览前，在景点进门处的"导游图"或"景点示意图"前对游客概述景点的相关内容。

二、分段讲解法

分段讲解法就是将一处大景点分为前后衔接的若干部分来分别讲解。

也就是说，在参观一个规模较大的、内容丰富的景点之前，先概括地介绍此游览点的基本情况，包括历史沿革、占地面积、欣赏价值等，使游客对即将游览的景点有个初步的印象。然后，导游人员再带团顺次参观，边看边讲，将旅游者带入审美对象的意境中。

如介绍杭州西湖时，一般先从其概况、传说、成因开始讲起，继而带出"一山、二堤、三岛”、“西湖新旧十景”等具体景点的讲解，旅游者边欣赏沿途美景边倾听导游员有声有色、层次分明、环环相扣的讲解，定会心旷神怡，获得美的享受。

三、突出重点法

一处景点涉及的内容往往比较繁杂，导游人员在讲解时想要做到面面俱到就显得非常困难，而且讲解效果也往往不尽人意。因此，导游人员必须根据不同的服务对象和时空条件对景点内容进行提炼，有选择地进行部分讲解，突出重点法就是这样。它着重介绍游览景点的点睛之处，做到轻重搭配，详略得当。

（一）突出具有代表性的景观

大的游览景点，导游人员必须根据这些景点的特征进行重点讲解。如去花港观鱼的游览，主要是参观红鱼池和牡丹园，并加以重点介绍，不仅能让旅游者了解景点全貌，还能使他们领略公园的园林艺术和花卉知识，从中获得美的享受。

（二）突出与众不同之处

旅游者在游览过程中会发觉很多同类的东西，如同样的园林建筑、同样的佛教寺院。即使是同一佛教宗派的寺院，其历史、规模、结构、建筑艺术、供奉的佛像也各不相同，导游人员在讲解时必须讲清其特征及与众不同之处，使游客避免枯燥乏味的游览，增加知识情趣，提高游客旅游兴趣。

（三）突出旅游者感兴趣的内容

旅游者来自各个层面，兴趣各不相同，但有一点是相同的，即大家出来旅游都是为了寻找快乐，如导游人员能对他们的背景有所了解，认真研究游客的喜好，努力做到投其所好，便能博得大多数游客的青睐。

突出旅游者感兴趣的内容就是要提高讲解层次，吸引旅游者注意力，如介绍建筑仅仅讲其布局、特征往往觉得很抽象，如果能引经据典加以比较就会显得层次丰富、内容厚实。

（四）突出“……之最”

对于某一景点，导游人员只要根据实际情况介绍其在某一范围内最突出的特点，就能增加旅游者的兴致。有时在讲解一个景点时也要抓住重点，如杭州飞来峰，洞窟岩壁上分布着五代到宋、元时期的石窟造像 338 尊，导游人员不可能面面俱到，只能择其重点，将“最大”、“最早”、“雕刻最细致”的三处佛像细述，其余概述即可。

四、问答法

问答法就是在导游讲解时，导游人员向旅游者提问题或启发他们提问题的导游方法。

导游员应根据不同的情况有意识地创造一些情境、提出一些问题，以引起游客的注意，有意识地创造一些情境，激起其强烈的求知愿望。使用问答法的目的是为了活跃游览气氛，激发旅游者的想象思维，促使旅游者与导游人员之间产生思想交流，使旅游者获得参与感或自我成就感，也可避免导游人员唱独角戏的灌输式讲解。

使用问答法主要有四种形式。

（一）自问自答法

导游人员自己提出问题，并作适当停顿，吸引他们的注意力，促使他们思考，激起他们的兴趣，然后作简洁明了的回答或作生动形象的介绍，还可借题发挥，给游客留下深刻的印象。如，导游人员在讲解六和塔时，讲到塔的高度、外观层数时就可用自问自答法，这样定会大大加强导游效果。

（二）我问客答法

导游人员要善于提问题，但要从实际出发，适当运用。希望旅游者回答的问题要提得恰当，估计他们不会毫无所知，也要估计到会有不同答案。导游人员要诱导旅游者回答，但不要强迫他们回答，以免使其感到尴尬。客人的回答不论对还是错，导游人员都不应打断，更不能笑话，而要给予鼓励。最后由导游人员讲解，并引出更多、更广的话题。

（三）客问我答法

导游人员要善于调动旅游者的积极性和想象思维，欢迎他们提问题。旅游者提出问题，证明他们对某一景物产生了兴趣，进入了审美角色。对他们提出的问题，即使幼稚可笑的，导游人员也绝不能置若罔闻，千万不要笑话他们，更不能表示出不耐烦，而是要善于有选择地将回答和讲解有机地结合起来。

不过，对客人的提问，导游人员一般只回答一些与景点有关的问题，注意不要让游客的提问冲击自己的讲解，打乱自己的安排。在长期的导游实践中，导游人员要学会认真倾听旅游者的提问，善于思考，掌握他们提问的一般规律，并总结出一套相应的“客问我答”的导游技巧，以求随时满足旅游者的好奇心理。

五、虚实结合法

虚实结合法就是在导游讲解中将典故、传说与景物介绍有机结合，即编织故事情节的导游手法。也就是说，导游讲解要故事化，以求产生艺术感染力，努力避免平淡的、枯燥乏味的、就事论事的讲解方法。

虚实结合法中的“实”是指景观的实体、实物、史实、艺术价值等，而“虚”则指与景观有关的民间传说、神话故事、趣闻轶事等。“虚”与“实”必须有机结合，但以“实”为主，以“虚”为辅，“虚”为“实”服务，以“虚”烘托情节，以“虚”加深“实”的存在，努力将无情的景物变成有情的导游讲解。

例如讲解杭州断桥时，结合白娘子和许仙在断桥上“千年等一回”的故事，一定会显得更加风趣生动。再如一座雷峰塔本来显得很平常，由于民间故事的介入，白娘子、许仙、法海等人物穿插其中，导游人员一加喧染，就会激起旅游者的极大兴趣。当然，导游人员在讲解时选择“虚”的内容要“精”、要“活”。所谓“精”，就是所选传说是精华，与讲解的景观密切相关；所谓“活”，就是使用时要见景而用，即兴而发。

意大利的导游员擅长编造典故介绍罗马城何处杀人最多、古庞贝城的大火从哪条街烧起、罗马大屠场的猛兽从哪个门出来、圣彼德堡教堂如何建造等。他们眉飞色舞的表情、滔滔不绝的话语很能令游客信服。

比利时的导游员在讲解时也很善于运用题材。在游客游览比利时南部的滑铁卢时，导游员讲到了1815年拿破仑和英、普联军作战双方兵力布置情况，并说明拿破仑本可获胜，不料天不作美，6月18日这一天下起了滂沱大雨，法军因雨水淋湿炮眼而无法开炮，拿破仑在滑铁卢这里打了败仗（6月22日拿破仑宣布退位并被流放）。这样的导游讲解很能引发游客的兴趣。

总之，讲解每一个景点，导游人员应编织故事情节，先讲什么，后讲什么，中间穿插什么典故、传说，心中都应有数。加上形象风趣的语言、起伏变化的语调，导游讲解就会产生艺术吸引力，受到旅游者的欢迎。

六、制造悬念法

导游人员在导游讲解时提出令人感兴趣的话题，但故意引而不发，激起旅游者急于知道答案的欲望，使其产生悬念的方法即为制造悬念法，俗称“吊胃口”、“卖关子”。

制造悬念是常用的一种导游手法。通常是导游人员先提起话题或提出问题，激起旅游者的兴趣，但不告知下文或暂不回答，让他们去思考、去琢磨、去判断，最后才讲出结果。这是一种“先藏后露、欲扬先抑、引而不发”的手法，一旦“发（讲）”出来，会给旅游者留下特别深刻的印象，而且导游人员可始终处于主导地位，成为旅游者的注意中心。

制造悬念的方法很多，例如引而不发法、引人入胜法等都可能激起旅游者对某一景物的兴趣，激发遐想，使他们急于知道结果，从而制造出悬念。如游览杭州西湖三潭印月，只见三个石塔矗立在盈盈碧水之间，塔高 2 米，每个石塔中间各有 5 个小孔，导游人员讲道：每到农历八月中秋，人们在塔中点上蜡烛，洞口蒙上薄纸，烛光倒映在湖中，形成了“天上月一轮，水中影成三”的绮丽景色，可以看见 32 个月亮（也有说 33 个月亮）。当旅游者在思索三潭五孔倒映水面总共也只有 30 个月亮时，此时导游人员再点破：天上 1 个，水中 1 个（手中还有 1 个月饼），不就成了 32（33）个月亮？旅游者在恍然大悟之余，一定会赞叹前人构思之妙趣。

制造悬念是导游讲解的重要手法，在活跃气氛、制造意境、提高旅游者游兴、提高导游讲解效果诸方面往往能起到重要作用，所以导游人员都比较喜欢用这一手法。但是，再好的导游方法都不能滥用，悬念不能乱造，以免起反作用。

七、类比法

类比法就是以熟喻生，达到类比旁通的导游手法。导游人员用旅游者熟悉的事物与眼前景物作比较，便于他们理解，使他们感到亲切，从而达到事半功倍的导游效果。

类比法分为同类相似类比和同类相异类比两种，不仅可在物与物之间进行比较，还可作时间上的比较。

（一）同类相似类比

将相似的两物进行比较，便于旅游者理解并使其产生亲切感。如将北京的王府井比作日本东京的银座、法国巴黎的香榭丽舍大街；参观苏州时，可将其称作东方威尼斯；讲到梁山伯和祝英台或《白蛇传》中许仙和白娘子的故事时，可以将其称为中国的罗密欧和朱丽叶等。

（二）同类相异类比

这种类比法可将两种风物比出规模、质量、风格、水平、价值等方面的不同。例如，在规模方面将唐代长安城与东罗马帝国的首都君士坦丁堡相比；在价值方面将秦始皇陵地宫宝藏同古埃及第十八朝法老图坦卡蒙陵墓的宝藏相比；在宫殿建筑和皇家园林风格与艺术方面，将北京故宫和巴黎附近的凡尔赛宫相比，将颐和园与凡尔赛宫花园相比；在海滩热带风光方面，可将三亚的亚龙湾与泰国的芭堤雅相比等。不仅使游客对中国悠久的历史文化有较深的了解，而且对东西方文化传统的差异有进一步的认识。

（三）时代之比

以介绍故宫的建设年代为例：第一种介绍说故宫建成于明永乐十八年，外国游客听了效果不会好，因为一般不会有几个外国游客知道这究竟是哪一年；第二种介绍说故宫建成于1420年，讲解的效果比第一种好一些，这样说起码给了游客一个通用的时间概念，但仍给人历史久远的印象；第三种介绍说在哥伦布发现新大陆前72年、莎士比亚诞生前144年，中国人就建成了面前的宏伟建筑群，讲解效果最佳。

又如，在故宫作讲解时，导游人员一般都会讲到康熙皇帝，但游客大都不知道他是哪个时代的中国皇帝，如果导游人员对法国人说康熙与路易十四同一时代，对俄国人说他与彼得大帝同代，还可加上一句，他们在本国历史上都是很有作为的君主，这样介绍便于游客认识康熙，他们也会感到高兴。

要正确、熟练地使用类比法，要求导游人员掌握丰富的知识，熟悉客源国，对相比较的事物有比较深刻的了解。面对来自不同国家和地区的旅游者，要将他们知道的风物与眼前的景物相比较，切忌作胡乱、不相宜的比较。正确运用类比法，可提高导游讲解的层次，加强导游效果，反之，则会闹出笑话。

八、画龙点睛法

用凝炼的词句概括所游览景点的独特之处，给旅游者留下突出印象的导游手法被称为“画龙点睛法”。导游人员在讲解中以简练的语言点出景物精华之所在，帮助旅游者进一步领略其奥妙，让他们获得更多更高的精神享受。

例如，旅游团游览海南后，导游人员则可用“椰风海韵春常在，请到天涯海角来”来赞美海南风光；游览“丝绸之路”时，可用“西风古道，沙漠情韵”来概括；用“大、洋、挤、全”四个字作为介绍上海的点睛之笔；游览青岛时，又可以“蓝天、绿树、红瓦、沙滩、碧海”五种景观来叙述；讲到河南旅游资源时，可以用“古、河、拳、根、花、红、绿”来进行总结；用“美丽、富饶、古老、神奇”来赞美云南风光；南京则可用“古、大、重、绿”四字来描述其风光特点。

这种画龙点睛的介绍方法使游客在游览中得到了知识的启迪，获得了美感欣赏。

【本章小结】

本章介绍了导游语言的概念和特点，口头语言基本要求和表达技巧、态势语言在导游服务中的运用，并阐述了导游各类交际语言的使用技巧。最后，列举了在导游讲解中经常运用的八种讲解方法，并结合实例进行具体的使用说明。

【案例分析】

小徐是位刚跨出校门的河南导游员，至今已经带了三次地接线路。这次，他带的是来自广东地区的旅游团。与前几次带团一样，上车后小徐就认真地讲解了起来。他讲这个城市的历史、地理、政治、经济，他讲这个城市的一些独特的风俗习惯。然而，游客对他认真的讲解似乎并无多大兴趣，不但没有报以掌声，坐在车子最后两排的几个游客反而津津乐道于自己的话题，相互间谈得非常起劲。虽然也有个别的游客回过头去朝那几位讲话的看一眼以表暗示，但那几个游客好像压根儿没有意识到似的，依然我行我素。看着后面聊天的几个游客，再看看一些在认真听自己讲解的游客，小徐竭力保持自己的情绪不受后面几位聊天者的影响。但是他越讲越不知自己所云，而且心思完全被那几位游客影响，举手投足也开始不自信，不知道怎样做才能阻止那几位游客的聊天，也不知道自己到底应该怎样继续进行导游讲解。

请运用导游讲解的相关知识，为小徐导游出谋划策，改变现状。

复习思考题：

1. 导游语言的概念是什么？基本要求有哪些？
2. 口头语言的要求和表达技巧是什么？
3. 导游人员的体态语言包含哪些内容？
4. 导游人员的交际语言有哪些种类？
5. 导游人员主要有哪些讲解方法？
6. 突出重点法中的重点指代哪些内容？
7. 使用问答法进行讲解应注意哪些问题？
8. 虚实结合法在使用时应注意什么？

第六章　游客个别要求的处理

【本章教学目标】

本章通过对处理游客个别要求的原则、游客一些常见的个别要求的介绍，使学生能够正确认识游客的个别要求，并能够熟悉一些处理的基本方法与技巧，为将来处理实际问题打下良好的基础。

第一节　游客个别要求处理的原则

游客的个别要求大致可分为三种情况：一种是合理的经过导游人员努力可以满足的要求，一种是具有合理性但难以满足的要求，一种是不合理的要求。对这三种要求，导游人员就应分别按照不同的原则进行处理。

一、努力满足合理要求的原则

努力满足游客需要是导游服务的基本原则，应贯穿于导游服务的始终。

游客是导游人员的主要服务对象，满足他们的要求、使他们愉快地度过旅游生活是导游人员的主要任务。游客提出的要求只要是合理的，又有可能办到的，即使很困难，导游人员也要设法给予满足。很多游客往往不轻易求人，一旦开口说明他们确实需要导游人员的帮助，所以对他们的要求导游人员绝不能掉以轻心，应给予最大限度的满足。不提任何要求的游客并不是不需要导游人员的帮助，而是不愿意开口求人。因此导游人员要细心地观察游客的言行举止，设法了解他们的心理活动，即使游客不开口，也要向他们提供其所需要的服务。导游人员若能做到这一点，他的工作必然会得到游客的高度评价。

贯穿努力满足游客需要的原则，对于一些特种旅游团（者），如VIP旅游团（者）、残疾人旅游团（者）、新婚夫妇旅游团（者）等尤为重要。因为这类旅游团（者）个性化要求不同于一般旅游团（者），努力满足他们的个别要求，能对旅游目的地的形象和旅行社的声誉产生良好的影响。

二、认真倾听、耐心解释的原则

游客提出的要求大多数是合理的，但有些要求虽然具有合理性，却过于苛刻，给导游人员的工作增加了较大的难度。有些要求看似合理，但旅游合同上没有规定这类服务或目前还无法提供这类服务。有些要求本身就不合理，但总会有人提出来。还有些人出于某种心态，对导游人员的工作横加指责、过分挑剔。

对于上述要求，导游人员一是要认真倾听，不要没有听完就指责游客的要求过高或胡乱解释；二是要微笑对待，不要一听到不顺耳的话就表示反感并恶语相加；三是要耐心解释，对合理的但不可能办到的要求，要耐心地、实事求是地进行解释，不要以“办不到”、“不可能”一口拒绝。总之，对游客的苛求和挑剔，导游人员不得意气用事。

三、尊重游客、不卑不亢的原则

导游人员接待的游客，不管是国内游客还是境外游客，不管是哪个民族、社会经济地位高低、年老年幼，都是导游人员服务的对象。导游人员要尊重游客的人格，热情周到地为其服务，维护其合法权益，满足其合理又可能办到的要求，切忌厚此薄彼。旅游团中有时会遇到无理取闹的人，他们有可能故意提出一些非理的要求来刁难导游人员。处理不合理的要求，导游人员要坚持以下原则：不伤主人之雅，不损客人之尊，理明则让。若个别游客的无理取闹影响了旅游团的正常活动，导游人员可以请领队（全陪）协助出面解决，或者面对全体游客，请他们主持公道。

这就要求导游人员在平时多向游客提供热情周到的服务，多提供超常服务，这样的导游人员往往能获得大多数游客的赞赏和支持，可以在客观上孤立一味苛求的游客或者无理取闹的游客。确有困难时，导游人员应向领导汇报，请其协助。导游人员要时刻记住自己是主人，是主人就要有主人热情好客的态度，要有主人的度量，要对游客礼让三分。游客可以挑剔，甚至可以吵架，但作为主人的导游人员却必须保持冷静，始终有理、有据、有节，坚持不卑不亢的原则。在一般情况下，导游人员对游客要以礼相待，不能与其正面冲突，以免影响旅游活动，造成不良影响。对无理取闹的游客，导游人员仍要继续为其热情服务，对他们的合理而可能办到的要求仍要尽力设法予以满足。

第二节　餐饮、住房、娱乐、购物方面个别要求的处理

游客在生活、娱乐、购物方面的个别要求比较多，这是因为吃好、休息好是旅游活动顺利进行的基本保证，而娱乐活动可以起到锦上添花的作用。购物是旅游活动的重要内容之一，具有民族特色的商品不仅让游客喜爱，而且可以使游客从中对一个国家（地区）的民族文化有进一步的了解。因此，导游人员应高度重视游客的此类个别要求，认真、热情、耐心地设法予以满足，使游客高兴而来，满意而归。

一、餐饮方面个别要求的处理

（一）特殊的饮食要求

由于游客来自不同的国家、地区，因其生活习惯、宗教信仰、身体状况等原因，有些游客会提出一些特殊的饮食要求，如不吃猪肉或牛肉，不吃荤，不吃油腻、辛辣食品，甚至不吃盐、糖、味精等。

若这些特殊要求事先在旅游协议中有明确规定，接团社应早作安排，地陪在接团前应检查落实情况，不折不扣地兑现。

若旅游团（者）抵达后临时提出特殊要求，需视情况而定。一般情况下，地陪应与餐厅联系，在可能的情况下尽量满足；如确有困难，地陪应该说明情况，也可协助其自行解决。如建议游客到零点餐厅临时点菜或带其到附近餐馆（最好是旅游定点餐馆）用餐，并且应该

向游客说明餐费自理，原来的餐费也不予退还。

（二）要求换餐、加菜、加饮料

有时游客要求换餐，如把中餐换成西餐、便餐换成风味餐，或更换用餐地点，改变餐饮档次规格等。

旅游团（者）在用餐前3小时提出换餐要求，地陪要尽量与餐厅联系，如餐厅同意则可以满足，由此造成的损失或差价及有关费用要向客人说明，由客人自己承担；接近用餐时旅游团（者）提出换餐，一般不应接受要求，但导游人员要做好解释工作；若游客仍坚持换餐，导游人员可以建议他们自己点菜，由此造成的损失及有关费用要向客人说明，由客人自己承担。游客用餐时要求加菜、加饮料的要求可以尽量满足，但需要提前讲明，增加的菜肴和饮料费用自理。若客人要求退餐，一般不予接受；若客人坚持，损失自理。

（三）要求单独用餐

由于其他原因，个别游客不愿意与大家一起用餐，要求餐厅为自己单独提供餐饮，此时导游员应耐心解释，并告诉领队，请其协助调解；如游客坚持，导游员可以协助其与餐厅联系，但餐费自理，并告知未享受的综合服务费不退。

游客由于某些原因而不随团用餐，如外出自由活动、访友、生病、疲劳，导游员应同意其要求，但应向其讲明餐费不退。

（四）要求提供客房内用餐服务

若游客生病，导游人员或饭店服务员应主动将饭菜送进房间以示关怀。若健康的游客希望在客房用餐，应视情况办理；若餐厅能提供此项服务，可以尽量满足游客的要求，但需告知服务费自理；若餐厅不能提供此项服务，要向游客耐心解释。

（五）要求自费品尝风味餐

旅游团要求外出自费品尝风味，导游员可协助与有关餐厅联系订餐。风味餐订妥后旅游团又不想去，导游员应予劝说，说明若不去用餐需赔偿订餐损失费（离用餐时间越近，交付的损失费越多）。若游客邀请导游员一起去，要注意这时游客是主人，导游员是客人，不可以反客为主。

（六）要求推迟或者提早用餐时间

游客因生活习惯或有关活动的安排等原因要求提早或推迟用餐时间，导游可与餐厅联系，视餐厅的具体情况办理。一般情况下，导游人员要向游客说明餐厅有固定的用餐时间，过时用餐需另付服务费，游客若同意付费，可满足其要求。

二、住房方面个别要求的处理

（一）要求调换饭店或房间

团队游客到一地旅游时，对我方协同领队安排的住房一般无异议，因为客房的星级、规格、类型在协议中都有明确的规定，甚至在什么样的城市下榻哪一家饭店都写得清清楚楚。所以，接待社向旅游团提供的客房即使符合标准，但若用同星级的其他饭店替代协议中标明的饭店，游客也会提出异议。若有时由于季节原因、工作差错导致安排的住房低于标准，或者只能用同等级的其他饭店的客房代替，游客都可能会对此提出异议。若提供的客房低于标准，旅行社应负责予以调换；若调换确有困难解决不了，须向游客说明原因，并且给予某种补偿。若是用同等级的其他饭店的客房替代，旅行社要提出有说服力的理由，并且要耐心地向游客解释。

由于客房条件差，游客不愿意入住，要求换房，导游人员要尽量满足其要求，必要时应更换饭店。若客房内设备尤其是房间卫生达不到清洁标准应立即打扫、消毒。若因房间位置不好，如朝向不好、观景角度不佳、楼层不好等原因要求调换房间时，若饭店有空房而且不存在档次差别，可适当予以满足，或请领队出面在游客中间互相调剂；若无法满足时，应作耐心解释，并向游客致歉。

（二）要求更高标准的客房

有的游客要求较高，要住高于合同规定标准的房间，若饭店有高于合同规定标准的高档次空房，可予以满足，但需要收取两种档次客房的房费差价及原定房间的退房损失费；若原饭店没有高于合同标准的高档次空房，游客又同意交付原饭店的退房损失费和高档次饭店与合同饭店的房费差价，导游人员应与比合同饭店档次高的饭店联系，尽量予以满足。

（三）要求住单间

住标准间的游客要求住单人间，如果饭店有空房，可予以满足，但房费和损失自理。同住一房间的游客因闹矛盾或生活习惯不同而要求与他人合住或住单间，导游员可以请领队调节或者在内部调整，若调节、调配不成，饭店有空房，可满足其要求，但导游人员应事先说明，单间房费由游客自理（一般由谁提出住单间谁付房费）。

（四）要求购买客房中的摆设品

有时游客表现客房内的某一使用、装饰物品，要求购买时，导游人员应协助其与饭店有关部门联系，由客人直接与有关人员交涉完成购买事项。

（五）要求延长住店时间

由于某些原因，如生病、访友、改变旅游日程等，中途离团的游客提出延长在本地的住店时间，导游人员可先与饭店联系，若饭店有空房，可以满足其要求，但导游人员应向其说明延长期的房费由其自付；若原住饭店没有空房，导游人员可协助联系其他饭店，房费由其自理。

三、文娱活动方面个别要求的处理

娱乐活动是西方游客晚间活动的重要内容，一般在活动日程中事先都有安排，也有的是客人临时要求的。在我国，为国际旅游者提供的娱乐活动有京剧、古代音乐舞蹈、杂技、民族歌舞、地方戏、体育游戏等，也有饭店员工和游客联欢的文娱晚会，这些活动不仅充实了旅游活动的内容，也使游客对中国的传统文化有所了解，给他们留下难忘的印象。对于娱乐活动，游客各有爱好，一般不强求统一，由游客自愿参加，如有个别要求，导游人员应本着“合理而可能”的原则，视具体情况妥善处理。

（一）计划内的娱乐活动

计划内的娱乐活动一般在协议书中有明确规定，一般情况下，导游人员应按接待社的具体安排，准时带领游客到指定的娱乐场所观看演出；若无明文规定，导游人员最好事先与游客商量，然后再安排。若本地有几场文艺演出可供客人欣赏，导游人员应选其中较有特色、具有新意、游客比较感兴趣的演出。

旅行社已安排好观赏某文娱演出后，旅游团（者）却要求观看另一演出，导游人员应与接待社有关人员联系，若时间许可又有可能调换时，尽可能予以调换；如无法安排，导游人员要耐心解释，并告知票已订好不能退换，请游客谅解；游客若坚持要求观看别的演出，导游人员可予以协助，但事先告知费用自理。

若已决定一部分游客观看旅行社安排的演出，另一部分游客观看另一种演出，如果两部分人所去的地方在同一线路，导游人员要与司机商量，尽量用同一辆车送达或接返；若不在同一线路，可为提出要求者另行安排车辆，但事先告知车费自理。

（二）计划外的娱乐活动

游客提出自费观看文娱演出或参加某种娱乐活动，导游人员一般应予以协助，如向其介绍本地较有特色的演出，并帮助购买门票、安排出租车等。通常导游人员不陪同前往，但要提醒游客带好饭店地址及联系方式，注意安全，并向其介绍本地的民俗禁忌、法律规章制度等。

如果游客要求去大型娱乐场所或情况复杂的场所，导游人员须提醒游客注意安全，必要时应陪同前往。

（三）要求前往不健康的娱乐场所

游客要求去不健康、不文明的娱乐场所和过不正常的夜生活时，导游人员应断然拒绝并介绍中国的文化传统和道德观念，严肃指出不健康的娱乐活动和不正常的夜生活在中国是禁止的，是违法行为。

四、购物方面个别要求的处理

购物是参观游览活动的重要补充，也是游客的旅游动机之一。旅游商品既具有使用价值，又具有纪念意义，游客通过购买还会对一个国家（地区）的民族文化和风俗民情有进一步的了解。由于游客需求不同，因此往往会提出各种各样的个别要求，导游人员要充分了解游客的意愿，设法予以满足，但不得强行安排。

（一）要求单独外出购物

游客在集体购物时间之外要求单独外出购物，导游人员要予以协助，当好购物参谋，如建议其去某家商场购物，为其安排出租车并写便条让其带上（条上写明商店名称、地址和饭店名称等）。但在旅游团快要离开本地时，导游人员要劝阻游客不要单独外出购物，以免误了飞机或火车。

（二）要求退换商品

游客购物后发现是残次品、计价有误或对物品不满意，要求导游人员帮其交涉退换时，导游人员应积极协助，视情况决定陪同前往或请游客单独前往，不能以走不开为理由拒绝，更不能推托。若是退货，容易引起纠纷，应该与商店联系，说明情况，请其按规定处理。

（三）要求再去某商店购买看中的商品

游客在某家商店购物时看中某一（贵重）商品，当时犹豫不决，回饭店后又下决心购买，要求导游人员协助时，一般情况下只要时间许可，导游人员可写个便条（上写商品名称和请售货员协助之类的话）让其租车前往该商店购买，也可陪同前往。

（四）要求购买古玩或仿古艺术品

海外游客希望购买古玩或仿古艺术品，导游人员应带其到文物商店购买，买妥物品后要提醒其保存发票，不要将物品上的火漆印（如有的话）去掉，以便海关查验。若游客想逃避关税，暗示商店开假发票，导游人员应向其解释中国的有关政策，婉言拒绝。游客要在地摊上选购古玩，导游人员应劝阻，并告知我国海关规定：携带我国出口文物（包括古旧图书、字画等），应向海关递交中国文物管理部门的鉴定证明，否则不准携出，地摊是无法为其提供这种证明的。若发现个别游客有走私文物的可疑行为，导游人员须及时报告有关部门。

（五）要求购买中药材、中成药

海外游客想购买中药材、中成药时，导游人员应告知我国海关的规定：入境游客出境时携带其购买的中药材、中成药前往国外的，总值限人民币300元；前往港、澳地区的，总值限人民币150元。中药材、中成药的价格，均以境内法定商业发票所列价格为准。麝香不准出境。严禁携带犀牛角和虎骨进出境。

（六）要求代为托运物品

游客购买大件物品后，要求导游人员帮忙托运时，导游人员可告诉他商店一般都可以办理托运业务，购物后当场即可办理；若商店无托运业务，导游人员要协助游客到有关部门办理托运手续。

游客欲购某一商品，但当时无货，请导游人员代为购买并托运，对游客的这类要求，导游人员一般应婉拒。实在推托不掉时，导游人员要请示领导。一旦接受了游客的委托，导游人员应在领导指示下认真办理委托事宜：收取足够的钱款（余额在事后由旅行社退还委托者），得知货到后及时购买，并办好相关手续，而后把发票、托运单及托运费收据寄给委托人，旅行社保存复印件以备查验。

第三节 要求自由活动和转递物品的处理

一、游客要求自由活动的处理

在旅游过程中给予游客适当的自由活动时间，可以缓解集体活动带来的紧张节奏，使游客做到有张有弛，更好地达到旅游的目的，这是符合游客心理要求的。他们往往需要一定的自由活动时间，选择自己感兴趣的项目参观游览，或处理其他事务。导游人员要充分理解这种情况，当游客要求自由活动或单独活动时，导游人员应不怕麻烦，不要借口保证游客安全而取消自由活动，而应根据不同情况，按“合理而可能”的原则妥善处理，并认真回答游客的咨询，向他们提出建议，并尽量满足他们的要求。

（一）一般情况下允许游客自由活动

个别游客因个人爱好、职业兴趣或已多次游览过某一景点等原因，不愿意随团参加集体活动，而希望离团自由活动。如果其要求不影响整个旅游活动，导游人员可以满足并提供必要的协助。如：提醒其带上饭店的店徽，也写一便条交给游客，便条上注明前往目的地名称、地址、下榻饭店的名称及电话等；帮助找出租车，提醒游客晚饭的用餐时间和用餐地点；提醒其注意安全，保护好自己的财物；必要时将自己的手机号告诉游客。

到某一游览点后，若有个别游客希望不按规定的线路游览而希望自由游览或摄影时，若环境许可（游人不太多，秩序不乱）导游人员可满足其要求，并提醒其集合的时间、地点及旅游车的车号；必要时留一字条，上写集合时间、地点和车号，以及饭店名称和电话号码，以备不时之需。

晚上如果没有活动安排，游客要求自由活动时，导游人员一般应满足其要求，并且建议其不要走得太远，不要去秩序乱的场所，不要太晚回饭店，

总之，当游客要求自由活动时，导游人员一定要做细致的工作，确保游客的人身、财产安全。

（二）需劝阻游客自由活动的几种情况

下述情况不宜让游客单独活动，导游人员应劝阻：

（1）如旅游团计划去另一地游览，或旅游团即将离开本地时，若有人要求留在本地活动，由于牵涉面太大，为了不影响旅游团活动计划的顺利进行，导游人员要劝其随团活动。

（2）如地方治安不理想，导游人员要劝阻游客外出活动，更不要单独活动，但必须实事求是地说明情况。要劝阻游客去复杂、混乱的地方自由活动。

（3）在即将离开某地之前，为了防止误机（车、船），一般应提醒游客不要自由活动，尤其是当这种自由活动需要较长时间，如到热闹的地方购物等，更不应答应游客的这种要求，以免影响旅游团按规定时间准时抵达机场（车站、码头）。

（4）游河（湖）时，游客提出希望划小船或在非游泳区游泳的要求时，导游人员不能答应，更不能置旅游团于不顾而陪少数人去划船、游泳。

（5）游客要求去不对外开放的地区、机构参观游览，导游人员不应答应此类要求，并提醒对方遵守有关规定。

总之，出现以上情况时，导游人员要向游客耐心解释、说明原因，以免发生误会。如果个别游客很固执，导游人员做不通其工作时，可请领队和旅行社领导帮助。

二、游客要求转递物品的处理

游客要求旅行社和导游人员帮助其向有关部门或亲友转递物品和信件时，导游人员应视具体情况按相应规定和手续办理。

一般情况下，导游人员应婉拒并建议游客将物品亲手交给接收人，或通过邮局邮寄或快递给接收部门或接收人。如果游客确有困难，导游人员实在无法推托时，可给予协助。

（一）游客要求转递物品

游客要求转递物品，须问清转递的是何种物品。若是应交税物品，应促其纳税；若是贵重物品，导游人员一般要婉拒，无法推托时，要请游客书写委托书，注明物品名称和数量并当面点清，签字并留下详细通信地址、电话等；接收人收到物品后要写收条并签字盖章；导游人员将委托书和收条一并交旅行社保管。

游客要求转递的物品中若有食品，导游人员应婉言拒绝，请其自行处理。

（二）游客要求转递信件和资料

游客若要求转递信件或资料，导游人员应请游客自行去邮局办理，但可提供必要的协助。如果要求转递的是重要资料和信件，最好请其自行处理；若导游人员答应转递，转递手续必须完备。应请游客书写委托书，注明资料和信件的名称、交付的时间，作必要的记录并留下委托者的详细通信地址；收件人收到资料和信件后要出具收据，交旅行社保存。

（三）收件人是外国驻华使、领馆或其人员

外国游客要求导游人员帮助将物品或信件转递给外国驻华使、领馆及其人员时，导游人员应建议其自行办理，但可给予必要的协助；若游客确有困难不能亲自去送，导游人员应详

细了解情况并向旅行社领导请示，将转递物品交旅行社，由其转递。

第四节　探亲访友和亲友随团活动要求的处理

一、游客要求探亲访友

游客旅游期间，希望探望其在当地的亲戚朋友，这可能是其旅游的重要动机之一，甚至是最大的心愿。导游人员如果能促成游客与其亲友会见或帮助游客找到亲友，就会使游客心情愉快，有利于旅游活动的顺利进行。因此，当游客向导游人员提出此类要求时，导游人员应设法予以满足。

（一）一般处理方法

若游客知道亲友的姓名、职业、工作单位、详细地址，导游人员应协助联系，并向游客讲明具体乘车路线。如果其亲友居住在旅游线路以外的城市和地区，一般不应同意游客离团前往探亲访友，可协助其约亲友到旅游线路内的城市见面。若游客只知亲友姓名或某些线索，但地址不详，也没有联系方式，导游人员可通过旅行社请公安户籍部门帮助寻找，找到后及时告诉游客并帮其联系，若旅游期间没找到，可请游客留下联系地址和电话号码，待找到其亲友后再通知其本人。

若海外游客要求与我有关方面（如教育、卫生、妇女、城建、法律、宗教等）人士进行专题座谈时，导游人员应弄清座谈的具体题目，然后同有关单位联系；若海外游客要求会见中国同行洽淡业务、联系工作、捐款捐物等，导游人员应向旅行社汇报，在领导指示下给予积极协助；若海外游客慕名求访某位名人，导游人员应了解游客要求会见的目的并向领导汇报，按规定办理。

（二）应注意的事项

导游人员在帮助游客联系会见亲友或同行时，一般不参加会见，如果一方或双方希望导游人员协助，在不影响旅游团活动的前提下可以答应。

导游人员如发现个别人与游客之间以亲友身份作掩护进行不正常往来，或游客会见人员中有异常情况，应及时汇报。

若外国游客要求会见在华外国人或驻华使、领馆人员，导游人员不应干预；如果要求协助，导游人员可提供地址和行车路线等帮助，一般不陪同前往；若外国游客邀请导游人员参加其使、领馆举行的活动，导游人员应先请示领导，经批准后方可参加。

二、游客要求亲友随团活动

有的游客到某地后，提出希望旅行社准许其亲友参加旅游团在当地的活动，甚至随团一起到外地去旅行游览。当游客向导游人员提出此类要求时，在条件允许（如车上有空位）的情况下，导游人员应根据不同情况处理。

1. 先征得领队和旅游团其他成员的同意。

2. 与旅行社有关部门联系，如无特殊情况可到旅行社办理入团手续：出示有效证件、填写表格、交纳费用。办完随团手续后，方可随团活动。

3. 若是外国外交官员随团活动，应请示旅行社领导，对他们的接待和活动安排应严格按我国政府的有关规定办理。

4. 若游客的在华亲友以记者身份参加旅游团的活动，一般不予同意，特殊情况需请示有关部门批示。

导游人员对游客随团活动的亲友，应周到热情，一视同仁，提供同等服务。

第五节 旅游者要求中途退团或延长旅游期限的处理

旅游团或团中的个别游客由于生病、急事或其他原因被迫或主动要求缩短旅游期或延长旅游期，游客的这种特殊要求不是导游人员所能解决的，所以导游人员必须立即报告接待社，由其视具体情况作出决定，导游人员则应在领导指示下做些具体工作协助游客。

一、游客要求中途退团

游客因患病、家中有事或其他特殊原因（如严重的天灾人祸），要求提前离开旅游团并中止旅游活动，经接待社与组团社协商同意后可予以满足。至于未享受的综合服务费，应按旅游协议书的有关条款规定或两社协商的办法，部分退还或不予退款。

游客若无特殊原因，只是某个要求得不到满足而提出提前离团时，导游人员要配合领队做好劝说工作，尽可能劝其继续随团旅游；若接待社确有责任，应向客人道歉，并设法弥补；若游客提出的是无理要求，要耐心解释；若劝说无效，游客仍执意要求退团的可满足其要求，但应告知其未享受的综合服务费不予退还。

若由于接待服务质量太差，严重服务缺陷过多，领队一再交涉仍无明显改进，可能会导致整个旅游团强烈不满，终止旅游，提前结束旅游计划。出现这种情况，导游人员和旅行社应采取必要的补偿措施，争取使游客改变态度。若仍无效果，可按投诉的有关规定处理。

外国游客不管因何种原因要求提前离开中国，导游人员都要在领导指示下协助游客重订航班、机座，办理分离签证及其他离团手续，但所需费用由游客自理。

二、游客要求延长旅游期限

外国游客因伤病住院治疗需要延长在中国的居留时间，导游人员应为其办理有关手续，还应不时地前往医院探视，并帮助解决伤病者及其家属在生活上的困难。

外国游客在旅游团的活动结束后仍有余兴，要求继续在中国旅行游览，若不需延长签证，一般可满足其要求；若需延长签证，原则上应予婉拒。若个别游客确有特殊原因需要留下，导游人员应请示旅行社，然后向其提供必要的帮助：陪同游客持旅行社的证明、护照及集体签证，去当地公安局办理分离签证手续和延长签证手续，协助其重订航班、机座，帮其订妥客房。由此引起的一切费用应由游客自理。旅游团离境后，留下的游客若要求旅行社继续为其提供导游等服务，则需另签合同协议，并按有关规定收取费用。

【本章小结】

旅游团游客的共性要求已体现在旅游合同中，游客的个别要求是指旅游团到达旅游目的地后的旅游过程中，个别游客或少数游客因旅游生活上的特殊需要临时提出的要求。导游人员在处理游客个别要求时首先应掌握三项基本原则，不论游客提出的要求是否合理，始终坚持有礼、有理、有节、不卑不亢；其次要熟悉游客在餐饮、住房、文娱、购物、自由活动、转递物品、探亲访友和亲友随团活动、延长旅游期限或中途退团等方面经常会提出的个别要求，注意总结其规律；最后应针对游客的各种具体要求，按照处理的原则和方法进行妥善的处理，尽心尽力为游客解决问题，使游客的旅游活动舒适愉快、顺利圆满。通过本章的学习，可以使学生了解和掌握游客的个别要求、处理的原则以及方法技巧，在此基础上，通过实践积累经验，锻炼和培养处理问题的能力。

【案例分析】

一位泰国游客找到导游员说，他的一位中国朋友是中国援外医疗队的医生，目前在泰国工作。到中国旅游之前这样医生让该游客给家中捎带些物品及书信，请导游员协助转递一下，导游员应该怎么处理？

复习思考题：

1. 游客个别要求处理的原则是什么？
2. 游客提出的多是哪些方面的个别要求？导游人员应该怎样处理？
3. 如何正确处理个别游客提出的为其提供客房内用餐服务的要求？
4. 如何正确处理个别游客提出的计划外文娱活动的要求？
5. 如何正确处理个别游客提出的邀请导游人员参与不健康娱乐活动的要求？
6. 如何正确处理个别游客提出的邀请导游人员品尝风味小吃的要求？

第七章　常见问题与事故的预防和处理

【本章教学目标】

本章主要讲述的是导游人员在工作过程中经常遇到的问题和事故，通过本章的学习，要求导游人员了解和认识旅游活动过程中这些常见的问题和事故，熟悉这些问题和事故产生的原因、处理的依据、程序和方法，深刻认识旅游事故对旅游业、旅游地、旅游企业及导游人员的负面影响。在教学过程中加强对学生的实训，并以此来提高导游人员的事故意识、防范意识和处理这些问题和事故的能力。

第一节　漏接、空接、错接的预防和处理

接团是导游人员与游客的第一次接触，它会产生“第一印象”，将会影响导游人员在今后与游客的相处，也会影响到导游人员的工作，因而是非常重要的。所以导游人员必须加强责任意识、提高敬业精神、熟悉并严格遵循旅行社制定的日程安排计划，加强预防，尽量避免漏接、空接和错接。

一、漏接的原因、预防与处理

漏接是指旅游团（者）抵达一站后无导游人员迎接的现象。漏接的原因有很多，也并不全是导游人员的责任，但对游客而言，无论是什么原因造成的漏接都是令人不快的，他们会对导游人员不满、发火甚至投诉。所以，导游人员应尽快设法消除游客的不满情绪，及时分析原因、解释清楚、请求谅解，以挽回影响。

（一）漏接的原因

1. 客观原因造成的漏接。

（1）原定班次或车次变更，旅游团提前到达；但本站接待社有关部门没有接到上一站旅行社的通知。

（2）本站接待社有关部门虽接到关于旅游团提前抵达的通知，但没有及时通知该团的导游人员，导致旅游团到达后无人接站。

（3）由于交通部门的原因，如国际航班提前抵达，致使旅游团提前抵达。

2. 由于导游人员的主观原因造成的漏接。

（1）导游人员未按规定的时间提前抵达接站地点。

（2）导游人员由于工作疏忽，将接站地点搞错。

（3）新旧时刻表交替，导游人员没有查对新时刻表，仍按旧时刻表去接站，造成漏接。

（4）由于某种原因，班次变更，旅游团提前到达，接待社有关部门已在接待计划（或电话记录、传真）上注明，但导游人员没有认真阅读变更通知，仍按原接待计划时间接站。

（5）导游人员举牌接站时未站在出口处醒目位置造成漏接。

（二）漏接的预防

1. 认真阅读接待计划。

导游人员在接到接待任务后，要认真阅读计划中的每一个细节，应了解旅游团抵达的日期、时间、接站的具体地点并认真核对清楚。

2. 核实交通工具到达的准确时间。

导游人员在旅游团抵达的当天，要主动与旅行社有关部门核实旅游团抵达的时间，及时了解时间的变更情况，并及时与有关交通部门联系，核实抵达的确切时间。

3. 提前抵达接站地点。

导游人员要增强时间观念。要熟悉本地区的交通情况，准确计算接站的时间，与司机商定好出发时间，保证按规定提前30分钟到达约定地点接站，以确保接站工作的顺利进行。

（三）漏接的处理

不管是游客还是旅行社企业或导游人员，都不希望出现漏接问题。一旦出现漏接，不论是由什么原因造成的，导游人员都应以诚恳的态度积极采取措施妥善处理。由于导游人员的主观原因造成漏接时，导游人员应该实事求是地向游客说明情况，真诚地道歉并请求游客的谅解，并用自己更加热情周到的服务来弥补这个过失。当然，导游人员也可以采用其他措施来将功补过。

对于客观原因造成的漏接，导游人员不要认为与自己无关就不闻不问，因为那样会引起游客更加不满，导游人员应该做到：立即与旅行社有关部门联系以查明原因；向游客解释清楚，以免引起误会；尽量采取补救措施来完成接待任务，使游客的损失降至最低；必要时，请旅行社的领导出面赔礼道歉或酌情给予游客一定的物质补偿。

二、空接的预防与处理

空接是指由于某种原因旅游团推迟抵达某站，导游人员仍按原定班次或车次接站而没有接到旅游团的现象。

（一）造成空接的原因

1. 由于某种原因，旅游团仍滞留于上一站或途中，上下站旅行社均不知道这种临时变化，而全陪或领队又无法及时通知地方接待社。

2. 班次变更后，旅游团推迟到达，上一站旅行社未将变更通知下一站，或虽通知了但接待社工作疏忽，未能及时通知导游人员。

3. 由于游客本身的原因，如临时有急事、生病等，取消旅游活动。

（二）空接的预防

旅游团迟到或者不到都是造成空接的直接原因，但根本原因在于上一站旅行社、接待社、被接的旅游团以及参与接待的有关人员之间的协调出现了问题。因此，为了预防或者避免空接，有关各方必须本着对游客负责、对彼此负责的态度，加强彼此的协调工作。及时协调，才能按时接待。另外，导游人员应该加强工作积极性和主动性，主动与有关部门和人员联系，以避免空接。

（三）空接的处理

导游人员在遇到空接问题时，要立即与本社联系，查明原因，然后采取相应举措。如推迟时间不长，可留在接站地点继续等候；如推迟时间较长，应按照旅行社的指示，重新安排接团事宜；如旅游团在本地的旅游活动临时取消，导游人员应按照旅行社的安排立即结束接团工作。

三、错接的预防与处理

错接是指导游人员在接站时未认真核实，接了不应该由他接的旅游团（游客）。错接属于责任事故。错接的原因很简单，主要在于导游人员责任心不强、工作马虎、不够敬业。

（一）错接的预防

1. 接站前，导游人员要认真细致地阅读接待计划，充分掌握所接旅游团的详细情况。

2. 导游人员应提前到达接站地点迎接旅游团。

3. 导游人员接团时要认真核实。导游人员要加强责任心，接到团队后，要认真逐一核实旅游客源地旅行社的名称，旅游目的地组团社的名称，旅游团的代号、人数、领队的姓名（无领队的旅游团要核实游客的姓名）以及下榻的饭店等，确认无误后再接走。

4. 提高警惕，严防社会其他人员非法接走旅游团。

（二）错接的处理

如错接发生在同一家旅行社接待的两个旅游团，导游人员应立即向领导汇报，经领导同意，地陪可以不再交换旅游团。如果是地陪兼全陪则应立即交换旅游团并向游客道歉。

若错接的是另外一家旅行社的旅游团，导游人员应立即向旅行社领导汇报，设法尽快交换旅游团，并向游客实事求是地说明情况并诚恳地道歉。

第二节　旅游计划和日程变更的处理

旅游计划是旅行社与游客协商后为游客的某次游览活动所制定的日程安排计划。游览计划是旅游团活动的依据和指南，它是旅游合同的重要内容，旅行社和旅游团各方必须严格遵守和执行，一般不轻易更改，因而具有较强的稳定性。但计划是针对未来的，而未来具有不确定性，因此，旅游计划也会出现赶不上变化的问题。

一、旅游计划变更的原因与情况

（一）旅游计划变更的原因

旅游过程中，由于客观情况发生变化，如突发事件，天气突变、自然灾害、交通故障等不可预料的因素的影响等，迫使旅游计划、线路和活动日程也要发生相应的变更。此外，由于导游工作出现差错和失误等主观原因，如导游人员疏忽大意导致误机、误车等，也会出现旅游计划不得不更改的情况。

需要指出的是，如果是由于旅游团（者）主观要求改变旅游计划，提出变更路线和活动日程的要求时，导游人员原则上应按照合同执行。如果游客有非常特殊情况，应上报组团社，按照组团社的指示做好工作。

（二）旅游计划变更的情况

旅游计划的变更大致有三种情况：一是缩短或取消在某地的游览时间；二是延长在某地

的游览时间；三是在某地的游览时间不变，但旅游活动项目被迫更改，用一种旅游活动项目取代另一种旅游活动项目。

二、应对旅游计划变更的措施

（一）一般应变措施

1. 制定应变计划并报告旅行社。

当原来的计划与实际情况发生冲突时，原计划就必须变更，导游人员应在认真分析问题和形势的基础上，对问题的性质、严重性和后果作出充分的估计和正确判断，根据实际情况迅速制定相应的应变计划并上报旅行社。经批准后，方可执行新计划，这是一项非常重要的工作制度。

（1）做好游客的工作。

地陪与全陪应先就有关问题进行协商并取得一致意见，然后找准适当时机向领队和团中有影响的游客实事求是地说明情况，并诚恳地道歉，求得他们的谅解；将应变计划向他们解释清楚，争取他们的认可和支持；最后分头做其他游客的工作，只有当大多数游客同意后，导游人员才能实施计划的变更。

（2）适当给予游客补偿。

必要时经旅行社领导同意，可采取适当的物质补偿措施，如加菜、加酒、赠送具有本地特色的小纪念品等补偿方法，或请旅行社领导出面向游客表示歉意。力求问题处理得圆满，游客满意。

（二）具体措施

1. 延长在一地的游览时间。

旅游团提前抵达或是推迟离开，都会延长游客在一地的游览时间，地陪应采取相应的措施：

（1）与旅行社有关部门联系，重新落实该团用餐、用房、用车的安排。

（2）调整活动日程，酌情增加旅游景点；适当延长在重要旅游景点的游览时间；晚上安排文体活动，努力使活动内容充实、丰富多彩。

（3）如果推迟离开本站，要及时通知下一站，也可提醒旅行社与下一站联系。

2. 缩短或取消在一地的游览时间。

旅游团提前离开或是推迟到达，都会缩短游客在一地的游览时间，地陪应采取相应的措施：

（1）导游人员应尽量抓紧时间，将计划内的游览项目安排完成；若确有困难，应有应变计划；应安排游客游览观赏本地最有代表性、最具特色的旅游景点，以求游客对本地的旅游景观及其特色有一个基本了解。

（2）如果提前离开本站，要及时通知下一站，也可提醒旅行社与下一站联系。

（3）向旅行社领导和有关部门报告，与饭店旅游交通部门联系，及时办理退餐、退房、退车等事宜。

3. 被迫改变部分旅游计划。

（1）减少（超过半天）或取消一地的游览时间。若取消或减少超过半天的游览时间，全陪应该报告组团社，由组团社作出决定并通知有关地方接团社；地方接待社也要通知国内组团社并通知下一站接待社。在此种情况下，导游人员只能代表接待方表示真诚的歉意，并尽心尽力做好自己的工作。

（2）游览时间不变，但被迫改变旅游活动项目。有时在旅游活动过程中会遇到景点关闭等特殊情况，不得不改变原定游览项目。虽然这种变更涉及面不太大，但导游人员依然要实事求是地将情况向游客讲清楚，请求其谅解；并提出替代景点的游览方案，与游客协商，在征得多数游客同意的情况下，才能实施新的方案。而且，导游人员所选择的替代旅游景点也应该具有特色，同时，导游人员要以精彩的讲解和最佳的安排激起游客的游兴，使新的安排得到游客的认可，以弥补因计划变更带来的遗憾和不快。

第三节　误机（车、船）事故预防与处理

误机（车、船）事故是指由于某些原因或由于旅行社有关人员工作的失误，旅游团（者）没有按原定航班（车次、船次）离开本站而导致暂时滞留。

误机（车、船）事故是重大事故，一旦发生不仅会导致游客在一地的暂时滞留，给游客带来诸多不便和其他方面的损失，影响到游客后面的整个行程，从而造成许多问题和矛盾，而且还会给旅行社带来巨大的经济损失，严重影响旅行社的形象和声誉。导游人员要高度认识误机（车、船）事故的严重后果，杜绝此类事故的发生。

一、误机（车、船）事故的原因

（一）客观原因造成的非责任事故

首先，由于自然灾害方面的原因，如大雨造成的山体滑坡冲毁路基，交通工具无法通行，大雪大雾使飞机不能正点起降等；其次，由于游客方面的原因，如突发重病、受伤、走失或其他意外事故；第三，由于交通方面的原因，这类事故非常常见，如遇到交通事故、严重堵车、交通工具抛锚等情况造成迟误等。由于这些方面的原因引起的误机（车、船）属于非责任事故。

（二）主观原因造成的责任事故

由于导游人员或旅行社有关人员工作上的疏忽和差错造成的。如导游人员没有认真核实交通票据，弄错了离站的时间或地点；班次已变更但旅行社的有关人员没有及时通知导游人员等；导游人员当日安排的日程不当或过紧，使旅游团（游客）没能及时按规定时间到达机场（车站、码头）等。由于这些方面的原因引起的误机（车、船）属于责任事故。

二、误机（车、船）事故的预防

误机（车、船）造成的后果非常严重，而杜绝此类事情发生的关键在于预防。导游人员要加强责任意识，提高自己的组织能力。

1. 地陪、全陪要提前做好旅游团离站时交通票据的落实工作，并认真核实日期、班次、时间、目的地等。带团期间要随时与旅行社有关部门联系，了解班次有无变化。核实交通工具离开的时间。

2. 旅游团快离开本站前，一般不要安排旅游团到范围广、地域复杂的景点参观游览，对

每一个旅游景点的游览时间要科学安排、严格控制。不安排旅游团到热闹的地方购物或自由活动，以免游客走散，难以准时集合。

3. 安排充裕的时间去机场（车站、码头），保证旅游团按以下规定的时间到达离站地点：乘国内航班提前 90 分钟到达机场，乘国际航班提前 120 分钟到达机场，乘火车或轮船提前 60 分钟到达车站或码头。

三、误机（车、船）事故的处理

一旦发生误机（车、船）事故，导游人员应按照以下程序处理：

1. 导游人员应立即向旅行社领导及有关部门报告，并请求协助。

2. 地陪和旅行社尽快与机场（车站、码头）联系，争取让游客尽快乘后续班次（车次或船次）的交通工具离开本站，或改乘其他交通工具前往下一站，以免造成更大的损失。

3. 稳定旅游团游客的情绪，向游客说明情况并赔礼道歉。安排好游客在滞留期间的生活和活动等事宜，尽力缓解游客的不满情绪，把不利影响降低到最小程度。

4. 及时通知下一站，对旅游计划作相应的调整。

5. 写出事故报告，查明事故的原因和责任，事故责任者应承担经济损失并接受纪律处分。

第四节　证件、钱物、行李遗失的预防和处理

一、证件、钱物、行李遗失的预防

在旅游期间，游客丢失证件、钱物和行李的现象时有发生，造成这类事故的原因主要有三个方面：一是游客个人疏忽大意造成的；二是旅游接待过程中相关部门工作出现差错造成的；三是被窃。发生这种情况不仅给游客本人造成诸多不便和经济损失，也给导游人员的工作带来不少麻烦和困难，影响旅游活动的正常进行，还会影响到旅行社和旅游目的地形象。导游人员应该采取各种措施预防此类问题的发生。

1. 多做提醒工作。

在热闹、拥挤的场所游览和购物时，导游人员要提醒游客保管好自己的钱物；参观游览时，导游人员要提醒游客带好随身物品；离开饭店去下一站时，导游人员要提醒游客清点自己的物品和证件，不要遗留任何东西。

2. 提醒游客保管好自己的证件。

导游人员在工作中需要游客的证件时，要由领队收取，用毕立即如数归还，不要代为保管；还要提醒游客保管好自己的证件。

3. 切实做好每次行李的清点、交接工作。

4. 每次游客下车后，导游人员都要提醒司机清车、关窗并锁好车门。

二、旅行证件丢失的处理

旅行证件是游客在旅游期间必备的有效证件。主要分为护照、签证、港澳居民来往内地通行证、台湾同胞旅行证明和中华人民共和国居民身份证。游客丢失证件后，导游人员应请

游客冷静地回忆，详细了解丢失情况，尽量协助寻找；如确已丢失，应马上报告旅行社，根据旅行社的安排协助游客向有关部门报失，补办必要的手续。所需费用由游客自理。

（一）丢失外国护照和签证

如游客丢失护照和签证，应由旅行社出具证明；请失主准备本人彩色照片；失主本人持旅行社证明去当地公安局（外国人出入境管理处）报失，由公安局出具证明；持公安局的证明去所在国驻华使、领馆申请补办新护照；领到新护照后，再去公安局办理签证手续。

（二）丢失团队签证

如丢失团队签证（9人以上旅游团持团体签证），在补办时必须有签证副本和团队成员护照，并重新打印全体成员名单，填写有关申请表（可由一名游客填写，其他成员附名单），然后到公安局（外国人出入境管理处）进行补办。

（三）丢失中国护照和签证

（1）华侨丢失护照和签证。

华侨丢失护照和签证后，失主准备本人照片，由当地接待社开具证明后，失主持遗失证明到省、自治区、直辖市公安局（厅）或授权的公安机关报失并申请办理新护照；再持新护照到其所侨居国驻华使、领馆办理入境签证手续。

（2）中国公民出境旅游时丢失护照、签证。

请当地陪同协助在接待社开具遗失证明，再持遗失证明到当地警察机构报案，取得警察机构开具的报案证明；持当地警察机构的报案证明和遗失者照片及有关护照资料到中国驻该国使、领馆办理新护照；新护照领到后，携带必备的材料和证明到所在国移民局办理新签证。

（四）丢失港澳同胞回乡证（港澳居民来往内地通行证）

港澳地区游客丢失港澳同胞回乡证（港澳居民来往内地通行证）后，失主应持当地接待社的证明向遗失地的公安部门报失，经查实后由公安机关的出入境管理部门签发一次性有效的《中华人民共和国入出境通行证》。

（五）丢失台湾同胞旅行证明

台湾同胞旅行证明是台湾同胞来祖国大陆探亲、旅游的证明，若在大陆旅行期间丢失，失主应向遗失地的中国旅行社或侨办或公安局户籍管理部门报失，经查证核实后由公安机关的出入境管理部门发给一次性有效的出境通行证。

（六）丢失中华人民共和国居民身份证

丢失中华人民共和国居民身份证的，由当地旅行社核实后开具证明，失主持证明到当地公安机关报失，经核实后开具身份证明，游客可凭证登记住宿、购买机票，机场安检人员核准放行。

三、行李丢失的处理

游客的行李丢失主要发生在公共交通运输途中和搬运过程中，因而责任一般在交通运输部门。行李丢失会给游客的旅途生活带来许多不便，影响游客的情绪，使旅游活动的顺利进行受到干扰。因此，导游人员应认真对待，在工作的各个环节注意防止行李丢失，一旦发生这种情况，导游人员应该积极帮助寻找，设法解决问题。

（一）来华途中丢失行李

海外游客乘飞机来华时丢失行李，其责任主要在所乘飞机所属航空公司，导游人员的责任是协助失主同所乘航班所属航空公司交涉，以追回行李。

导游人员应先带失主到机场失物登记处办理行李丢失和认领手续。失主须出示机票及行李牌，详细说明始发站、转运站，说清楚行李的件数及丢失行李的大小、形状、颜色、标记等特征，并一一填入失物登记表。导游人员应将失主下榻酒店的名称、房间号和联系方式告诉登记处，并记下登记处的电话和联系人，记下有关航空公司办事处的地址、电话，以便联系。

游客在当地游览期间，导游人员要不时打电话询问寻找行李的情况，如果一时找不回行李，要协助失主购置必须的生活用品。

如果离开本地前行李还没有找到，导游人员应帮助失主将接待社的名称、全程旅游线路以及各地可能下榻的饭店名称转告有关航空公司，以便行李找到后及时运往最合适的地点交还失主。

如行李确系丢失，失主可按照航空公司的有关规定向其索赔。

（二）在中国境内丢失行李

游客在中国境内旅游期间丢失行李，主要发生在行李交接和运送的各个环节中，一般是交通部门或行李员的责任，但导游人员应该认识到，不论是在哪个环节出现问题，责任均在我方。所以，导游人员应高度重视，积极设法查找。

（1）冷静分析，找出差错的环节。

如果游客在出站前领取行李时找不到托运的行李，则有可能是上一站行李交接或行李托运过程中出现了差错，此时导游人员可采取以下措施：带失主到机场失物登记处办理行李丢失和认领手续，由失主出示机票和行李牌，填写丢失行李登记表；同时，导游人员应立即向旅行社领导汇报行李丢失情况，请其安排有关部门和人员与机场、上一站旅行社、民航等单位联系，积极寻找。

如果抵达饭店后，旅客没有拿到行李，则问题可能出在饭店内或本地交接、运送行李过程中，此时，地陪应采取如下措施：和全陪、领队一起先在本团成员所在住房寻找，查看是否是饭店行李员送错了房间，还是本团客人误拿了行李；如找不到，就应与饭店行李科讯速取得联系，请其设法查寻；如饭店行李科工作人员仍找不到，应向旅行社汇报。

（2）做好失主的工作。

导游人员要主动关心、安慰失主，对丢失行李事故向失主表示歉意，并帮助其解决因行李丢失而带来的生活方面的困难。

（3）随时与有关方面联系。

在当地游览期间，导游人员要随时与有关方面联系，询问行李查找进展情况。若行李找回，应及时将找回的行李归还失主，并向其说明情况。

（4）丢失后的处理。

如果确定行李已经遗失，则应由旅行社领导出面向失主说明并表示歉意。帮助失主根据惯例向有关部门索赔。事后应写出书面报告。报告中要写清行李丢失的经过、原因、查找过程及失主和其他团员的反映等情况。

四、钱物丢失的处理

在旅游过程中的安全问题主要包括两个方面，一是人身安全，二是财物安全。游客在旅游的过程中丢失钱物，这是常见的旅游安全事故。导游人员一旦发现此类事故，首先，自己要冷静，同时要注意稳定游客的情绪；其次，要及时详细了解失物的物理特征和经济价值，分析失物丢失原因、可能时间和地点，并积极帮助寻找。

证件、财物特别是贵重物品被盗是治安事故，导游人员应该立即向公安部门和保险公司报案，协助有关人员查清线索，争取破案，找回被窃物品，挽回不良影响。若无法找回被盗物品，导游人员应协助失主持旅行社的证明到当地公安局开具失窃证明书，以备出海关时查验或向保险公司索赔。同时导游人员要提供热情周到的服务，安慰失主，缓解他的不快情绪。同时导游人员可以提供必要的物质帮助和经济援助，以解失主燃眉之急。

第五节　游客走失的预防和处理

一、游客走失的预防

旅游过程中由于游客较多，再加上旅游景点不断变换，非常容易发生人员走失事故。

造成游客走失的原因一般有三种：一是导游人员没有向游客讲清停车的位置或景点的游览路线，或没有做好必要的提醒工作；二是游客忘记了导游人员的提示或因对某种现象或事物感兴趣，或因摄影滞留时间较长而脱离团队自己走失；三是在自由活动、外出购物时没有记清路线和地址造成走失。发生游客走失不仅会影响游客的情绪，严重时会影响旅游计划的完成，甚至会危及游客的生命和财产安全。因此，导游人员必须加强责任心，加强防范意识，时刻注意防止此类事故的发生。导游人员的预防措施有：

（一）加强责任心，制定科学周详的旅游日程计划，防止游客走失

（二）多做提醒工作

在旅游的过程中，导游人员要经常提醒游客需要注意的事项，要做到时时、处处、事事、人人提醒，应该认识到，提醒是防患于未然的最好方法，是避免事故发生的重要措施。导游人员要提醒游客记住接待社的名称，旅游车的标志和车号，下榻饭店的名称、电话号码等。游览时，要提醒游客不要走散；自由活动时，提醒游客不要走得太远，不要太晚回饭店，不要去拥挤、秩序差的地方。尤其对关键时间、关键地点和重点游客要多注意提醒。例如，自由活动的时间、游客购物的时间、游客众多的大型旅游景点、游客出现注意力不集中的时候、上下车的时候、离开某一地点的时间、那些曾经掉队或自由散漫的游客，等等。

（三）做好各项安排的预报

每天出发前或旅游车离开饭店后导游人员要向游客通报全天的游览日程、游览景点、用餐点的名称和地址，抵达时间和逗留时间，以便游客万一走失后可以自己去餐厅或下一旅游点与旅游团汇合；在到达景点下车游览之前，要告知全团游客旅游车的停车地点，再次提醒游客记住车的特征和车号；在景点示意图前要向游客介绍游览路线、游览所需时间、集合时间和地点等。

（四）常清点人数

清点人数是防止游客走失和及时发现游客走失的重要方法。导游人员要养成经常清点人数的习惯。特别是游客“散”与“集”的时候，例如，自由活动归来时、每一次上车时、离开某地（景点、酒店、车站、码头、机场、购物中心等）时。

（五）地陪、全陪和领队要密切配合、共同防止游客走失

参观游览时，导游人员应时刻和游客在一起，地陪要举社旗在前面讲解，全陪和领队要在旅游团的后面负责观察游客的动向，经常清点人数，及时提醒游客跟上队伍等等。

（六）导游人员要提高自己的讲解水平和技巧，吸引游客

在旅游的过程中，有时游客走失是因为导游人员讲解的精彩程度不够，对游客的吸引力不强，游客于是将注意力转移到其他方面，最终导致走失。因此，导游人员要提高自己的讲解水平，以便在游览中用高超的讲解技巧和丰富的讲解内容吸引游客。

二、游客走失的处理

游客走失后，导游人员的处理措施有：

（一）及时了解情况，迅速寻找

导游人员应该立即向团内其他游客了解走失游客的情况，分析推测走失的时间和地点，然后取得领队和全陪的协助，及时组织人力分头寻找。一般情况下，由全陪和领队分头寻找，自己带领其他游客继续游览。

（二）争取有关部门的协助

在经过认真寻找仍然找不到走失的游客时，导游人员应立即向游览点的派出所和管理部门求助，告知走失游客的特征，请其在人多的地方和各进出口等地点协助寻找；同时与该团下榻的饭店联系，询问游客是否自行返回饭店；如果仍然找不到走失的游客，导游人员应向接待社及时报告并请求帮助，必要时经领导同意向当地公安机关报案。

（三）做好善后工作

找到走失的游客后，导游人员应问明情况，分析原因。若是自己的原因，应向游客赔礼道歉；如果责任在于走失者，应对其进行善意的批评，讲明利害关系，提醒以后注意。若游客因离团走失而受到惊吓，应对其进行安慰；如果发生严重的游客走失事故，事后要查清责任。导游人员应写出书面报告，记录事故发生的原因、经过、结果、善后处理及游客对这件事的反映，为今后的工作提供经验和教训。

第六节 游客患病、死亡问题的处理

在旅游的过程中，由于旅途劳累、气候变化、水土不服、起居习惯经常改变等原因，游客突然患病、患重病甚至病危的情况都有可能发生，特别是对那些年老、体弱和有病的游客更是如此。导游人员应该积极主动地采取一些措施尽量避免人为原因导致游客发生此类事故。如果游客患病或患重病，导游人员应沉着冷静、及时处理，并努力使旅游活动继续进行。

一、游客患病的预防

第一，导游人员要详细了解旅游团内成员的身体健康情况。接团前，导游人员要根据旅游团的有关资料认真分析、仔细研究，全面真实地了解游客的身体状况，然后根据游客的年龄、身体状况来安排旅游活动。

第二，导游人员要科学安排游览活动，要做到劳逸结合、动静结合、节奏适中、景点搭配合理、随机应变。同日游览景点不可贪多，体能消耗大的旅游景点不能太集中，日程的安排既要考虑到健康游客的需求，也要考虑到患病游客的特殊情况，而且要照顾到游客的生活规律，尽量尊重游客的正常生活习惯，同时时间安排要留有余地。

第三，要注意饮食卫生。饮食卫生不理想是旅途中导致游客患病的一个重要因素，导游人员要高度重视这个问题。要选择卫生条件较好的酒店吃住，不喝生水和“三无”饮品，不吃小摊小贩的食品，要注意个人卫生等等。

第四，要注意天气变化。导游人员要经常收看或收听天气预报，及时提醒游客增减衣服、带雨具，前往气候干燥的季节或旅游地时要提醒游客多喝水、多吃水果等。

二、游客患一般疾病的处理

旅游期间，游客所患一般疾病主要包括：感冒、发烧、晕车（机、船）、中暑、失眠、腹泻、便秘等。对这类疾病，导游人员应该做好以下工作：

（一）关心游客的病情

病人在生病的时候心理、感情都非常脆弱，尤其是对一个身处异地他乡又无亲人在旁的游客来说，更是如此，因此，导游人员应该多关心一下这类游客，多给他们一些温暖、问候、方便和照顾，如：主动前去探望，询问身体状况，以示关心；安排好患病游客的用餐，必要时通知餐厅为其提供送餐服务。

（二）劝其及早就医并多休息

对一般疾病应坚持“及时发现及时治疗”的原则。导游人员一旦发现游客有病情，应立即建议他到附近的医院治疗，必要的情况下可以陪同前往。

（三）游客的治疗费用自理

要向游客讲清楚看病费用自理。

（四）严禁导游人员擅自给患者用药

导游人员不要将自己随身携带的药品让游客服用，也不要建议游客服用什么药品。

三、游客突患重病的处理

游客突患重病是旅游过程中的棘手问题，导游人员应全力以赴，采取措施积极组织抢救。

（一）游客在旅游途中突患重病，导游人员应该作应急处理

若游客在乘旅游车前往景点的途中突发急病，必须立即将其送往就近的医院，可拦车或拨打急救电话120呼叫救护车将其送往医院，必要时暂时中止旅游，用旅游车将患者送往医院；同时及时通知旅行社，请求指示和派人协助。

游客在游览旅游景点的过程中突患重病，导游人员应立即组织现场急救；同时，拨打120请求急救；联系景点单位的管理部门，请求他们帮助；导游人员也应及时将有关情况通知旅行社请求予以协助。

游客在长途交通工具（飞机、火车、轮船）上突患重病时，导游人员应采取措施就地抢救；导游人员请求机组人员、列车员或船员通过交通工具上的广播系统在乘客中寻找医护人员对患者进行抢救，并通知下一站急救中心和旅行社准备抢救。

若游客在饭店里突患重病，导游人员应立即请饭店的医护人员前来抢救，然后视情况送往当地医院救治，并将情况及时报告旅行社。

（二）在对突患重病的游客实施救治时，导游人员应注意的问题

1. 患者病危时，导游人员应立即协同领队和患者亲友送病人去急救中心或医院抢救，要及时、积极救治，切不可拖延。

2. 若患者是国际急救组织的投保者，导游人员还应提醒其亲属或领队及时与该组织的代理机构联系。

3. 在抢救过程中，导游人员应要求患者亲友在场，并详细记录患者患病前后的症状和治疗情况，保管好书面资料。并请接待社领导到现场或与接待社保持联系，随时汇报患者情况。

4. 如果需要手术，须征得患者及家属的同意，如果亲属不在身旁须由领队同意并签字。

5. 若患者病危且家属不在身边，导游应该及时提醒领队通知其家属；如果患者是海外游客或外国游客，导游则应告知领队通知其所属国驻华使、领馆，由他们协助处理；患者亲属到达后，应协助其解决生活方面的问题，若找不到患者亲属则一切按使、领馆的书面意见处理。

6. 有关患者诊治、抢救及动手术的书面材料，应由主治医生出具并签字，由医院妥善保存。

7. 导游人员在安排治病救人的同时，应该安排好其他游客的旅游活动。

8. 若病人转危为安但仍须继续住院治疗时，导游人员应该协助办好有关住院手续，地陪要不时地探望病人，并帮助患者办理分离签证、延期签证以及出院、回国手续和交通票证等善后事宜。

9. 导游人员要告知病人住院及医疗费用自理，患者离团住院时未享受的综合服务费由旅行社之间结算，按协议规定处理；患者亲属在华期间的一切费用自理。

四、游客死亡的处理

游客死亡的原因主要有：患重病不治、交通事故、治安事故、自杀或在自然灾难中丧生。游客在旅途中死亡，这是旅游过程中最严重的事故，一旦出现此类事故导游人员应立即向当地的接待社报告，让领导出面处理死者后事，按照接待社的安排和有关规定办理，导游人员不得自行其事。同时，导游人员要稳定旅游团内其他游客的情绪，继续做好旅游接待工作。

如果死者的亲属不在身旁，导游人员应立即通知其亲属；如死者是外国游客，应该通过领队和外事部门通知死者所属国驻华使、领馆，由其通知死者的家属。

由参加抢救的医师向死者的亲属、领队及有关人员详细报告抢救的经过，并经医院开具“抢救经过报告”、“死亡诊断证明书”，由主治医师签字后盖章，复印后分别交给死者的亲属、领队和旅行社。

死者的遗物由其亲属或领队、全陪和接待社共同清点，列出清单，一式两份，由有关人员分别签字后分别保管。遗物由死者的亲属或领队带回（或交使、领馆）。

如需要，由领队向全团宣布对死者的抢救经过及死讯。

遗体的处理，一般应在当地火化。遗体在火化前应由死者的亲属或领队填写火化申请书，交我方留存。

因为某种原因，如宗教方面的原因，死者亲属要求将遗体运回祖国（或居住地），除需办理上述手续外，还应由医院对尸体进行防腐处理，由殡仪馆成殓，并发给装殓证明书（灵柩要用铁皮密封，外廓要包装严实）。

若游客死亡地不是出境口岸，应由地方检疫机关发给死亡地点至出境口岸的检疫证明“外国人运带灵柩（骨灰）许可证”，然后由出境口岸检疫机关发给中华人民共和国某某检验站“尸体/灵柩/进/出境许可证”。再由死者所持护照国驻华使、领馆办理遗体灵柩经由国家的通行护照，此证随灵柩一起同行。

如果游客是非正常死亡，导游人员应该保护好现场，并及时报告当地公安部门和旅行社，配合他们处理事故。如需解剖尸体，要征得死者亲属和所在国驻华使、领馆人员或领导同意、签字，经医院有关部门同意后方可进行，解剖后由相关部门出具“尸体解剖报告”。

第七节　旅游安全事故的预防和处理

安全问题是游客关注的首要问题，也是旅游管理部门和旅游企业的头等大事。国家旅游局在《旅游安全管理暂行办法实施细则》中规定，凡涉及游客人身、财物安全的事故均为旅游安全事故。在旅游接待过程中可能发生的旅游安全事故主要包括交通事故、治安事故、火灾事故和食物中毒事故等。

一、交通事故的预防与处理

交通事故属于突发事故，一旦发生后果不堪设想，会给游客和旅行社带来极大的损失和伤害。所以，尽量避免或减少交通事故的发生，保障游客的安全，是导游人员的责任。

（一）交通事故的预防

交通事故中最常见的是汽车交通事故。为了更有效地避免交通事故，旅行社在租用交通工具的时候应选择实力雄厚、信誉好的交通公司，挑选有经验、技术精湛、服务态度好、稳重的司机，这是预防旅游交通事故的保障。同时，导游人员应该具备安全意识，配合司机做好旅游过程中事故的预防工作。

1. 导游人员要科学安排旅游日程，时间上要留有余地，严格把握每个旅游景点的旅游时间，不要为“赶时间”而催促司机开快车。

2. 司机开车时，导游人员不要与司机聊天，以免分散其注意力。

3. 如遇天气不好（下雪、下雨、有雾）、交通堵塞、路况不好，尤其是在狭窄道路、山区行车时，导游人员要主动提醒司机注意安全，谨慎驾驶。地陪对日程安排可适当灵活调整，必须把安全放在第一位。

4. 阻止非本车司机开车。提醒司机在工作期间不要饮酒。如遇司机酒后开车，决不能迁就，地陪要立即阻止，并向领导汇报，请求改派其他车辆或调换司机。

5. 提醒司机经常检查车辆，发现事故的隐患，如有问题应及时提出更换车辆的建议。

（二）交通事故的处理

一旦交通事故发生了，只要导游人员没有负重伤，神智还清醒，就应立即采取各种有效措施，冷静、果断地处理，尽最大努力减少人员伤亡和财物损失，并积极做好善后工作。发生了交通事故，导游人员应该做到：

1. 立即组织抢救。

导游人员应立即组织现场人员迅速抢救受伤的游客，特别是抢救重伤员，并尽快让游客离开事故车辆。如不能就地抢救，应立即拨打急救电话呼叫救护车或拦车将重伤员送往距出事地点最近的医院抢救。

2. 保护好现场，立即报案。

事故发生后，不要在忙乱中破坏现场，要设法保护现场，并尽快通知交通、公安部门，请求尽快派人来现场调查处理。

3. 迅速向接待社报告。

地陪应迅速向接待社领导报告，讲清交通事故的发生和游客伤亡情况，请求派人前来帮助和指挥事故的处理，并要求派车把未受伤和轻伤的游客接走送至饭店或继续旅游活动。听取领导对下一步工作的指示。

4. 做好安抚工作。

事故发生后，导游人员在积极抢救、安置伤员的同时，要做好其他游客的安抚工作，力争按计划继续进行参观游览活动。待事故原因查清后，请旅行社领导出面向全体游客说明事故原因和处理结果。

5. 请医院开具医疗诊断书，并请公安部门开具交通事故证明书，以便向保险公司索赔。

6. 写出书面报告。

交通事故处理结束后，需有关部门出具有关事故证明、调查结果，导游人员要立即写出书面报告。内容包括：事故发生的时间、地点、性质、经过，抢救经过，人员伤亡情况和诊断结果，事故责任及对责任者的处理结果，受伤者及其他旅行者对处理的反映等。书面报告力求详细、准确、清楚、实事求是。最好和领队联署报告。

二、治安事故的预防与处理

在旅游活动过程中，遇到坏人的骚扰、行凶、抢劫、偷盗、诈骗等而导致游客身心健康及财产受到不同程度损害的事故，统称治安事故。

（一）治安事故的预防

治安事故也是旅游活动中的常见事故。导游人员在旅游活动中要时刻提高警惕，要多提醒游客有关注意事项，采取一切有效的措施防止治安事故的发生。

1. 入住饭店时，导游人员应建议游客将贵重的财物存入饭店保险柜。不要随身携带大量现金或将大量的现金放在客房内。

2. 提醒游客不要将自己的房号随便告诉陌生人；更不要让陌生人或自称饭店维修人员的人随便进入自己的房间；尤其是夜间决不可贸然开门，以防意外；出入房间一定锁好门。提醒游客不要与私人兑换外币，并讲清我国外汇管理的相关规定。

3. 游客下车前，导游人员要提醒游客不要将证件或贵重物品遗留在车内。游客下车后，导游人员要提醒司机锁好车门，关好车窗，尽量不要走远。

4. 在旅游景点活动时，导游人员要始终和游客在一起，随时注意观察周围的环境，发现可疑的人或在人多拥挤的地方，提醒游客看管好自己的财物，如：不要在公共场合拿出钱包，最好不买小贩的东西，并随时清点人数。

5. 汽车行驶途中，不得停车让非本车人员上车、搭车；若遇不明身份者拦车，导游人员应提醒司机不要停车。

（二）治安事故的处理

导游人员在陪同旅游团（者）参观游览的过程中，若发生治安事故必须挺身而出，全力保护游客的人身安全。决不能置身事外，更不能临阵而逃。发现不正常的情况应立即采取行动。

1. 全力保护游客。

遇到歹徒向游客行凶、抢劫，导游人员应该做到临危不惧，毫不犹豫地挺身而出，奋力与坏人拼搏，勇敢地保护游客。同时，立即将游客转移到安全地点，力争在现场群众和公安人员的帮助下追回钱物、缉拿罪犯，但也要防备犯罪分子携带凶器狗急跳墙。所以切不可鲁莽行事，要以游客的安全为重。

2. 迅速抢救。如果有游客受伤，应立即组织抢救，或送伤者去医院。

3. 立即报警。

治安事故发生后，导游人员应立即向公安局报警，如果罪犯已逃脱，导游人员要积极协助公安局破案。要把案件发生的时间、地点、经过，作案人的特征，受害人的姓名、性别、国籍、伤势及损失物品的名称、数量、型号、特征等向公安部门报告清楚。

4. 及时向接待社领导报告。

导游人员在向公安部门报警的同时要向旅行社领导及有关人员报告。如情况严重则请求有关领导前来现场指挥处理。

5. 妥善处理善后事宜。

治安事故发生后，导游人员要采取必要措施稳定游客情绪，尽力使旅游活动继续进行下去，并在领导的指挥下准备好必要的证明、资料，处理好受害者的补偿、索赔等各项善后事宜。

6. 写出书面报告。

事后，导游人员要按照有关要求写出详细、准确的书面报告。

三、火灾事故的预防与处理

（一）火灾事故的预防

饭店、景点及娱乐、购物等场所发生火灾，会威胁到游客的生命和财产安全，给游客带来极大的损失和不幸，后果十分严重。为防止火灾事故的发生，在旅游活动中导游人员应该：

1. 做好提醒工作。提醒游客不携带易燃、易爆物品；不乱扔烟头和火种，不要躺在床上吸烟；提醒游客在托运行李时应按运输部门有关规定去做，不得将违禁物品夹带在行李中。

2. 熟悉饭店的安全出口和转移路线。导游人员带领游客住进饭店后，在介绍饭店内的服务设施时，必须介绍饭店楼层的太平门、安全出口、安全楼梯的位置，并提醒游客进入房间后看懂房门上贴的安全转移路线示意图，掌握一旦失火时应走的路线。

3. 牢记火警电话和旅游团内所有游客房间号码。导游人员一定要牢记火警电话；掌握领队和全体游客的房间号码，一旦火情发生及时通知所有游客。

（二）火灾事故的处理

如果发生了火灾，导游人员应沉着冷静，采取以下措施：

1. 立即报警，并迅速通知领队和全体游客撤离。在撤离时镇定地与工作人员配合，听从统一指挥，组织游客通过安全出口迅速离开现场。

2. 判断火情，引导自救。如果情况危急，不能马上离开火灾现场而被困，导游人员应采取的正确做法是：千万不能让游客搭乘电梯或慌乱跳楼。尤其是在三层以上的旅客，切记不要跳楼；必须穿过浓烟时，可用浸湿的衣物披裹身体，捂住口、鼻，尽量贴近地面顺墙爬行；若身上着火，可就地打滚，将火苗压灭，或用厚重衣物压灭火苗；大火封门无法逃出时，可用浸湿的衣物、被褥将门缝堵塞严或泼水降温，等待救援；可以在窗口摇动色彩鲜艳的衣物，争取救援。

3. 协助处理善后事宜。游客获救后，导游人员应立即配合救援人员抢救受伤游客，将重伤者立即送往医院。若有游客死亡，应按有关规定处理。采取各种措施稳定游客的情绪，帮助游客解决因火灾所造成的生活上的各种困难，想办法使旅游活动能继续进行。火灾过后，导游人员应写出详细的书面报告。

四、食物中毒事故的预防与处理

游客因食用了变质或不干净的食物，常会发生食物中毒，这是旅游过程中最常见的事故之一。食物中毒症状为头晕、头痛、上吐下泻。食物中毒潜伏期短，发病快，常常集体发病，中毒者若抢救不及时会有生命危险。因此，导游人员应该重视旅游过程中的饮食卫生工作，做好预防工作，严防病从口入。

（一）食物中毒事故的预防

为防止食物中毒事故的发生，导游人员应采取以下措施：

1. 严格执行在旅游定点餐厅就餐的规定。

2. 提醒游客不要在小摊上购买食物，不要喝生水。

3. 用餐时若发现食物、饮料不卫生，或有异味、变质的情况，导游人员应立即要求更换，并要求餐厅负责人出面道歉，必要时向旅行社领导汇报。

（二）食物中毒事故的处理

1. 立即采取排毒措施。若发现游客食物中毒，导游人员应立即设法为患者催吐，并让患者多喝水加速排泄以缓解毒性。

2. 开具证明、导游人员应立即将患者送医院抢救、治疗，请医生开具诊断证明。

3. 迅速报告。导游人员应迅速报告旅行社，并追究供餐单位的责任。

第八节 游客越轨言行的处理

越轨行为一般是指游客侵犯一个主权国家的法律和世界公认的国际准则的行为。外国游客在中国境内必须遵守中国的法律，中国游客在国内或出国旅游，也应遵守旅游目的地（国）的法律法规。无论谁触犯法律都必将受到法律的制裁。

游客越轨言行系个人问题，但如果处理不当会产生不良后果。因此，处理这类问题要慎重，要注意把握相关政策，认真调查核实，分析原因，分清越轨行为和非越轨行为的界限、有意和无意的界限、无故和有因的界限、言论和行为的界限。只有正确地区别上述界限，才能正确处理此类问题，才能团结朋友、增进友谊，打击越轨者，维护国家的主权和尊严。

导游人员应积极向中外游客介绍相关法律及注意事项，多做提醒工作，以避免个别游客无意越轨言行的发生。同时，对有意发生的越轨言行，导游人员也应提高警惕，发现可疑现象要有针对性地给予必要的提醒和警告，迫使预谋越轨者知难而退。一旦发现危害我国主权和安全的非法活动，应报有关部门处理。

一、对攻击污蔑言论的处理

对于海外游客来说，由于社会制度不同，人们的政治观点也会有差异，因此，他们中一些人可能对中国的方针政策及国情有误解或不理解，在一些问题的看法上产生分歧也是正常的现象。因此，导游人员要积极地宣传中国，友好地介绍我国的国情，认真地回答游客的问题，阐明我国对某些问题的立场、观点，求同存异，以和为贵。

对于个别游客站在敌对的立场上进行的恶意攻击、蓄意诬蔑挑衅，作为一名中国的导游人员要立场坚定、观点鲜明、理直气壮地予以严正驳斥，必要时报告有关部门，查明后严肃处理。

二、对违法行为的处理

对于海外游客的违法行为，首先要分清是由于对我国的法规缺乏了解，还是明知故犯。针对前者，应向其讲清道理，指出错误之处，并根据其违法行为的情节、危害程度确定是否报有关部门处理；针对后者，导游人员要提出警告，明确指出其行为是中国法律和法规所不允许的，并报告有关部门严肃处理。

游客中若有人从事窃取国家机密和经济情报、宣传邪教、走私、贩毒、偷盗文物、贩卖黄色书刊及音像资料等犯罪活动，一旦发现应立即汇报，并配合司法部门查明罪责，严正处理。

三、对违规行为的处理

（一）一般性违规行为的预防及处理

在旅游接待中，导游人员应向游客宣传、介绍、说明旅游活动中涉及的具体规定，防止游客因不了解而误犯。例如：参观游览中若某些地方禁止摄影、禁止进入等，都要向游客事先讲清，并随时提醒。若在导游人员已反复提醒的情况下仍明知故犯，当事人按规定在受到相应的处罚。

（二）对异性越轨行为的处理

当发现海外游客对于中国异性有不轨行为时，导游人员应予阻止，并告知中国人的道德观念和异性间的行为准则；对不听劝告者应向其郑重指出其行为的严重性，令其立即改正；女性导游人员遇到此类情况，为了自卫要采取果断措施；情节严重者应及时报告有关部门依法处理。

（三）对酗酒闹事者的处理

游客酗酒，轻者举止失态，重者失去理智。因此针对游客酗酒闹事，导游人员应该：先规劝，也可通过领队做其工作，并严肃指明可能造成的严重后果，尽力阻止；如果酗酒者不听劝告，扰乱社会秩序、侵犯他人、造成物质损失的，肇事者必须承担一切后果。

第九节　旅游投诉及处理

旅游投诉是旅游过程中很难避免的现象，游客投诉的原因有很多，内容也非常广泛，方式也是各种各样，但无论怎样，导游人员面对投诉应该有正确的态度和科学的方法。

一、旅游投诉的含义与内容

旅游投诉是指游客、海外旅行商、国内旅游经营者为维护自身和他人的旅游合法权益，对损害其合法权益的旅游经营者和有关服务单位，以书面或口头形式向旅游行政管理部门提出投诉，请求处理的行为。

旅游投诉是投诉主体因其在旅游过程中的合法权益受到被投诉者的侵犯而要求对被投诉者进行处理的行为，因此，凡是涉及双方在旅游过程中的权利和义务关系的所有活动和行为都有可能成为投诉的内容，例如，住宿标准不符甚至无房住宿，餐饮档次降低，购物次数太多，导游人员对旅游日程安排不当，导游人员擅自变更旅游日程或索要小费，因无火车票或飞机票造成大量游客滞留等等。

二、旅游投诉产生的原因

从游客投诉的大量问题来看，所牵涉的问题大致可归纳为两类：一类是人为造成的，另一类是非人为造成的。前者如旅游经营者为了降低成本、提高收益而降低服务标准，导游人员为了满足个人私利而牺牲游客的利益，景区不按规定收费、乱收费，宾馆拒不调换问题客房，等等。后者如因自然灾害、天气变化、塌方等原因造成交通阻断、游客被困。当然，也不排除有些游客为了某种目的而进行无理取闹或无中生有式的投诉。

三、旅游投诉的处理

（一）导游人员对关于自己的旅游投诉的处理

如果投诉涉及导游人员本人，导游人员应该端正自己的态度，头脑冷静地聆听对方的诉说，冷静理智地考虑问题出在哪里，怎样做才能消除游客对自己的投诉。导游人员可以采用个别接触的方式控制事态的发展，尽力将负面影响降至最低。不要因为遭到投诉就消极对待游客，有意冷落游客，更不该和游客对着干或有意报复、谩骂游客。即使游客的投诉是片面的或者不正确的，导游人员也应始终保持热情周到的服务；如果游客投诉得有道理，则导游人员应加倍努力将功补过，以求得游客的谅解。

（二）导游人员应对无关于自己的旅游投诉的方法

“谁接待，谁负责”是处理旅游投诉的一个重要原则，在旅游过程中，游客的投诉如果与自己无关，导游人员应采取的措施是：

1. 认真聆听，真诚致歉。

聆听对方的诉说既是对对方的尊重，显示自己的诚意，同时又是了解对方投诉原因和意图的一种方式，必要的话可以做笔记，此举既可为以后处理投诉留下依据，同时也显示自己重视的态度。尽管不是自己的直接过错导致游客的利益受损，但导游人员仍要真诚地向对方表示歉意，以缓解对方的不满。

2. 做好笔录，为弥补不足提供依据。

针对游客的投诉，导游人员不能听信一面之词而妄下结论，可以暂且记录下来，然后经过调查取证加以证实后，再作处理。

3. 合情合理地妥善处理。

导游人员在经过对投诉问题的调查研究之后，在“谁接待，谁负责”的原则的指导下，采用“就地消化，当场解决”的方法，通过协调投诉者和被投诉者双方的关系，以求得两全之策，用双方都满意的方式解决纠纷。如果不能及时解决问题，导游人员也应在最短的时间内敦促有关部门解决问题，并尽快地将结果通知投诉者。

4. 及时总结，继续服务。

对任何一方来说，旅游投诉都是一件不愉快的事情，即使得到圆满解决，也难免在双方心中留下阴影。如果这些阴影存在并且未被消除的话，将会不利于以后的旅游活动。因此，导游人员要及时总结经验教训，以更优质的服务赢得游客的信任。

【本章小结】

本章概括了导游人员在旅游服务过程中有可能遇到的问题与事故的预防与处理，导游人员应该熟悉、掌握这些事故的预防与处理方法和程序，并不断地通过工作锻炼自己，提高自己分析问题、解决问题的能力。导游人员在带团的过程中要树立“一切为了顾客”的服务观念，尊重顾客，体谅顾客，为顾客着想；要有较强的法制观念，遵纪守法，能够合情、合理、合法地处理问题与事故；要爱岗敬业，怀有强烈的工作责任心，不可推卸或逃避责任。导游工作是一项时间性强、管理能力要求较高、综合性较强的工作，因此，要求导游人员要有较强的时间观念和对时间的控制能力，要学会团队管理，具有较好的计划、组织、决策、控制和协调能力，要有较好的领导能力和随机应变能力。

第八章　导游业务相关知识

【本章教学目标】

通过本章的学习，了解出入境、交通通信、货币保险、卫生保健、礼貌礼节等与导游业务有关的知识。

第一节　入出境知识

一、入境

外国人、华侨、港澳台同胞及中国公民自海外入境和回国，均须在指定的口岸向边防检查站（由公安、海关、卫生检疫三方面组成）交验有效证件，经边防检查站查验核准加盖验讫章后方可入境。

（一）有效证件

有效证件是指各国政府为其公民颁发的出国证件，与我国入境旅游有关的证件主要有：

1. 护照。护照是一国主管机关发给本国公民出国或在国外的证明，证明其国籍和身份，一般分为外交、公务和普通护照 3 种。在中国，外交、公务护照由政府外事部门颁发，普通护照由公安部门颁发。中华人民共和国护照的有效期一般为 5 年，可延期两次，每次不超过 5 年，华侨可在有效期满前向中国驻外使、领馆或外交部授权的驻外机构提出延期申请。

2. 签证。签证是由被访问国家驻外国领事机构在持护照人申请去该国访问时，在申请人的护照上签注盖印，表示准其出入该国国境或者过境的手续。华侨回国探亲、旅游无需办理签证。

签证分为外交签证、礼遇签证、公务签证、普通签证，还可分入境签证、出境签证和过境签证。在中国为 L 字签证（发给来中国旅游、探亲或因其他任何事务入境的人员）。签证上规定持证人在中国停留的起止日期，获签证者必须在有效期进入中国境内，超期不再有效。

9 人以上的旅游团体可发给团体签证，团体签证一式三份，签发机关一份，来华旅游团两份，一份用于入境，一份用于出境。

希望进入中国的外国人须持有效护照向中国的外交代表机关、领事机关或外交部授权的其他驻外机关申请办理签证。但在特定情况下，例如事由紧急，确实来不及在上述机关办理签证手续者，可向公安部授权的口岸签证机关申请办理签证。随着国际关系和旅游事业的发展，许多国家之间签订了互免签证协议。

中国公安部授权的口岸签证机关设立的口岸有：北京、上海、天津、大连、福州、厦门、西安、桂林、杭州、昆明、广州（白云机场）、深圳（罗湖、蛇口）、珠海（拱北）。

持联程客票搭乘国际航班直接过境，在中国停留不超过 24 小时且不出机场的外国人，免办签证；要求临时离开机场的，需经边防检查机关批准。

3. 港澳居民来往内地通行证。港澳居民来往内地通行证是港、澳同胞来往于中国香港、澳门与内地之间的证件，由广东省公安厅签发，有效期10年。另外《入出境通行证》也由广东省公安厅签发，有效期为5年。

4. 台湾同胞旅行证明。台湾同胞旅行证明是台湾同胞来祖国大陆探亲、旅游的证件，经口岸边防检查站查验并加盖验讫章后，即可作为进出祖国大陆和在内地旅行的身份证明。该证由我国公安部委托香港中国旅行社签发，证明为一次性有效，出境时由口岸边防检查站收回。

（二）海关手续

1. 出入境口岸。

外国人、华侨和港澳台同胞可持有效证件在指定的对外口岸出入中国或中国大陆；香港同胞持证经深圳、澳门同胞持证经珠海通行。

2. 海关通道。

海关实施双通道的海关现场，进出境旅客可按海关规定，根据自行情况选择“红色通道”或者“绿色通道”过关。

（1）红色通道：旅客进出境携带有需向海关申报的物品，应选择“申报”通道，亦称“红色通道”，在申报台前向海关递交《中华人民共和国海关进出境旅客行李物品申报单》或海关规定的申报单证，按规定如实申报行李物品，报请海关办理行李物品进出境手续。

（2）绿色通道：持有中国主管部门给予外交、礼遇签证护照的外籍人员及海关给予免检礼遇的人员，携带无需向海关申报的物品的旅客，可选择“无申报”通道，亦称“绿色通道”过关。

（三）入境卫生检疫

外国人进入中国，应根据国境检疫机关的要求如实填报健康申明卡。传染病患者隐瞒不报，按逃避检疫论处，一经发现，禁止入境；已经入境者，让其提前出境。

来自传染病疫区的人员须出示有效的有关疾病的“黄皮书”，即预防接种证书；无证者，国境卫生检疫机关将从他离开的感染环境时算起实施6日留验。

来自疫区被传染病污染或可能成为传染病传播媒介的物品，须接受卫生检疫检查和必要的卫生处理。

（四）对入出境动植物的检疫

各国为保护其国家农、林、牧、渔业和人体健康，防止危害动植物的病、虫、杂草及其他有害生物由外国人传入和由国内传出，在边境口岸设立口岸动植物检疫站，代表国家对出入境的动物、动物产品、植物、植物产品及载运动植物的交通工具等执行检疫检查。

（五）不准入境的规定

1. 下列几种人不准入境：被中国政府驱逐出境，未满不准入境年限的；被认为入境后可能进行恐怖、暴力、颠覆活动的；被认为入境后可能进行走私、贩毒、卖淫活动的；患有精神病和麻风病、艾滋病、性病、开放性肺结核等传染病的；不能保障其在中国所需费用的；认为入境后可能进行危害我国国家安全和利益的其他活动的。

2. 对以下人士，边防检查站有权阻止入境：未持有效护照、证件或签证的；持伪造、涂改或他人护照、证件的；拒绝接受查验证件的；公安部或者国家安全部通知不准入境的。

二、出境

（一）出境的一般手续

外国旅游者应当在签证准予停留的期限内从指定口岸持有效证件出境。外国旅游者出境，须向口岸边防检查站交验有效护照或者其他有效证件。

1. 旅游团领队须事先收齐全团旅游者的物品申报单，持全团集体签证（无集体签证时先收齐全团的护照）、领队的护照、国际机票（车票、船票），到海关处交付检查。海关检查后，须在申报表上盖章，机票上盖上检查标记。

2. 旅游团领队持有海关检查标记的国际机票，到行李托运处办理行李过秤托运手续，领取行李牌、登机牌、交纳机场费等事宜。

3. 旅游者填写出境登记卡片，填好后，将卡片夹在各自的护照里。当领队办好托运行李手续后，将登机牌发到旅游者手中，全团旅游者便可到出境口准备办理最后一道手续——边防检查站检查。出境前，领队将全部护照（港澳居民来往内地通行证、台湾同胞旅行证明）和申请单交给边防站查验。

（二）不准出境的规定

1. 不准出境的几种人：刑事案件的被告人和公安机关、人民检察院、法院认定的犯罪嫌疑人；人民法院通知有未了结民事案件不能离境的；有其他违反中国法律的行为尚未处理，经有关主管机关认定需要追究的。

2. 边防检查机关有权限制出境的几种人：持无效出境证件的；持伪造、涂改证件或他人护照、证件的；拒绝接受查验证件的。

（三）部分限制进出境物品

1. 烟酒。

来往港澳地区的旅客（包括港澳旅客、内地因私前往港澳地区探亲和旅游等旅客）免税烟草制品限量：香烟 200 支或雪茄 50 支或烟丝 250 克；免税 12 度以上酒精饮料限量：酒 1 瓶（不超过 0.75 升）。

当天往返或短期内多次来往港澳地区的旅客免税烟草制品限量：香烟 40 支或雪茄 5 支或烟丝 40 克；免税 12 度以上酒精饮料限量：不准免税带进。

其他进境旅客免税烟草制品限量：香烟 400 支或雪茄 100 支或烟丝 500 克；免税 12 度以上酒精饮料限量：酒 2 瓶（不超过 1.5 升）。

2. 旅行自用物品。非居民旅客及持有前往国家或地区再入境签证的居民旅客携带旅行自用物品限照相机、便携式收录音机、小型摄影机、手提式摄录机、手提式文字处理机每种一件。超出范围的需向海关如实申报，并办理有关手续。经海关放行的旅行自用物品，旅客应在回程时复带出境。

3. 金、银及其制品。旅客携带金、银及其制品进境应以自用合理数量为限，其中超过 50 克的应填写申报单证，向海关申报；复带出境时，海关凭本次进境申报的数量核放。

携带或托运出境在中国境内购买的金、银及其制品（包括镶嵌饰品、器皿等新工艺品），海关凭中国人民银行制发的“特种发票”放行。

4. 外汇。旅客携带外币、旅行支票、信用证等进境，数量不受限制。居民旅客携带 1000 美元（非居民旅客 5000 美元）以上或等值的其他外币现钞进境，须向海关如实申报；复带出境时，海关凭本次进境申报的数额核实。

5. 人民币。旅客携带人民币进出境，限额为6000元，超出6000元的不准进出境。

6. 文物（含已故现代著名书画家的作品）。旅客携带文物进境，如需复带出境，请向海关详细报明。

旅客携运出境的文物，须经中国文化行政管理部门鉴定。

携运文物出境时，必须向海关详细申报。对在境内商店购买的文物，海关凭中国文化行政管理部门盖的鉴定标志及文物外销发票查验放行；对在境内通过其他途径得到的文物，海关凭中国文化行政管理部门盖的鉴定标志及开具的许可出口证明查验放行；未经鉴定的文物，不可携带出境。携带文物出境，不依据事实向海关申报的，海关将依法处理。

7. 中药材、中成药。旅客携带中药材、中成药出境，前往国外的，总值限人民币300元；前往港澳地区的，总值限人民币150元；寄往国外的中药材、中成药，总值限人民币200元；寄往港澳地区的，总值限人民币100元。

进境旅客出境时携带用外汇购买的、数量合理的自用中药材、中成药，海关凭有关发票和外汇兑换水单放行。

麝香以及超出上述规定限值的中药材、中成药不准出境。

8. 旅游商品。进境旅客出境时携带自用外汇在我境内购买的旅游纪念品、工艺品，除国家规定应申领出口许可证或应征出口税的品种外，海关凭有关发票和外汇兑换水单放行。

三、中国海关的有关规定

1. 根据《中华人民共和国海关法》和《中华人民共和国海关对进出境旅客行李物品监管办法》的规定，进出境行李物品必须通过设有海关的地点进境或出境，接受海关监督。旅客应按规定向海关申请。

2. 除法规规定免验者外，进出境旅客行李物品应交由海关按规定查验放行。海关验收进出境旅客行李物品，以自用合理数量为原则，对不同类型的旅客行李物品规定不同的范围和征免税数款量或限值。

3. 旅客进出境携带有需向海关申报物品，应在申报台前向海关递交《中华人民共和国海关进出境旅客行李物品申报单》或海关规定的申报单证，按规定如实申报其行李物品，报请海关办理物品进境或出境手续。

4. 经海关验核签章的申报单证请妥善保管，以便回程进境时凭此办理有关手续。

5. 海关加封的行李物品，请不要擅自开拆或毁损封条。

第二节 交通知识

一、航空知识

（一）航班

民航运输主要有三种飞行形式：班期飞行、加班飞行和包机飞行。

1. 班期飞行：是按照班期时刻表和规定的航线，定机型、定日期、定时刻的飞行。

2. 加班飞行：是根据临时需要在班期飞行以外增加的飞行。

3. 包机飞行：是按照包机单位的要求，在现有航线上或以外进行的专用飞行。

此外，还有不定期航班飞行和季节性航班飞行。

航班分为定期航班和不定期航班。定期航班是指飞机定期自始发站起飞，按规定航线经经停站至终点站或直达终点站的飞行。在国际航线上飞行的航班称国际航班；在国内航线上飞行的航班则称国内航班。航班还可分为去程航班和回程航班。

（二）班次

班次是指在单位时间内（通常以一周计算）飞行的航班数（包括去程航班和回程航班）。班次是根据运量需求和运程来确定的。

（三）航班号

国内航班编号是由航空公司的二字英文代码和四位阿拉伯数字组成。第一位数字是执行该航班任务的航空公司的数字代码；第二位数字表示该航班终点站所属的管理局或航空公司所在地的数字代码；第三、四位数字是该航班的具体编号，第四位数字若为单数表示去程航班，双数则为回程航班。例如，CA1501 是中国国际航空公司自北京飞至上海的航班，MU5401 则为东方航空公司自上海飞往重庆的航班。

我国国际航班的航班号是由执行该航班任务的航空公司的英文字母代码和三位阿拉伯数字组成。例如，CA919 是指中国国际航空公司自北京飞往东京的航班，CZ325 是南方航空公司自广州飞往悉尼的航班。

（四）机场建设费

民航机场建设费是经国务院批准征收，专项用于民航机场建设的政府性基金，自 1992 年起开始征收。

从 2004 年 9 月 1 日起，财务部、中国民航总局决定将原来旅客在机场单独缴纳机场建设费办法，改为旅客在购买机票时一并缴纳。

机场建设费的具体标准为：国内航班每人 50 元人民币；国际和港澳地区航班为每人 90 元人民币（含旅游发展基金每人 20 元人民币），乘坐国内支线航班为每人 10 元人民币，12 周岁或 12 周岁以下的儿童和持外交护照乘坐国际及港澳地区航班出境旅客可免收机场建设费。

新的机场建设费以航段为计收基础，原 8 小时内转机免收机场建设费的中转旅客，从 2004 年 9 月 1 日须购买一份中转机场的机场建设费。

（五）机票

1. 乘坐飞机旅行，旅客购买机票须出示有效证件，并填写《旅客定座单》。中国公民出示本人身份证；外国人要出示护照；台湾同胞出示台湾同胞旅行证明；港澳同胞出示回乡证。机票只限票上所列姓名的旅客使用，不得转让和涂改，否则机票无效，机票款不退。

订购机票务必注意姓名、时间、地点、航班号的正确性，以免耽误行程。

2. 正常票价的客票有效期为一年。

3. 儿童票。

2 周岁以上、未满 12 周岁的儿童按成人票价的 50%购票，有的国际航线的儿童票价是成人票价的 67%。

未满 2 周岁的婴儿按成人全票价的 10%购票，不单独占座位，且每一成人旅客只能随行一名婴儿享受这种票价，超过的人数应购买儿童票。

4. 座位再证实。

无论全陪、地陪，凡有涉及机票事宜，导游员一定要仔细核对，并弄清楚是 OK 票还是 OPEN 票。

旅客在购票后，如果要求变更航班、日期、舱位等级，应尽早与民航部门联系。民航部门会根据实际情况给予办理。旅客如在航班离站前后要求退票，则须向民航部门支付规定的退票费或误机费。

5. 机票的变更和退票。

购妥国内航班机票的旅客若要改变航班、日期和舱位等级，须在预订航班起飞前 48 小时提出，并只能变更一次。中国国内机票持有者若想退票，须按规定视退票的时间支付一定比例的退票费(24 小时外收 5%，24 小时内至起飞前 2 小时内收 10%，2 小时内至起飞前收 20%，起飞后收 50%)，部分航空公司也按舱位和折扣率来决定退票费的金额。特别是优惠和低折扣票一般不予变更和退票。

6. 客票遗失。

旅客在乘机前遗失客票，应以书面形式向航空公司或销售代理人申请挂失、出示有效证件并提供足够的证明。挂失前若客票已被冒退，航空公司不承担责任。

（六）乘机

1. 乘机。

旅客须注意抵达和登机的时间，乘坐国内航班应在班机离站前 90 分钟抵达机场，国际航班提前 120 分钟抵达机场。凭机票和个人有效证件办理登机手续。航班规定在离站前 30 分钟停止办理登机手续。

2. 安全检查。

乘坐民航班机的中外旅客及其携带的行李物品，除经特别准许外，在登机前都必须经过安全检查，拒绝检查者不准登机，损失自负。

3. 误机。

旅客误机，需在原航班起飞时间的次日中午 12 时前进行误机确认。误机旅客可以要求改乘后续航班，若要求改变承运人或退票须支付相当于票价 50%的误机费。

（七）行李

1. 随身携带物品。

旅客随身携带物品的体积不超过 20×40×55 厘米，重量不超过 5 千克。

2. 免费行李额。

持成人票或儿童票的旅客，每人可免费托运行李：头等舱 40 千克，公务舱 30 千克，经济舱 20 千克。持婴儿票的旅客无免费行李额。

乘坐中美、中加国际航线上的航班，旅客可免费托运 2 件行李，每件不超过 32 千克；按成人票价 10%付费的婴儿可免费托运 1 件行李及 1 辆全折叠式或轻便婴儿车或手推车。

3. 不准作为行李运输的物品。

旅客不得在托运的行李或随身携带物品内夹带易燃、易爆、腐蚀、有毒、放射性物品和可聚合物质、磁性物质、危险溶液及其他危险物品。旅客乘机不得携带和托运仿真手枪、微型发射器、各类攻击性武器、弹药军械、爆炸物品以及管制刀具、利器和凶器。

4. 禁止随身携带但可作为行李托运的物品。

可能危害航空安全的菜刀、大剪刀、大水果刀、剃须刀等生活用刀具，手术刀、屠宰刀、雕刻刀等专业刀具，文艺单位表演用的刀、矛、剑、戟等，以及斧、凿、锤、锥、加重或有尖的手杖、铁头登山杖和其他可用来危害航空安全的锐器、钝器。对于查获的刀具，一律由民航安检部门暂存；对故意隐匿携带刀具的人员，一律交由中国民航公安机关审查处理。

5. 不准在托运行李内夹带的物品。

旅客不得在托运行李内夹带重要文件、资料、外交信袋、证券、货币、汇票、贵重物品、易碎易腐物品以及其他需要专人照管的物品。若行李遗失，航空公司只按一般托运行李承担赔偿责任。

严禁乘机旅客利用客票为他人交运行李，严禁为不相识的人捎带物品。因违反上述规定造成误机的损失由旅客自行承担。

6. 有关赔偿。

交运行李如发生损坏或丢失，由承运人负责赔偿。赔偿限额每千克不超过人民币 50 元，如行李的价值每千克低于 50 元时，按实际价值赔偿。

交运行李每千克价值超过人民币 50 元时，可以办理行李声明价值，承运人收取声明价值附加费，声明价值不能超过行李本身的实际价值。每一旅客的行李声明价值最高限额为人民币 8000 元。如此项行李丢失，承运人按声明价值赔偿。

承运人对每名旅客身体伤害的最高赔偿限额为人民币 7 万元。

（八）其他

1. 健康。

患有重病的旅客购票，需持有医疗单位出具的适于乘机的证明，并事先经航空公司或其销售代理人同意，方可购票。

2. 特殊旅客。

无成人陪伴的儿童、病残旅客、孕妇、盲人等特殊旅客，只有在符合航空公司规定的条件下经航空公司预先同意并作出必要安排后方可购票乘机。

3. 航班不正常服务。

因航空公司的原因造成航班延误或取消，航空公司免费向旅客提供食宿等服务；由于天气等不可抗拒的因素，在始发站造成延误或取消，航空公司可协助旅客安排食宿，费用由旅客自理。

4. 机舱等级。

F：头等舱 First C1ass

C：公务舱 Business Class

Y：普通舱 Economy Class

K：经济舱 Budget Class

二、铁路知识

（一）铁路旅行常识

旅客列车分为国内旅客列车和国际旅客列车。

国内旅客列车分为：直达特快旅客列车，车次前冠以 Z；特快旅客列车，车次前冠以 T；

快速旅客列车，车次前冠以K；管内快速列车，车次前冠以N；动车，车次前冠以D；高速列车，车次前冠以G；普通旅客快车，车次序号为4位数（1～5）；普通旅客慢车，车次序号为4位数（6～8）。

下列列车一般在节假日、春秋旅游季节开行：临客普快列车，车次前冠以L；郊游临客快速列车，车次前冠以Y；郊游旅游列车，车次前冠以JY。

旅客列车一般由软卧车厢、硬卧车厢、软座车厢、硬座车厢、餐车、行李车厢和邮车组成。

（二）车票

1. 车票。

车票是旅客乘车的凭证，同时也是旅客加入铁路意外伤害强制保险的凭证。车票分为两种：客票，包括软座、硬座；附加票，包括加快票（特快、普快）、卧铺票（高级软卧、软卧、包房硬卧、硬卧）、空调票。

2. 儿童票。

身高1.1～1.4米的儿童乘车时，应随同成人购买座别相同的半价客票、加快票及相应空调票（简称儿童票）。每一成人旅客可以免费携带身高不够1.1米的儿童1名，超过1名时，超过的人数应买儿童票。

身高不够1.1米的儿童单独使用卧铺时，应购买全价卧铺票，有空调时还应购买半价空调票。

3. 站台票。

进站接送旅客的人应购买站台票。站台票当日使用，一次有效。随同大人进站身高不够1.1米的儿童及特殊情况经车站同意进站的人员，可不买站台票。未经车站同意无站台票进站时，加倍补收站台票款。

4. 丢失车票的处理。

旅客在乘车前丢失车票，应另行买票。在乘车中丢失车票，应从发现丢失车票的车站（如不能判明丢失站时，从列车始发站起）补收票款，核收手续费。

5. 不符合乘车条件的处理。

对于下列不符合乘车条件乘车的旅客，除按规定补票、核收手续费外，还必须加收应补票50%的票款：

旅客无票或持用失效车票乘车时，应补收自乘车站（不能判明时从列车始发站）起至到站止车票票价。

持伪造或涂改的车票乘车时，除按无票处理外，并送交公安部门处理。

持站台票上车并在开车后20分钟仍不声明时，按无票处理。

持用低等级的车票乘坐高等级列车铺位、座席时，补收所乘坐区间的票款差额。

旅客使用半价票没有减价凭证或不符合减价条件时，补收全价票价与半价票价差额。

6. 旅客携带品范围及超过范围的处理。

旅客携带品由自己负责看管。每人免费携带品的重量和体积是（特殊区段另有规定者除外）：儿童（包括免费儿童）10千克，外交人员35千克，其他旅客20千克。携带品的长度和体积要适于放在行李架上或座位下边，并不妨碍其他旅客乘坐和通行。携带品的外部尺寸（长、宽、高的总和）最大不得超过160厘米，杆状物品的长度不得超过200厘米，重量不得超过 20 千克。

凡是危险品（如雷管、炸药、鞭炮、汽油、煤油、电石、液化气体等爆炸、易燃、自燃物品和杀伤性剧毒物品），国家限制运输物品，妨碍公共卫生的物品、动物以及损坏和污染车辆的物品（如鸡、鸭、鹅、狗、猪、猴、猫、蛇），都不能带入车内。但在保证安全和卫生的条件下，可携带下列物品：安全火柴 20 小盒，气体打火机 5 个；不超过 20 毫升的指甲油、上光剂、染发剂；不超过始 100 毫升的酒精、冷烫液；不超过 600 毫升的摩丝、发胶、卫生杀虫剂、空气清新剂；军人、武警、民兵、公安人员和猎人凭法规规定的持枪证明佩带的枪支、子弹；初生雏 20 只。

对超过免费重量的物品时，其超重部分应收四类包裹运费。

三、水运知识

（一）水路旅行常识

中国的水上交通分为沿海航运和内河航运两大类。

航行在沿海和江湖上的客轮大小不等，船上的设备差异很大。大型客轮的舱室一般分为五等，即一等舱至五等舱，还有散席。豪华客轮设有特等舱。

（二）船票

船票分普通船票和加快船票，又分成人票、儿童票（1.1～1.4 米的儿童）和残废军人优待票。1.1 米以下儿童免费乘船旅行，一个成人只能带一名免费儿童。

旅客在乘船前丢失船票，应另行购票。在旅行途中丢失船票，如能出示足够的证明，经确认后无须补票；无法证明时，按无票乘船处理。

（三）行李

1. 随身携带行李。

乘坐沿海和长江客轮，旅客可携带免费行李 30 千克，持儿童票和免费票儿童可带 15 千克；每件行李的体积不超过 0.2 立方米，长度不超过 1.5 米，重量不超过 30 千克。

乘坐其他内河客轮，旅客及持儿童票和免费儿童票儿童免费携带的行李分别为 20 千克和 10 千克。

2. 禁止携带和托运的物品。

法令限制运输的物品；有臭味、恶腥味的物品，能损坏、污染船舶和妨碍其他旅客的物品，易爆品、易燃品、自燃品、腐蚀性物品、有毒物品、杀伤性物品以及放射性物品。

四、公路知识

（一）公路常识

我国的公路交通发展迅速，现已形成由高速公路、国道、省道和乡村公路组成的四通八达的公路交通网，县县通公路，乡乡（镇）已基本通公路，行政村之间通公路的比例已经很高。

自 1988 年建成我国第一条高速公路——沪嘉高速公路以来，我国的高速公路建设速度很快，通车总里程仅次于美国，位居世界第二。

我国将用 30 年的时间建成 8. 5 万公里的国家高速公路网，把全国人口超过 20 万的城市全部用高速公路连接起来。国家高速公路网将包括 7 条首都放射线、9 条南北纵向线和 18 条东西横向线，简称为“7918网”。

7条首都放射线是：北京—上海，北京—台北，北京—港澳，北京—昆明，北京—拉萨，北京—乌鲁木齐，北京—哈尔滨。

我国的国道是国家干线公路，共70条，分为三类：以北京为中心，呈扇面状辐射的公路，编号为1××；在我国版图内北南走向的公路，编号为2××；东西走向的公路，编号为3××。

（二）营运客车

在我国营运的公路客车，按乘坐舒适程度分为普通客车、中级客车和高级客车。旅游车、长途直达快班车、带卧铺的长途班车都属高级客车，俗称豪华客车。

第三节 邮电通信知识

一、邮电知识

（一）邮件

邮件分为函件和包裹两大类。函件又分为信函、明信片、航空邮简、印刷品、盲人读物、小包、合封函件和保价信函；包裹分为普通包裹、脆弱包裹和保价包裹。按处理的时限分类，可分为普通邮件、快递邮件和（国际）特快专递邮件。

各类邮件禁止寄有爆炸性、易燃性、腐蚀性、毒性、酸性和放射性的各种危险物品以及麻醉药物和精神药品、国家法令禁止流通或寄递的物品等。

邮件资费因重量和性质不等而各不相同。国际函件资费：信函20克及20克以下，2.20元；明信片1.60元；印刷品20克及20克以下，1.50元；盲人读物免费；上述函件的航空附加费每10克加0.70元；挂号费每件4.50元。

寄往澳大利亚、印度、巴基斯坦、日本及东南亚诸国的函件减低资费，例如水陆路信函20克及20克以下每件的资费为1.90元，明信片为1.30元。

寄往港澳台地区的函件资费：信函20克及20克以下，0.60元；明信片0.40元；印刷品20克及20克以下，0.30元；盲人读物免费；航空附加费每10克加0.20元；挂号费每件2.20元。

（二）电话

电话是深受人们喜爱的快速通信手段。电话费用一般由打电话者自理，但也有“收话人付费电话”，即指发话人拨号时申明受话人支付话费的电话。目前，该业务原则上只对与我国有直达电路的国家和地区开放。

为了方便人们打电话，开发了磁卡电话业务，即通过磁卡电话机，用户利用磁卡实现通话的一种简便通话方式。打电话前，用户须事先根据需要购买不同面值的磁卡。

用户若希望直拨国内、国际电话，必须知道有关国家和地区城市的电话代码，例如：

中国：北京010，广州020，上海021，天津022，哈尔滨0451，厦门0592，深圳0755等。

国际：中国86，俄罗斯7，法国33，英国44，德国49，澳大利亚61，日本81等。

直拨国内电话，其顺序如下：城市代码+用户电话。例如拨上海的 3217200 的电话时，应拨 0213217200。

直拨国际电话，其顺序为：国际字冠+国家（或地区〕代码+用户电话。例如直拨法国巴黎的 42246879 的电话时，应拨 0033142246879。注意，有些国家的城市（地区）的区号第一位数是 0，例如法国巴黎的代码是 01，但在直拨国际电话时不用拨 01，只需拨 1 即可。

国际直拨电话收费以“分”为单位，基本收费时间为 1 分钟，通话不满 1 分钟时按 1 分钟计算。

（三）传真

传真是当前旅游联系最普遍的快捷通讯方式，它可把团体签证以及有领导人签字的文件、照片、图纸等真迹由远处传送到对方。它克服了电报、电传等只能传递文字但不能传递文件原样的缺点。发国际、国内传真办法与打国际、国内长途电话一样，先拨通对方国家、地区传真代码（同国际、国内长途电话的代码），然后发出传真即可。计费同电话。

（四）电报

1. 国际用户电报，即“电传”。

各国、各地区的国际用户电报都有终端代码，例如：中国 85，德国 41，法国 42，英国 51，美国 23、25 等。国际用户电报的计费同电话。

2. 国际电报。

我国用户可到办理国际电报业务的营业处交发国际电报。电报按字数计费，书信电报每份按 22 个计费字数算起，其余各类电报每份按 7 个计费字数算起，不足起算字数的一律按起算字数收费。

（五）电子邮件

随着电讯科技的迅速发展，人们现在还可以使用计算机网络技术收发电子邮件，现在旅游行业多使用电子邮件，这种通信方式方便、快捷、费用低廉。

第四节 货币、保险知识

一、货币知识

货币知识的范围广、内容复杂，这里只介绍一些与旅游活动相关的货币常识。

（一）外汇

1. 外汇的概念。

外汇是指以外币表示的可用于国际结算的一种支付手段，包括外国货币（钞票、铸币等）、外币有价证券（政府公债、国库券、公司债券、息票等）、外币支付凭证（票据、银行存款凭证等）以及其他外汇资金。

2. 我国的外汇政策。

我国对外汇实行国家集中管理、统一经营的方针。在中国境内禁止外汇流通、使用、质押，禁止私自买卖外汇，禁止以任何形式进行套汇、炒汇、逃汇。

3. 货币兑换。

海外旅游者来华时携入的外汇和票据金额没有限制，但数额大时须在入境时据实申报；在中国境内，海外游客可持外汇到中国银行各兑换点兑换成人民币。

世界上有150多种货币，在中国境内能兑换的外币有：美元USD、欧元EUR、英镑GBP、日元JPY、澳大利亚元AUD、加拿大元CAD、瑞士法郎GHF、丹麦克郎DKK、挪威克郎NOK、瑞典克郎SEK、新加坡元SGD、港币HKD、马来西亚林吉特MYR、菲律宾比索PHP、泰国铢THB、韩元KPW和澳门元MOP。我国台湾省的新台币可按内部牌价收兑。

兑换外币后，旅游者应妥善保管银行出具的外汇兑换证明（俗称“水单”），该证明有效期为6个月，旅游者若在半年内离开中国，而兑换的人民币没有花完，可持护照和水单将其兑换成外币，但不得超过水单上注明的金额。

（二）信用卡

信用卡是一种电子智能卡，卡上印有姓名、卡号、有效期、预留签字、防伪标记、银行的简单声明等。

第一张信用卡1950年在美国诞生。

1. 信用卡是指银行或信用卡公司向客户提供小额消费信贷的一种信用凭证。

2. 信用卡的种类。

（1）按发卡机构，可分为银行卡和非银行卡。

（2）按持卡人的资信程度，可分为普通卡、金卡和白金卡等。

（3）按清偿方式，可分为贷记卡和借记卡：

贷记卡的持卡人无须事先存款就可享有一定信贷额度的使用权。

借记卡的持卡人必须先在发卡机构存款，按存款金额持卡消费。

（4）按流通范围，可分为国际卡和地区卡。中国的银行发行的外汇信用卡，例如中国银行的外汇长城万事达卡是国际卡，而人民币信用卡都是地区卡。

我国公民出境旅游，可尽量使用信用卡，既安全又可省去许多麻烦。

国外的万事达卡、维萨卡、运通卡、JCB卡、大莱卡、发达卡、百万卡等外汇信用卡的持卡人可在我国的一些宾馆、餐馆、商店持卡消费。

3. 注意事项。

（1）有效期限：购买信用卡一定要问清信用卡的使用期限。

（2）消费限额：持卡人要记住一次提取现款或消费的最高限额；有的银行卡还规定一天提取现款的次数。

（3）超额消费：持卡人要记清信用卡透支额度和还款计息方式。

（三）旅行支票

旅行支票是银行或旅行支票公司为方便旅行者，在旅行者交存一定金额后签发的一种面额固定、没有指定的付款人和付款地点的定额票据。

购买旅行支票时，购买者要当场签字，作为预留印鉴；支取款项时又须当着付款单位工作人员的面在支票上再次签字；付款单位将两个签字核对无误后方予付款，以防假冒。

在购买旅行支票和取款时要向银行支付手续费：购买时按票面金额1%付费，在中国银行兑付旅行支票时按票面金额7.5‰支付贴息。

二、保险知识

保险是一种风险转移机制，即个人或企业通过保险将一些难以确定的事故转移给别人去负担。以付出一笔已知的保险费为代价，就可将损失转移给保险公司承担。

为了保障旅游者的合法权益、促进旅游事业的健康发展，国家旅游局于 2001 年 5 月 15 日发布了《旅行社投保旅行社责任险规定》。该规定自 2001 年 9 月 1 日起施行。

根据《旅行社投保旅行社责任险规定》，旅行社从事旅游业务经营活动，必须投保旅行社责任保险。所谓旅行社责任保险，是指旅行社根据保险合同的约定，向保险公司支付保险费，保险公司对旅行社在从事旅游业务经营活动中，致使旅游者人身、财产遭受损害应由旅行社承担的责任，承担赔偿保险金责任的行为。

（一）旅行社责任险的投保范围。

依据《旅行社投保旅行社责任险规定》，旅行社应当对旅行社依法承担的下列责任投保旅行社责任险：

1. 旅游者人身伤亡赔偿责任。
2. 旅游者因治疗支出的交通、医药费赔偿责任。
3. 旅游者死亡处理和遗体遣返费用赔偿责任。
4. 对旅游者必要的施救费用，包括必要的近亲属探望需支出的合理的交通、食宿费用，随行未成年人的送返费用，旅行社人员和医护人员前往处理的交通、食宿费用，行程延迟需支出的合理费用等赔偿责任。
5. 旅游者行李物品的丢失、损坏或被盗所引起的赔偿责任。
6. 由于旅行社责任争议引起的诉讼费用。
7. 旅行社与保险公司约定的其他赔偿责任。

有下列情形之一的，旅行社不承担赔偿责任：

（1）旅游者参加旅行社组织的旅游活动，应保证自身身体能够完成旅游活动；旅游者在旅游行程中，由自身疾病引起的各种损失或损害，旅行社不承担赔偿责任。

（2）旅游者参加旅行社组织的旅游活动，应当服从导游或领队的安排，在行程中注意保护自身和随行未成年人的安全，妥善保管所携带的行李、物品；由于旅游者个人过错导致的人身伤亡和财产损失，以及由此导致需支出的各种费用，旅行社不承担赔偿责任。

（3）旅游者在自行终止旅行社安排的旅游行程后，或在不参加双方约定的活动而自行活动的时间内，发生的人身、财产损害，旅行社不承担赔偿责任。

（二）保险期限和保险金额

1. 保险期限为 1 年。
2. 旅行社办理旅行社责任险的保险金额不得低于下列标准：

国内旅游每人责任赔偿限额人民币 8 万元，入境旅游、出境旅游每人责任赔偿限额人民币 16 万元，国内旅行社每次事故和每年累计责任赔偿限额人民币 200 万元，国际旅行社每次事故和每年累计责任赔偿限额人民币 400 万元。

（三）投保和索赔

1. 投保。

旅行社投保旅行社责任保险，必须在境内经营责任保险的保险公司投保，与承担保险公司签订书面合同，采取按年度投保的方式。

2. 索赔。

索赔时效为2年（自其知道保险事故发生之日起）。

在保险期限内发生保险责任范围内的事故时，旅行社应及时取得事故发生地公安、医疗、承保保险公司或其分支公司等单位的有效凭证，向承保保险公司办理赔偿事宜。

（四）法律责任

1. 旅行社违反该规定，未投保旅行社责任保险的，由旅游行政管理部门责令限期改正；有违法所得的，没收违法所得；逾期不改正的，责令停业整顿15天至30天，可以并处人民币5000元以上2万元以下的罚款；情节严重的，还可吊销其《旅行社业务经营许可证》。

2. 旅行社投保的旅行社责任保险责任范围小于该规定要求的，或者投保的金额低于该规定基本标准的，由旅游行政管理部门责令限期改正，处以警告；逾期不改正的，处以人民币5000元以上1万元以下的罚款。

3. 旅行社违反该规定，拒不接受旅游行政管理部门的管理和监督检查，由旅游行政管理部门责令限期改正，给予警告；逾期不改正的，责令停业整顿3天至15天，可以并处人民币3000元以上1万元以下的罚款。

第五节 行李托运相关知识

一、行李托运常识

旅游团选择的交通工具不同，相关交通部门对行李的托运也有不同的规定。

（一）民航部门行李托运规定

1. 国内航线行李托运的规定。

（1）持头等舱票的旅客，每人可随身携带2件物品；持公务舱和经济舱的旅客，每人只能随身携带1件物品。每件物品的体积均不得超过20厘米×40厘米×55厘米，总重量均不得超过5千克。超过上述规定的件数、重量、体积的限制，按规定作为交运行李托运。

（2）持成人票或儿童票的旅客，每人免费交运行李的限额为：头等舱 40 千克，公务舱30千克，经济舱20千克；持婴儿票的旅客不享受免费交运行李待遇。

（3）旅客不得在交运行李中夹带易燃、易爆、腐蚀、有毒、放射性物品、可聚合物质、磁性物质及其他危险品，不得夹带机密性文件、资料、外交信、有价证券、货币、汇票、贵重物品、易碎易腐物品，以及其他需要专人照管的物品。

（4）交运行李必须包装完善、锁扣完好、捆扎牢固，并能承受一定的压力，否则，民航部门有权拒运或不承担行李损坏的赔偿责任。

2. 国际航线行李托运的规定。

（1）按旅客所购票票价等级，对每一全价票或半价票的旅客交运的免费行李额为：持一等票价客票的旅客，可享受免费交运行李40千克；持公务票价客票的旅客，每人可享受免费交运行李30千克；持经济客票的旅客，可享受免费交运行李20千克；持成人票价10%付费的婴儿，不享受免费交运行李的待遇。

（2）交运行李中不得夹带易燃、易爆、腐蚀、有毒、放射性物质、聚合物质、磁性物质及其他危险物品；不得夹带中华人民共和国有关法律、政府命令和规定禁止出入境和过境的物品及其他限制运输的物品；不得夹带货币、珠宝、金银制品、票证、有价证券和其他贵重物品。

（3）随机交运的行李应有承受一定压力的包装，应封装完好、锁扣完善、捆扎牢固。对包装不符合要求的交运行李，承运人可拒绝接受或不负担损坏、破损的赔偿责任。

（二）铁路部门行李托运的规定

1. 行李、包裹运输合同：铁路行李包裹运输合同是指承运人与托运人、收货公司明确行李、包裹运输权利和义务的协议。

托运人的基本权利是要求承运人将行李、包裹按期、完好地运至目的地；行李、包裹灭失、损坏、变质、污染时要求赔偿。义务是缴纳运输费用，完整、准确填写托运单，遵守国家有关法令及铁路规章制度，维护铁路运输安全；因自身过错给承运人或其他托运人、收货人造成损失时应负赔偿责任。

承运人的基本权利是按铁路规定收取运输费用，要求托运的物品符合国家政策法令和铁路规章制度。对托运的物品进行安全检查，对不符合运输条件的物品拒绝承运；因托运人、收货人的责任给他人或承运人造成损失时向责任人要求赔偿。义务是为托运人提供方便、快捷的运输条件，将行李、包裹安全、及时、准确运送到目的地；行李、包裹从承运后至交付前，发生灭失、损坏、变质、污染时，负赔偿责任。

2. 行李、包裹的范围：行李是旅客自用的被褥、衣服、个人阅读的书籍、残疾人车和其他旅行必需品。包裹是指适合在旅客列车行李车内运输的小件货物。

旅客的行李包裹中不得夹带货币、证券、珍贵文物、金银珠宝、档案等贵重物品和国家禁止、限制运输物品、危险品。

行李包裹每件最大重量为 50 千克。体积以适于装入行李车为限，但最小不得小于 0.01 立方米。行李应随旅客所乘列车运送或提前运送。

3. 行李、包裹的托运与承运：旅客在乘车区间内凭有效客票每张可托运一次行李，残疾车不限次数。

4. 包装和货签：行李、包裹的包装必须完整牢固、适合运输。其包装的材料和方法应符合国家或运输行业规定的包装标准。承运后，交付前包装破损、松散时，承运人应负责及时整修并承担整修费用。

行李、包裹每件的两端应各有一个铁路货签，货签上的内容应清楚、准确并与托运单上相应的内容一致。托运易碎品、流质物品，应在包装表面明显处贴上“小心轻放”、“向上”等相应的安全标志。

5. 游团乘坐火车旅行，随身携带的物品，应按照规定放置在车厢内的行李架上。免费携带物品的重量铁路部门规定持半票或免票的儿童为 10 千克，外交人员 35 千克，其他旅客 20 千克；携带品体积的长、宽、高总和不超过 160 厘米。

二、行李托运应注意的问题

旅行社行李员必须认真办理旅游团体行李托运手续。

（一）认真进行团体行李交接

行李员必须与全陪、地陪、领队一起清点行李件数，认真检查行李包扎是否妥当，有无上锁、有无破损、有无系行李牌，然后进行交接。

（二）提前将行李运送至机场、车站，办理托运手续

若送国内航班，应提前 1.5 小时将行李运送到机场；若送火车，应提前 1 小时将行李运到车站；凭机、车票办理行李托运手续；

若送国际航班，应提前 2 小时将行李运到机场，并协助旅游者办理行李过磅事宜。

（三）交接交通票据及行李托运单

办理完行李托运手续后，行李员必须认真清点交通票据和行李卡张数，并与地陪导游进行必要的移交手续。

若送离境旅游团体，行李员无须办理托运手续，只要将行李按规定提前送到机场，并交给每一位旅游者即可。

第六节　旅游卫生保健常识

一、卫生常识

（一）饮食卫生

旅途中保持身体健康的首要问题就是时刻注意饮食卫生，防止“病从口入”。旅行中的饮食卫生，主要有以下几个方面：

1. 注意饮水卫生。

一般来说，生水是不能饮用的，旅途饮水以开水和消毒净化过的自来水为最理想，其次是山泉和深井水，江、河、塘、湖水千万不能生饮。无合格水可饮时，可用瓜果代水。

2. 瓜果一定要洗净或去皮吃。

吃瓜果一定要去皮。瓜果除了受农药污染处，在采摘与销售过程中也会受到病菌或寄生虫的污染。

3. 慎重对待每一餐，饥不择食要不得。

高中档的饮食店一般可放心去吃，大排档可有选择地吃，摊位或沿街摆卖（推车卖）尽量不要去吃。旅行中虽然饥肠辘辘的情况不少，但小摊小贩的食物尽量不吃。

4. 学会鉴别饮食店卫生是否合格。

合格的一般标准应是：有卫生许可证，有清洁的水源，有消毒设备，食品原料新鲜，无蚊蝇，有防尘设备，周围环境干净，收款人员不接触食品，且钱票与食品保持相当距离。

5. 在车船或飞机上要节制饮食。

乘行时，由于没有运动条件，食物的消化过程延长、速度减慢，如果不节制饮食，必然增加胃肠的负担，引起肠胃不适。

（二）旅游常见疾病的防治

1. 晕车、晕船、晕机。

晕车、晕船和晕机一样，医学上统称为运动病。其原因除了身体对交通工具的某些不适外，还有其他一些原因。凡是有这些问题的旅行者，旅行前应有足够的睡眠。睡眠充足，精神养好，提高对运动刺激的抗衡能力。乘坐交通工具前半小时口服晕车药或用止痛膏贴于肚脐上。乘坐前不宜过饥或过饱，尤其不能吃高蛋白和高脂食品，否则容易出现恶心、呕吐等症状。在乘坐交通工具时不要紧张，要注意保持精神放松，不要总想着会晕，最好找个人聊天，分散注意力。尽量坐比较平稳且与行驶方向一致的座位，头部适当固定，避免过度摆动。同时使交通工具内适当通风，保持空气流通和新鲜。

旅途中尽量不要看窗外快速移动的景物；有恶心、呕吐等征兆时，可作深呼吸；有条件的，用热毛巾擦脸或在额头放置凉的湿毛巾。发生晕车、晕机、晕船时，最好静卧休息或尽量将座椅向后放平，闭目养神。千万不能在车厢内走动，否则会加重症状。此外发生运动症时，不可进食饮水。

老人在乘坐交通工具时发生头昏、呕吐、恶心、出冷汗等征兆，切勿考虑为运动症，因为老年人前庭器官功能较迟钝，对运动反应不太敏感，一般不会发生运动症。同时，心脑血管急症（如心肌梗死、中风）患者也有以上症状，所以，应请医务人员处理较妥。

2. 腹泻。

食物中毒对人体的危害很大，其症状是上吐下泻，特点是起病急、发病快、潜伏期短，若救治不及时会有生命危险。发现游客食物中毒，让其多喝水缓解毒性，严重食物中毒者立即送医院抢救。食物中毒都由饮食不卫生引起，导游人员应带领游客在定点餐馆用餐，并随时提醒游客不要食用小摊上的食品。

3. 失眠。

一般说，旅游应该使人们精神愉快，增进睡眠，但有些人在旅游过程中却会出现失眠现象。原因之一是由于初到一地，入睡环境有所改变，再加上温度湿度的变化、噪音的影响、光感和气味的变化，造成入睡困难，这就是平常所说的“择床”。其次是过度兴奋、疲劳以及慢性病引起的不适影响睡眠。

要克服旅游失眠，首先应保持情绪愉快，尽可能保持平时的饮食、起居、睡眠时间和习惯，不要过度疲劳和兴奋。每到一处新地方，应尽快地适应当地的气候环境，克服生疏感。如果条件允许而又没有高血压病和肝病，睡前可喝半瓶啤酒或一杯热牛奶以帮助入睡。不要在睡前喝浓茶和咖啡。

如果上述办法无效，可在医生指导下睡前服用一些镇静安眠药。总之，旅游失眠不是严重疾病，只要加以注意就会很快克服。

4. 中暑。

夏季在湿热无风的山区中开展登山活动时，由于身体无法靠汗液蒸发来控制体温，人就会中暑。中暑的主要症状为：头痛，晕眩，烦躁不安，脉搏强而有力，呼吸有杂音，体温可能上升至40℃以上，皮肤干燥泛红。如果不及时救治，中暑的人可能很快会失去意识，且程度很深，有可能导致意外的发生。

因此在夏季登山前一定要准备好预防和治疗中暑的药物。另外，还应该准备一些清凉饮料和太阳镜、遮阳帽等防暑装备。

一旦有人中暑，应尽快将其移至阴凉通风处，将其衣服用冷水浸湿，裹住身体，并保持潮湿。或不停扇风散热并用冷毛巾擦拭患者，直到其体温降到38℃以下。中暑者意识清醒，应让其以坐姿休息，头与肩部给予支撑；若中暑者已失去意识，则应让其平躺。通过以上救治措施，中暑者的体温如已下降，则应让使并充分休息；若中暑者情况未见好转，则重复以上措施，并尽快送医院救治。

5. 虫咬皮炎、蜂蛰、蛇咬等。

虫咬皮炎往往是由臭虫、跳蚤、蚊子、蜈蚣等昆虫叮咬或接触其毒毛所致的皮肤炎症反应。多见于暴露部位皮肤，表现为小出血点、丘疹、风团等，常可见皮疹中央有虫咬痕迹，伴有不同程度的瘙痒或疼痛。一般采取的方法有涂花露水、防蚊油、清凉油、风油精等；剧痒者应及时赴医院就诊。

对蜂蛰要注意预防，发现蜂巢应绕行。如有人误惹了蜂群而招至攻击，唯一的办法是用衣物保护好自己的头颈，反向逃跑或原地趴下。千万不要试图反击，否则只会招致更多的攻击。如果不幸已被蜂蛰，可用针或镊子挑出蜂刺，但不要挤压，以免剩余的毒素进入体内，然后用氨水、苏打水等涂抹被蛰伤处中和毒性，可用冷水浸透毛巾敷在伤处，减轻肿痛。最后，赴医院就诊。

野外旅游活动中，如果游客不慎被蛇咬伤，首先应判断是否为毒蛇所咬，若无牙痕并在20分钟内没有局部疼痛、肿胀、麻木和无力等症状，则为无毒蛇咬伤，只需要对伤口清洗、止血、包扎，有条件再送医院注射破伤风针即可。如伤口上有两个较大和较深的牙痕，则为毒蛇咬伤，咬后10～20分钟其症状才会逐渐呈现。可先找一根布带或长鞋带在伤口靠近心脏上端处扎紧，缓解毒素扩散；每隔10分钟左右放松2～3分钟，以防肢体坏死，同时用冷水反复冲洗伤口表面的蛇毒。再以牙痕为中心，用消过毒的小刀将伤口的皮肤切成十字形，用力挤压，或在伤口上覆盖4～5层纱布，用嘴隔纱布用力吸允，尽量将伤口内的毒液吸出。然后服用解蛇毒药片，将解蛇毒药粉涂抹在伤口周围，尽量减缓伤者的行动，并迅速将其送到附近的医院求诊。

6. 外伤出血。

在旅游中如被刀等利器割伤，可用干净水冲洗，然后用清洁的布或毛巾等包住伤口处。轻微出血可采用压迫止血法，1小时过后每隔10分钟左右要松开一下，以保障血液循环。如仍出血不止，可用布条或带子扎紧止血，一般扎在出血部位的上方，每半小时放松一下，直至血止住。

7. 骨折。

游客发生骨折，须及时送医院救治，但在现场导游人员应做力所能及的初步处理：

（1）止血。骨折时出血的，应及时止血。止血的方法常用的有：手压法，即用手指、手掌、拳在伤口靠近心脏一侧压迫血管止血；加压包扎法，即在创伤处放厚敷料，用绷带加压包扎；止血带法，即用弹性止血带绑在伤口近心脏的大血管上止血。

（2）包扎。包扎前最好要清洗伤口，包扎时动作要轻柔，松紧要适度，绷带的结口不要在创伤处。

（3）上夹板。就地取材上夹板，以求固定两端关节，避免转动骨折肢体。

二、保健常识

（一）导游人员自用常备药品

导游人员在带团期间因工作繁忙、精神紧张、起居不定、休息不好等，较平日容易患病，从而影响工作。故带团前要根据自己的身体状况带些常用药品，以备自己不时之需。一般可携带的常用药品有：速效伤风胶囊、感冒清、黄连素、乘晕宁、胃舒平、创可贴、云南白药等，夏季还应带上人丹、十滴水、风油精、清凉油等。

（二）旅游衣物

旅游，突出一个“游”字，也就是说要“轻装”，在保暖、对身体健康有利的前提下，衣着越少、越轻越好。选择旅游服装时，应注重其材质轻、通风好、吸热少、吸水性强、耐脏、易洗等特点。旅游时最好穿旅游鞋或休闲鞋。它们具有透气、耐磨、轻盈、柔软等特点，有利于登山和长途行走。

此外，在旅游活动中，旅游四宝（扇子、雨伞、眼镜、太阳帽）也是游客必不可少的。

扇子：盛夏，天气十分炎热，登山、涉水、穿林越岭，游客常会要汗流浃背，备一把扇子可驱热。

雨伞：不仅可以避免旅游途中被雨水淋湿，也可以遮阳。

墨镜：为旅客增加风度，还可避免强光刺激及风沙吹进眼内。

太阳帽：可避免面部皮肤受烈日暴晒，防止头发被风吹乱，还不失为很好的装饰品。

（三）保持旅行中的身心健康

出门旅游，一定要量力而行，要保证身心健康才能玩得高兴、游得有意义。一般应注意：

旅行计划量力而行，注意劳逸结合，避免过度劳累。 团队或两三人旅行，一定要有整体观念，一切安排都应以体弱者作为基点。

努力缩小旅行生活与平时生活之间的差距。从出发之日起，要尽可能维持正常的生活规律。如按时休息，按时进食与排便，使人体内存在（或建立起来的）的饮食起居节律（条件反射）不遭破坏。

饮食要讲求营养。旅行时身体消耗大， 营养补充一定要足。住宿休息时，在可能的情况下要考虑选择品质良好的酒店。

（四）注意缓解旅游疲劳

外出旅游常使人感到疲劳，体力不支。医学专家指出，一个人如果常处于疲劳状态会引起机体抵抗力下降，可出现头晕、失眠、精神紧张、乏力、记忆力下降等现象。消除疲劳，除了合理安排旅游计划、量力而行外，合理饮食也非常重要。人们在疲劳的时候应该适当多吃一些碱性的食物，如海带、紫菜、各种新鲜蔬菜、水果、豆制品、乳类和含有丰富蛋白质与维生素的动物肝脏等，这些食物经过人体消化吸收后，可以迅速地使血液酸度降低，中和平衡达到弱碱性，使疲劳消除。

另外，也可喝热茶消除疲劳，茶中含有咖啡因，能增强呼吸的频率和深度，促进肾上腺的分泌而达到抗疲劳的目的。咖啡、巧克力也有类似作用。维生素 B 和 C 有助于把人体内积存的代谢产物尽快处理掉，故食用富含维生素 B 和 C 的食物有助于消除疲劳。还可喝活性水，活性水中含有大量的氧气，能快速缓解机体的疲劳感。在没有活性水时，喝点纯净水也会有同样效果。

（五）住空调房的健康保健

现在旅游住宿一般都选择空调房，住宿时须注意的有：可在离开房间外出时开机放进冷气，旅行归来住宿休息时关闭，这样房间内空气清新凉爽；睡前调好温度的高低，睡时尽量不开冷风；室内温度与室外温度不宜相差太大，一般相差 5℃左右为宜，当然也要适当考虑个人的生活习惯和要求；无论在什么时候，都要避免冷风直吹身体；旅行归来满身是汗或刚洗完澡时，都不要吹冷风，否则极易感冒。

第七节　礼貌礼节常识

一、礼貌和礼节

旅游活动具有社会性，旅游者在旅行中会进行必要的交际活动；导游员在同旅游者接触时也需要了解一定的交际知识，交际中应注重礼仪礼节。

礼仪是社会文明的标志，也是人际交往中文明行为的规范。导游员是传播文化和友谊的使者，向旅游者提供礼遇服务，必须懂礼仪、讲礼节，掌握古今中外的社交礼仪常识，尤其要尊重旅游者所属民族的礼仪习俗。

礼节是人们在交际场合中相互问候、致意、祝愿的惯用形式。礼貌则是人与人之间在接触交往中相互尊重和友好的行为规范。礼节是礼貌的具体表现。

礼节礼貌的核心是尊重。做到“有礼”首先要学会尊重，尊重自己，尊重他人。

二、人际交往中的礼节

（一）日常交往中的礼节

导游员应首先学会日常交往中的礼节。

（二）问候与致意

人们在工作和日常交往中，遇到同事、朋友、宾客时，首先要礼貌地致意。问候就是向对方说一些表示良好祝愿或欢迎的话，如“您好”、“早上好”、“下午好”、“晚上好”、“欢迎光临”等。

问候时，距离他人不应太远，以正常说话声音使对方能听清为宜；眼睛应注视对方；不要嘴里叼着香烟或把手插在口袋里。通常，年轻者应先向年长者问候，男性应先向女性问候，身份低者应先向身份高者问候。

致意包括招手、微笑、点头示意等。与同事、熟人每天第一次见面时可以问候，再见面时可不必问候，微笑或点头示意即可。有时在社交场所，由于人很多、距离较远或不相识及不太熟悉时也可致意。在服务工作岗位上时，遇到身份高的领导或者熟人时也可致意。

（三）介绍

人际交往中，不相识的人若有相识的愿望，可自我介绍或由第三者介绍。

自我介绍或介绍他人时态度要诚恳。自我介绍时要自信，切忌羞怯；要有自知之明，对自己作出正确评价；要自谦，对自己的评价要留有余地，不要自吹自擂。介绍他人时要热情、客观、掌握分寸。介绍有先后之则，一般是将身份低、年轻者介绍给身份高者和长者，男士介绍给女士，主人介绍给客人。介绍时，一般双方要起立，长者、身份高者和女士可例外。

递名片是社交场合一种重要的自我介绍方式。递名片时应用双手，目视对方，微笑致意；接名片时也要用双手，以示尊重，接过名片应认真看一遍，不要马上装入口袋，更不要在手中玩弄。与西方人交往时要注意，他们一般不随意交换名片。

（四）见面礼节

（1）握手礼源于中世纪的欧洲，现已成为全世界人际交往中最常见、最普遍的见面礼。握手礼用于以下情况：对方伸出手来请求握手时；被介绍时（女士不一定必须握手）；遇到久别的友人时；迎客或告别时；祝贺或原谅、饶恕对方时。

（2）鞠躬礼源自中国，现在作为日常见面礼节已不多见，盛行于日本、韩国和朝鲜，是那里的常礼。行鞠躬礼时应立正，脱帽，微笑，目光正视，上身前倾15～30度（赔礼、请罪时除外）。平辈应还礼，长辈和上级欠身点头即算还礼。

（3）合掌礼亦称合十礼，佛教礼节，盛行于印度和东南亚佛教国家，泰国尤盛。行礼时，双手合拢于胸前，微微低头，神情安详、严肃。对长者双手举得越高越有礼，但手指尖不得超过额头。接待外国旅游者时，对方行合掌礼，我们应以同样形式还礼。

（4）拥抱接吻礼，是盛行于西方、俄罗斯和阿拉伯世界的礼节。在一般情况下，父母子女间亲脸与额头，平辈亲友间贴面颊，亲人、好友之间拥抱、亲脸、贴面颊。在公共场合，见面时拥抱亲吻以示亲热，但通常只是一种礼节。关系亲近的女士间亲脸，男士之间抱肩，男女之间贴脸颊；晚辈亲长辈额头，长辈亲晚辈的脸或额头；对高贵的女士，男士吻其手背以示尊敬。

见面时还有其他一些礼节，如招手礼、拱手礼、脱帽礼、注目礼、点头礼、鼓掌礼等。

（五）称谓

在交际场合，称谓很重要。通过它，反映了人与人之间的相互关系，显示出一个人的修养，在某种程度上也反映了社会风尚。称谓一般可分为：

（1）职务称，即以其所担任的职务相称，如经理。

（2）姓名称，在“先生”、“小姐”、“同志”之前冠以姓。

（3）一般称，即泛称“先生”、“小姐”、“太太”等。

（4）职业称，如“司机先生”、“秘书小姐”。

（5）代词称，如“您”、“他”等。

（6）亲昵称，亲属、好友间的称呼。

了解人们的身份，并能在日常交往中正确称呼他们，定会产生很好的效果。

三、赴宴时的礼节

宴请是一种常见的社交活动，形式较多。导游员参加宴请活动要讲究礼节，注重礼仪。接到宴会请柬导游员应及时回复对方，以便主人准备。赴宴要准时。下面就赴宴时的一般礼节及应注意的事项作简单介绍。

（一）餐宴会的基本礼仪

1. 座次安排。正式宴会一般都事先安排座次，以便参加宴会者入席时井然有序，同时也是对客人的一种礼貌；非正式的宴会不必提前安排座次，但通常就座也要有上下之分。安排座位时应考虑以下几点：一是以主人的位置为中心。如有女主人参加，则以主人和女主人为中心，以靠近主人者为上，依次排列。二是要把主宾及其夫人安排在最主要的位置。通常是以右为上，即主人的右首是最主要的位置。离门最远的、面对着门的位置是上座，离门最近的、背对着门的位置是下座，上座的右边是第二号位，左边是第三号位，依此类推。三是在遵从礼宾次序的前提下，尽可能使相邻者便于交谈。四是主人方面的陪客应尽可能插在客人之间，以便与客人交谈，避免自己的人坐在一起。

2. 宾主礼仪。

（1）主人的礼仪。从礼节上讲，主人的职责是使每一位来宾都感受到主人对自己的欢迎之意。主人举办宴请，无论是中餐还是西餐，无论出于什么原因和目的，都应提前对客人发出口头或书面邀请，并依照客人的习惯、特点安排好请客时间、地点等事宜。礼仪性宴请礼节更隆重、讲究。在宴会开始前，主人应该站立门前笑迎宾客，晚辈在前，长辈居后。对每一位来宾要依次招呼，待客人大部分到齐之后，再回到宴会场所中来，分头跟客人招呼、应酬（家庭便宴比较随意，主人不一定在门口迎客，可在客人到达时趋前握手招呼）。主人对宾客必须热诚恳切、一视同仁，不可只注意应酬一两个而忽略了别的客人。入席前，烟、茶不可全部由他人或服务员代劳递送，主人应尽可能地亲自递烟倒茶。上菜后，主人要先向客人敬酒，说一些客气话。此后每一道菜上来，都要先举杯邀饮，然后请客人“起筷”。要照顾到客人的用餐方便，及时调换菜点或转动餐台。遇到有特殊口味的客人要及时调换菜点。席散后，主人要到门口，恭送客人离去。对那些在宴请中照顾不多的客人，应说几句抱歉和感谢之类的话。对走在后面的客人，可略为寒暄几句。

（2）做客礼仪。作为应邀参加宴会的客人，如时赴约、举止得当、讲究礼节是对主人的尊重。此外，还应注意以下几个问题：

第一，服饰。客人赴宴前应根据宴会的目的、规格、对象、风俗习惯或主人的要求考虑自己的着装，着装不得体会影响宾主的情绪，影响宴会的气氛。

第二，点菜。如果主人安排好了菜，客人就不要再点菜了。如果参加一个尚未安排好菜品的宴会，就要注意点菜的礼节。

第三，进餐。进餐时举止要文明礼貌，“不马食，不牛饮，不虎咽，不鲸吞，嚼食物，不出声，嘴唇边，不留痕，骨与秽，莫乱扔”。面对一桌子美味佳肴，不要急于动筷，需等主人动筷说“请”之后才能动筷。主人举杯示意开始，客人才能用餐。如果酒量还能够承受，对主人敬的第一杯酒应喝干。同席的客人可以相互劝酒，但不可以任何方式强迫对方喝酒，否则是失礼。自己不愿或不能喝酒时，可以谢绝。夹菜时，一是使用公筷；二是夹菜要适量，不要取得过多；三是在自己面前取菜，不要伸长胳膊去取远处的菜；四是不能用筷子随意翻动盘中的菜；五是遇到自己不喜欢吃的菜可很少地夹一点，放在盘中，当这道菜再传到自己面前时，可以借口盘中的菜还没有吃完而不再夹这道菜；最后，应将盘中的菜全部吃净。进食时尽可能不要咳嗽、打喷嚏、打呵欠、擤鼻涕，万一不能抑制，要用手帕、餐巾纸遮挡口鼻，转身，脸侧向一方，低头，尽量压低声音。

第四，告辞。一般勿中途离去，万不得已时应向同桌的人说声对不起，同时还要郑重地向主人道歉，说明原委。吃完之后，应该等大家都放下筷子，主人示意可以散席，才能离座。宴会完毕，可以依次走到主人面前，握手并表示感谢，向主人告辞时不要拉着主人的手不停地说话，以免妨碍主人送其他客人。

（二）西餐礼仪

随着对外交流的日益增加，中国人吃西餐的机会越来越多。吃西餐时，座位的排列、餐具的使用和用餐方法必须符合西餐礼仪。

1. 西餐座位的排列。西餐座位排列比较讲究礼仪，非正式宴会座位遵守女士优先的原则，即男士主动为女士移动椅子，让女士先坐、坐右座、靠墙靠里坐。不管正式宴会还是非正式宴会，入座或离座均应从座椅的左侧走为宜（当然左侧入座不方便也可以从右侧入座）。正式宴会以国际惯例为依据，桌次的高低依距离主桌位置的远近而定，右高左低，桌次较多时一般摆放桌次牌。吃西餐均使用长桌，同一桌上座位的高低以离主人座位的远近而定。西方习俗是男女交叉安排，以女主人的座位为准，主宾坐在女主人的右首，主宾夫人坐在男主人的右首。

2. 餐具的使用。西餐宴席上使用的餐具主要是刀、叉、匙、盘、杯等。一般是左手拿叉，右手拿刀。拿叉的姿势是，用左手拇指、食指、中指拿住叉。拿刀的姿势是，用右手食指压在刀背上以用力，其余手指拿住刀把。用刀、叉和匙时，要从最外面开始，一道一道菜往里拿。西餐一般讲究吃不同的菜用不同的刀叉，饮不同的酒用不同的酒杯，吃完一道菜将刀叉并列放在盘子的右边。不要举着刀叉和别人说话，不能发出刀叉相碰的声音。如果暂时不会使用西式餐具，可跟着主人或他人做。

3. 用餐方法。吃肉类时有两种方式：一是边割边吃；一是先把肉块（如牛排）切好，然后把刀子放在食盘的右侧，单用叉子取食。前者是欧洲的古老习惯，后者则是美式的吃法，一般都比较正式。吃鱼时，应从鱼的中间切开，把肉拨到两边去掉鱼刺、鱼骨，慢慢食用。取食肉饼、煎蛋、沙拉都不用刀，只用叉。肉盘内的肉汁可用面包蘸着吃。面包应用手指掰成小块食用。炸薯片、炸肉片、普通三明治等食物跟面包一样，用手取食。取食时，仅限于用拇指和食指拈取，食后用摆在面前的小手巾拭手。吃甜点可用叉或匙。喝汤时用匙进食。握匙的正确姿势为：用大拇指按住匙的把，其他手指轻轻托住另一边。舀汤时应从盘子里面向外舀，盘中汤不多时，千万不可端起汤盘吮吸，而应用左手将汤盘微微外倾，用匙舀尽。吃梨、苹果不要整只去咬，而应用水果刀将水果切成四至六块，剜去果心，用手拿着一块一块吃。吃香蕉则剥皮后整只放在盘子里，用刀、叉切开，一块一块吃。吃橘子时用手把皮剥掉，一片一片地掰开吃。用餐过程中自己够不着的调味品等物，可以请别人帮忙递过来，也可应别人要求传递给他们，传递要用右手。进食时，骨头、肉屑、果皮等可放在食盘的右角。果核则吐在餐巾纸里，不可随便抛在桌上或地上。若有事暂时离开，应将餐巾放在椅子上，把刀叉摆成八字，居中放在盘上。用餐完毕，将刀叉并列，靠右侧放在盘上。席中在全部西式菜点上完后，便是咖啡和茶。喝咖啡和茶的方式是用小茶匙搅拌放糖，搅匀后仍将茶匙放回原处再喝（茶匙不能放在茶杯里），喝时右手握住杯把，左手端杯托碟。请记住喝咖啡、茶时一定要端起杯子放在嘴边。喝完咖啡和茶宴会就该结束了，客人可以开始告辞。

4. 西餐其他礼仪。参加正式西式宴会一定要注意服饰、仪容仪表应符合礼仪要求，用餐姿势优美大方，坐姿端庄稳重，挺直腰板，不要跷二郎腿，手放在膝盖上，不要把胳膊支在桌子上。不要随便脱上衣、松领带或挽袖子。

吃西餐时，不能拒绝对方的敬酒，即使自己不会喝酒也要端起酒杯回敬对方，否则是一种不礼貌的行为。吃西餐饮酒忌举杯一饮而尽，而应慢慢品味。在西餐宴席上往往是敬酒不劝酒，即使是劝酒也只是点到为止。

吃西餐应特别注意水盂的使用，否则会闹出笑话。如：凡是上一道用手取的食品，如鸡、龙虾、水果等，通常会同时送上一个水盂（铜盆、水晶玻璃缸、瓷碗），水上飘有玫瑰花瓣或柠檬片，这是西餐中的洗指碗，可把手浸入水中，轻轻洗一下，然后用餐巾擦干净。

四、异性交往时的礼节礼貌

在西方世界，尤其在社交场合，处处显示出“女士优先”的原则。男性导游人员在与女性旅游者，特别是在与西方女性旅游者交往时应尊重这一习俗，注意必要的礼节礼貌。

（1）在与女士交往时，男性导游人员应显示出绅士风度，要充满自信、彬彬有礼、相处坦然。

尊重女士是男性导游人员应有的风度。尊重女士应表现在方方面面。

例如，在过道相遇，男士为女士让路；男女同行，男士一般应落后女士半步；男士要为女士开门，让她们先进（出）门；上楼、上车应女先男后，下楼、下车则应男先女后，以便必要时可帮女士一把。

与女士交谈，男士应注意，不过分亲昵，也不应太冷淡；不过分殷勤，也不过分拘谨；不轻浮，但也不可太严肃；不与女士开过多的玩笑，不说挑逗的话，不与其无休止地攀谈，不谈及她们的隐私。

赞美女士时要诚恳，溢美之词要适当，否则会让女士产生被讽刺的感觉；男士应更多地赞赏女士的内在美，这样可能会收到预想不到的效果；在女士面前最好不要赞美另一位女士。

男士要抽烟时应征得在场女士的同意。

（2）与男性交往时，女性导游人员要坦诚、大方、自然、言行有分寸。在男性旅游者面前，女性导游人员服务要热情，礼节要到位，行为要进退有序；要沉着冷静、落落大方；不要太任性，不能太随便，更不能轻浮；不参与有伤风化的活动和聚谈；不单独去异性房间，不单独与异性游客去偏僻的地方。

【本章小结】

本章教学内容是导游应掌握的相关业务知识，包括：交通旅行知识，主要有航空、铁路、公路、水运知识；入出境知识，主要有入境、出境的手续，所需的证件和边防检查站（公安、海关、卫检）的知识；货币方面的知识，主要有外汇、旅行支票和信用卡知识；旅行社行李业务知识，主要有行李托运程序，航空公司和铁路部门有关托运行李方面的知识。这些知识是导游带团过程中会经常遇到和需要处理的。

【案例分析】

案例一

天津某旅行社接待了一个从山西来的 30 个人的旅游团。在游览天津蓟县的过程中，导游告诉游客山上有很多野果可以食用，如果游客愿意，可以随便摘着吃。有一位游客吃了一种野果后觉得不舒服，回来途中即发高烧，经诊断是轻度中毒，和他在一起的其他游客也吃了这种果子却都安然无恙。后来，该游客投诉了旅游社，并要求赔偿。经交涉，旅行社赔偿其医药费 3000 元。

请分析：

1. 案例中导游的工作失误表现在哪些方面？

2. 导游应该如何防范食物中毒？

3. 游客出现了食物中毒应该如何处理？

案例二

北京某旅行社组的一个旅游团，原计划乘 8 月 30 日 1301 航班于 14：05 离京飞广州，9 月 1 号早晨离广州飞香港。订票员订票时该航班已经满员，便改订了 3105 航班（12：05 起飞），并在订票通知单上注明“注意航班变化，12：05 起飞”。计调由于疏忽，只通知了行李员航班变化时间而没有通知导游，也没有更改接待计划。8 月 30 号上午 9：00，行李员发现导游留言条上的时间和他任务单上的时间不符，经过提醒并没有引起导游的注意。导游也没有认真检查团队机票上的起飞时间，结果造成了误机的重大责任事故。

请分析：

1. 案例中旅行社方面的责任有哪些？

2. 如何避免类似事件发生？

复习思考题：

1. 不准入境的情形有哪些？

2. 简述旅客携带品范围及超过范围的处理。

3. 简述旅行社责任险的投保范围。

4. 旅行社不承担赔偿责任的情形有哪些？

5. 乘坐火车托运行李应注意哪些问题？

6. 游客在旅游中骨折了应该如何处理？

7. 宴会的基本礼仪有哪些？

参考文献

1. 姜福金主编:《导游实务》,大连理工出版社,2007年。
2. 王玉宝主编:《导游业务》,中国旅游出版社,2007年。
3. 李亚妮主编:《导游业务》,清华大学出版社,2009年。
4. 张明清主编:《导游业务与技巧》,高等教育出版社,2004年。
5. 徐堃耿主编:《导游实务》,中国人民大学出版社,2001年。
6. 北京市旅游局:《导游业务》,北京燕山出版社,2006年。
7. 李红,韩力军主编:《导游业务》,华中科技大学出版社,2008年。
8. 孔永生主编:《导游细微服务》,中国旅游出版社,2007年。
9. 王玉宝主编:《导游业务》,中国旅游出版社,2008年。
10. 李瑞玲主编:《导游业务》,郑州大学出版社,2006年。
11. 姜福金主编:《导游实务》,大连理工出版社,2007年。
12. 王玉宝主编:《导游业务》,中国旅游出版社,2007年。
13. 李亚妮主编:《导游业务》,清华大学出版社,2009年。
14. 张明清主编:《导游业务与技巧》,高等教育出版社,2004年。